Nicholas Hammond
Alexander der Große

Nicholas Hammond

Alexander der Große

Feldherr und Staatsmann

Biographie

Propyläen

Originaltitel: *The Genius of Alexander the Great*
Published by Gerald Duckworth & Co. Ltd., London
© 1997 by N. G. L. Hammond
Aus dem Englischen von Martin Pfeiffer
Deutsche Ausgabe © 2001 by Econ Ullstein List Verlag GmbH & Co. KG,
München · Berlin
Propyläen Verlag
Alle Rechte vorbehalten
Satz: Utesch GmbH, Hamburg
Druck und Verarbeitung: Clausen & Bosse, Leck
ISBN 3 549 07140 X
Printed in Germany 2001

INHALT

Vorwort

Als ich 1980 ein Buch über Alexander veröffentlichte, schrieb ich, mein Ziel sei es, »den Großteil der Quellen vorzustellen und den Leser an deren Beurteilung zu beteiligen«. So gab ich beispielsweise bei der Darstellung der Schlacht am Granikos die nicht miteinander zu vereinbarenden Versionen der antiken Autoren (insbesondere Diodor, Plutarch und Arrian) wieder, ergänzte sie durch einige topographische Details und legte meine Rekonstruktion vor, die auf der von mir vorgenommenen Bewertung der unterschiedlichen Darstellungen beruhte. So wurde der Leser in die Lage versetzt, sich selbst eine Meinung über die Geschehnisse zu bilden, und er erhielt die Möglichkeit, eigenständig weiterzuforschen, indem er die Werke anderer Wissenschaftler zu Rate zog, auf die ich in meinen Ausführungen verwies. Es war also ein Buch, das dazu anregen sollte, sich eingehend mit den Leistungen Alexanders zu beschäftigen und sich ein Urteil über sie zu bilden.

Seit 1980 habe ich meine Forschungen erheblich weiter geführt. Insbesondere habe ich zwei Bücher (*Three Historians of Alexander* und *Sources for Alexander*) veröffentlicht, die das zentrale Problem behandeln, vor dem jeder Alexander-Forscher steht und das sich folgendermaßen zusammenfassen lässt: Die uns erhaltenen Berichte wurden drei bis fünf Jahrhunderte nach Alexanders Lebzeiten geschrieben, und die Bilder, die sie von Alexander zeichnen, weichen nicht nur im Faktischen, sondern auch in der Deutung seiner Persönlichkeit stark voneinander ab. Was letztere betrifft, reichen die Urteile von intellektueller Brillanz und staatsmännischer Weitsicht bis zu ungezügelter Eroberungslust und trunkener Ausschweifung. Der moderne Autor ist versucht, aus diesen Darstellungen das auszuwählen, was zu seiner eigenen Vorstellung von Alexanders Persönlichkeit passt, und die Schilderung Alexanders mit einer modernen Werteskala in Einklang zu bringen. Besonders stark ist diese Versuchung in unserem Zeitalter, für das, um es mit den Worten von Thomas Carlyle zu sagen, »ein Zweifel an großen Männern« charakteristisch ist, da unsere Zeit so ganz und gar unfähig ist, Staatsmänner und Führer von vergleichbarem Format hervorzubringen. So mag es beispielsweise attraktiver sein, das Niederbrennen des Palastes in Persepolis als einen Akt von Vandalismus, begangen von einer athenischen Prostituierten und einem berauschten König, zu betrachten, als darin das Ergebnis einer wohl überlegten politischen Entscheidung zu sehen.

Ich habe in meinen Arbeiten seit 1980 versucht, dieser Versuchung zu widerstehen und meine Aufmerksamkeit auf eine detaillierte Analyse der erhaltenen Berichte zu konzentrieren, um ihren historischen Wert in jeder einzelnen Phase zu bestimmen. Arrian beispielsweise erzählt, er habe sein Faktenmaterial den Berichten des Ptolemaios und des Aristobulos entnommen, die am Alexanderzug teilgenommen hatten und glaubwürdiger waren. Plutarch dagegen stützt sich weitgehend auf die Darstellung des Kleitarchos, eines Zeitgenossen, der aber nicht auf dem Zug dabei war, und von Quintilian erfahren wir, an Kleitarchos werde »das Talent gelobt, die Zuverlässigkeit geschmäht«. Wenn wir also bei Arrian und bei Plutarch verschiedene Versionen eines Ereignisses finden, dann müssen wir uns fragen, welchen älteren Autor jeder von ihnen benutzt hat, und erst danach urteilen, was tatsächlich oder zumindest wahrscheinlich geschehen ist.

Die Emeritierung hat mir Gelegenheit geboten, mich gründlichen Untersuchungen über diese und verwandte Probleme zu widmen, von denen ein großer Teil in meinen *Collected Studies II* und *III* abgedruckt ist. Es ist zu hoffen, dass sie für die Zukunft eine neue Ära der Alexanderforschung einläuten werden. Nunmehr erscheint es angemessen, meine Schlussfolgerungen zusammenzufügen und eine Darstellung Alexanders zu schreiben, die den Anspruch erheben kann, den eigentlichen Fakten seiner Laufbahn und dem Wesen seiner Persönlichkeit nahe zu kommen. Da das Bild, das sich dabei abzeichnet, das eines Mannes ist, der mehr als jedes andere Individuum dafür getan hat, der Geschichte der Zivilisation eine andere Richtung zu geben, habe ich für mein Buch den Titel *Das Genie Alexanders des Großen* gewählt.

Die Schilderung ist vorwiegend für den interessierten Laien gedacht, weshalb keine Fußnoten eingefügt wurden. Für diejenigen, die sich für die Grundlagen meiner Anschauungen interessieren, habe ich dem Text einen Anhang beigegeben. Dieser Anhang ist der Übersichtlichkeit halber nach Kapiteln und einzelnen Themen geordnet, und der Leser wird auf diejenigen meiner Arbeiten verwiesen, die im jeweiligen Zusammenhang relevant sind. Dort findet er Erörterungen der Anschauungen anderer Forscher. Das Literaturverzeichnis beschränkt sich auf eine relativ kleine Zahl ausgewählter Werke, da ausführliche Bibliographien anderswo – beispielsweise in *The Cambridge Ancient History* 6 (Cambridge 1994) – verfügbar sind. Die Chronologie entspricht der meines früheren Buches über Alexander, nur seine Thronbesteigung datiere ich jetzt auf Oktober 336.

Dank schulde ich David Cox von der Firma Cox Cartographic Ltd., der die Vorlagen für die Karten und Pläne gezeichnet hat, und Margaret, der dieses Buch gewidmet ist, für beständige Ermutigung und scharfsinnige Kritik.

Clare College, Cambridge
N. G. L. Hammond

Kindheit und Jugend

»Der Thessalier Philoneikos brachte Philipp den Hengst Bukephalos und bot ihn ihm für dreizehn Talente an, und man ging hinaus
in die Ebene, um das Pferd zu prüfen. Da es aber wild und völlig
ungebärdig war, keinen aus der Umgebung Philipps aufsitzen ließ,
noch einen Zuspruch von ihnen ertrug, sondern alle abwarf, wurde
Philipp unwillig und gab den Befehl, das Pferd als völlig wild und
unbezähmbar wegzuführen. Da sagte Alexander, der zugegen war:
›Um was für ein Pferd bringen sie sich da, nur weil sie aus Unverstand und Schlappheit nicht mit ihm umzugehen wissen!‹ Anfangs
schwieg Philipp dazu; als aber Alexander weiter auf ihn einredete
und ganz aufgeregt wurde, sagte er zu ihm: ›Willst du älteren Leuten
Vorwürfe machen, als ob du gescheiter wärst als sie und besser mit
einem Pferd umgehen könntest?‹ ›Mit diesem wenigstens‹, erwiderte er, ›würde ich besser umgehen als ein anderer.‹ ›Wenn es dir aber
nicht gelingt, welche Buße willst du dann für deine Anmaßung
leisten?‹ ›Dann will ich wahrhaftig den Preis für das Pferd bezahlen.‹ Daraufhin brach ein Gelächter aus. Nachdem dann die Bedingungen der Wette um das Geld festgelegt waren, lief Alexander
rasch zu dem Pferd hin, fasste es beim Zügel und wendete es gegen
die Sonne, weil er offenbar bemerkt hatte, dass es scheute, wenn es
seinen Schatten vor sich fallen und sich bewegen sah. Nachdem er
es so ein wenig beruhigt und getätschelt hatte und nun merkte, wie
es sich mit Zorn und Mut erfüllte, warf er leise den Mantel weg,
sprang auf und fasste festen Sitz. Zunächst zog er den Zaum mit
den Zügeln an und ließ es ohne Schlag und Sporn ansteigen, und
als er fühlte, dass das Pferd den Widerstand aufgegeben hatte, aber

nun losrennen wollte, ließ er die Zügel nach und galoppierte los, indem er jetzt auch lauteren Zuruf brauchte und ihm die Hacken in die Weichen schlug. In der Umgebung Philipps herrschte zuerst angstvolles Schweigen. Als er aber regelrecht wendete und stolz und froh zurückgeritten kam, da jauchzten alle anderen ihm zu, der Vater aber, so heißt es, fing vor Freude an zu weinen, küsste den Sohn, als er abstieg, auf den Kopf und sagte: ›Such dir ein Reich, mein Sohn, das deiner würdig ist, denn Makedonien ist für dich nicht groß genug.‹«

Nach meiner Interpretation verdanken wir diese lebendige Schilderung, die uns Plutarch überliefert hat, einem Augenzeugen, einem gewissen Marsyas Makedon, der ein Zeitgenosse Alexanders war und später ein Buch mit dem Titel *Die Erziehung Alexanders* schrieb. Gemäß der Etikette des Hofes wurden König Philipp und seine ausgewählten Getreuen täglich von einigen königlichen Pagen bedient; und bei dem hier beschriebenen Anlass hatten Alexander und Marsyas, die beide wahrscheinlich vierzehn Jahre alt waren, Dienst. Bukephalos – der Name bedeutet »Ochsenkopf« und bezieht sich auf das Brandmal an seinem Oberschenkel – war ein etwa vier Jahre alter Hengst »von großer Gestalt und edlem Mut«, wie er auch auf dem an die Schlacht bei Issos erinnernden Alexandermosaik dargestellt ist (Tafel 12). Von seinem Trainer Philoneikos war er bereits zugeritten worden. Nun trug er Zaumzeug, und jeder, der ihn erproben wollte, konnte ohne Sattel auf ihm reiten (Steigbügel und Sattel wurden erst in unserem Mittelalter erfunden). Sein wildes und gefährliches Verhalten jedoch schreckte alle ab, mit Ausnahme des jungen Alexander.

In der Art, wie er die Situation meisterte, zeigten sich eine Unabhängigkeit des Urteils, ein Verständnis für Pferde und ein Mut, die für einen Jungen seines Alters bemerkenswert sind. Kein Wunder, dass den Zuschauern angst und bange wurde, denn Alexander setzte sein Leben aufs Spiel. Wie groß die Befürchtungen waren, lässt sich daran erkennen, dass Philipp, wie es heißt, vor Freude weinte, als sein Sohn im Triumph zurückkehrte. Für diejenigen, die Alexander später in Asien erlebten, war dieses Ereignis Vorbote zahlreicher Anlässe, bei denen seine Unabhängigkeit, seine Intelligenz und sein Mut Triumphe feierten. Damals gewann Alexander die Wette, und wir können vermuten, dass Philipp den Preis für das Pferd bezahlte, das in Alexanders persönlichen Besitz überging, als Kriegspferd ausgebildet wurde und keinen anderen Reiter duldete. Die Worte, die Philipp mit dem Zusatz »so heißt es« zugeschrieben wurden, sind wahrscheinlich nicht historisch. Als Vater und Sohn tot waren, liebte man es, Vergleiche zwischen ihnen zu ziehen. Doch es liegt viel Wahrheit in der Darstellung: Alexander war bestrebt, seinen Vater zu übertreffen, und er war bereit, dafür sein Leben aufs Spiel zu setzen.

Die folgenden Vorfälle und Äußerungen hat Plutarch wahrscheinlich gleichfalls dem Werk des Marsyas entnommen. Immer wenn die Nachricht kam, Philipp habe eine berühmte Stadt erobert oder einen bemerkenswerten Sieg errungen, sagte Alexander zu seinen Altersgenossen:»Ihr Jungen, alles wird uns der Vater vorwegnehmen, und mir wird er keine große, glänzende Tat mit euch zu vollbringen übrig lassen.« Das, wonach er in jungen Jahren strebte, waren nicht Genuss und Reichtum, sondern Bewährung und Ruhm. Er wollte sich auszeichnen und als einer, der sich auszeichnet, anerkannt werden, und er wollte Ruhm erringen und als ruhmreich gepriesen werden. Er zweifelte nicht daran, dass er eines Tages König sein würde. Ja, er hatte das Gefühl, er müsse schon jetzt in einer Weise handeln, die eines Königs würdig war. Das ist der entscheidende Punkt der Anekdote, die davon berichtet, wie die Jungen seiner Umgebung ihn fragten, ob er sich an dem Wettlauf in Olympia beteiligen würde (denn »er war schnellfüßig«), worauf der antwortete:»Ja, wenn ich Könige zu Rivalen hätte.« Auf manche seiner Gefährten mag er einen frühreifen Eindruck gemacht haben; denn wie Plutarch bemerkt, der wahrscheinlich Marsyas zitiert, hielt ihn sein Ehrgeiz »ernsthaft im Geist und erhaben im Mut«. Doch er hatte auch eine große Begabung zu Freundschaft der schönsten Art. Beispielsweise hing er sehr an Hephaistion, und gegenüber Harpalos war er, wie wir sehen werden, fast über jedes vernünftige Maß hinaus loyal. Er bezog seine Freunde in seine ehrgeizigen Bestrebungen ein; deshalb sprach er davon, Taten »mit euch« zu vollbringen.

Von Gestalt war Alexander kleiner als der Durchschnitt der damaligen Zeit. Seine Stimme war laut und bestimmt. Er hatte eine starke und unermüdliche Konstitution. Auf dem Marsch pflegte er auf einen fahrenden Wagen auf- und wieder von ihm abzuspringen; und seine Stärke und athletische Gewandtheit befähigten ihn dazu, auf den Rücken des Bukephalos zu springen. Während sein Vater grobe Züge und ein stark maskulines Erscheinungsbild hatte, zeichnete sich Alexander als Jugendlicher durch die Weichheit seiner Züge, leicht hervortretende Augen mit schmelzendem Blick, eine helle Haut und eine frische Gesichtsfarbe aus. Wahrscheinlich hatte er sein Aussehen weniger von seinem Vater als von seiner Mutter Olympias (siehe Tafeln 1a und 15) geerbt. Bis zum Alter von vierzehn Jahren wurde er zu Hause erzogen, wo das Leben einfach war, denn es gab keine Sklaven, und die Frauen der königlichen Familie kochten die Mahlzeiten und fertigten die Kleidungsstücke an. Einen großen Einfluss muss Eurydike, seine Großmutter väterlicherseits, auf ihn ausgeübt haben, die als Königinmutter in höchstem Ansehen stand. Sie weihte im Stadtzentrum der alten Hauptstadt Aigai Altäre der Eukleia, dem »schönen Ruhm«, welcher der Leitstern des jungen Alexander war, und sie verfasste ein hübsches Epigramm, das ein Weihegeschenk an die Musen begleitete:

»Eurydike, die Tochter des Sirras, weihte den Musen ihrer Stadt dieses (Standbild) [wahrscheinlich des Hermes], da sie einen Wunsch nach Wissen in der Seele trug. Die Buchstaben nämlich, Zeichen für die gesprochenen Worte, befleißigte sich die glückliche Mutter heranwachsender Söhne zu lernen.«

Auch Alexander war den Musen zugetan. Homers *Ilias* war sein Lieblingswerk, er schätzte die Werke Pindars, die großen Tragödiendichter und die Dithyrambiker, und er hatte eine natürliche Liebe zum Lernen und Lesen.

Als Eurydike starb, war Alexander etwa vierzehn Jahre alt. In Aigai gab es einen besonderen Bezirk, in dem Frauen der königlichen Familie begraben wurden. Dort hat Manolis Andronikos das früheste und größte uns bekannte Gewölbegrab ausgegraben, das er auf kurz vor 340 datierte und als das Grab der Eurydike identifizierte. Alexander wird zugegen gewesen sein, als die Verbrennungszeremonie stattfand und die Asche Eurydikes in die Hauptkammer des Grabes gebracht wurde. Er muss das Trompe-l'œil-Fresko mit der Darstellung einer Fassade an der Rückwand des Grabes bewundert haben, das die Illusion eines dahinter liegenden Raumes erzeugt.

Die stärkste emotionale Bindung hatte Alexander an seine Mutter Olympias. Dabei muss man sich vergegenwärtigen, dass nicht nur in Makedonien, sondern auch in den Stadtstaaten die Verheiratung eines Mädchens durch den Mann arrangiert wurde, der für sie »verantwortlich« war. Angehörige des gemeinen Volkes benutzten solche Heiraten zur Stärkung familiärer Bindungen und Verbindungen. Könige heirateten normalerweise Frauen eines anderen Königshauses zu politischen Zwecken (oder »zu Kriegszwecken«, wie es Satyros zynisch formuliert hat), und nach demselben Prinzip verheirateten sie ihre Töchter. So war Eurydike, eine Prinzessin des Königshauses von Lynkos, dem Amyntas zur Frau gegeben worden und hatte seitdem in Makedonien gelebt. Sie war auch nicht die einzige Königin. Denn die Könige praktizierten ebenso wie manchmal auch andere männliche Mitglieder des Königshauses Polygamie, um für einen Vorrat von Erben in direkter Linie zu sorgen und ihre politischen Verbindungen auszudehnen. Amyntas beispielsweise hatte mindestens zwei Ehefrauen und von ihnen sechs Söhne. In den Jahren 358 und 357 nahm Philipp, damals etwa fünfundzwanzig Jahre alt, vier Ehefrauen, von denen mindestens drei ihm Kinder gebaren. Eine von diesen vier war Olympias, eine Prinzessin aus dem Königshaus von Molossien, die von ihrem Onkel, dem Molosserkönig Arybbas, mit Philipp verheiratet worden war. Spätere Autoren erfanden eine Liebesheirat, die auf eine Begegnung des jungen Paares am Schrein der Kabiren auf Samothrake zurückging, doch das ist angesichts des Alters der Beteiligten ausgeschlossen. Was ihr Prestige als Königinnen angeht, wurden die vier Ehefrauen gleich behandelt.

Olympias war attraktiv und hatte ein feuriges Temperament. Sie war stark religiös, opferte den olympischen Göttern des makedonischen Staates und vollzog die Riten der Mysterienkulte, in die sie eingeweiht war. Einer davon war der Kult der Kabiren, bei dem es um die Fruchtbarkeit von Menschen und Tieren sowie um das Weiterleben nach dem Tode in der Unterwelt ging. Opfer wurden den Kabiren als »Großen Göttern« in einer kreisrunden Grube auf Samothrake sowie unmittelbar vor der Stadtmauer von Pella dargebracht. Ein weiterer Kult war der des Orpheus, der Verhaltensmaßregeln festsetzte und seinen Gläubigen ein glückliches Leben nach dem Tode versprach. Der Raub der Persephone durch Pluton, wie ihn die Orphiker sahen, war das Thema von Fresken im Grab des Amyntas und eines Gemäldes im Grab der Eurydike. Mit diesem Kult verwandt war der des Dionysos, der durch die *Bakchen* berühmt geworden war, die Euripides in Makedonien verfasste und aufführte. Bemerkenswert an diesem Kult waren die orgiastischen Riten der Frauen, die vom Geist des Gottes besessen waren; von Olympias berichtete man, sie sei »diesem Treiben mehr als andere Frauen zugetan« gewesen, habe sich mit barbarischer Wildheit in die Gottesbesessenheit hineingesteigert und zu Ehren des Gottes riesige zahme Schlangen in die Hand genommen. Als sich Alexander in Asien aufhielt, empfahl sie ihm einen priesterlichen Diener, der sich – genau wie sie selbst – in den bakchischen und argeadischen Riten auskannte; letztere waren die Riten des Stammes der makedonischen Könige.

Olympias' Einfluss auf den jungen Alexander war sehr groß. Er wurde zutiefst religiös erzogen und war bereit, an die Manifestation der Götter in vielen Kulten und an vielen Orten sowie unter zahlreichen Namen zu glauben; doch soweit wir wissen, folgte er seiner Mutter nicht in die Mysterienkulte des Orpheus und der Kabiren. Das Band der Zuneigung zwischen Mutter und Sohn war außerordentlich stark. Wie er später einmal sagen sollte, löschte eine einzige Träne seiner Mutter unzählige Anklagen aus, die sein Statthalter Antipatros in Briefen erhoben hatte. Und als es zu einem Zerwürfnis zwischen seinen Eltern kam, schlug er sich auf ihre Seite und verließ gemeinsam mit ihr den Hof. Doch auch wenn sie mit Sicherheit eine starke Persönlichkeit war, wurde Alexander nicht von ihr beherrscht; als er König geworden war, machte er ihr zahlreiche Geschenke, aber in öffentlichen Angelegenheiten verließ er sich allein auf sein eigenes Urteil.

Als Alexander im Jahre 342 vierzehn Jahre alt geworden war, trat er in die Schule der Königlichen Pagen ein. Deren Ursprünge lagen in ferner Vergangenheit, und was heute über sie bekannt ist, stammt aus der Zeit von Philipp und Alexander. Er war einer von wahrscheinlich fünfzig Knaben, ausgewählten Söhnen führender Makedonen, die bei Erreichung der Pubertät mit einer vierjährigen Lehrzeit begannen, die an ihrem achtzehnten Geburtstag endete. Während dieser Jahre lebten sie als Internatsschüler am Hof oder in dessen Nähe und erhielten Unterricht in militärischen Disziplinen, insbesondere im Reiten, sowie in den freien Künsten, wobei Grammatik, Rhetorik, Dialektik, Geometrie, Arithmetik, Astronomie und Musik die wichtigsten Fächer waren. Im letzten Jahr dienten sie in der Schlacht als Leibgardisten des Königs sowie bei der Jagd als Helfer zu Fuß, die Mitgliedern der königlichen Familie, die dem Gesetz nach zu Pferde jagen mussten, Unterstützung leisteten. Das Fresko auf Tafel 2 zeigt eine solche königliche Jagd; man beachte die vorschriftsmäßige Uniform des Königlichen Pagen auf der äußersten Rechten. Körperliche Tüchtigkeit war unentbehrlich, und die Knaben übten sich in Leichtathletik, Gymnastik und Ringkämpfen.

Der König fungierte als Schulleiter, und er allein verhängte körperliche Strafen, wenn jemand sich etwas zuschulden kommen ließ. Beispielsweise peitschte Philipp einen Knaben »in nicht beneidenswerter Weise« aus, weil er einer paramilitärischen Übung ferngeblieben war, um ein öffentliches Haus zu besuchen. Besonders im letzten Jahr, beim Militärdienst, war die Disziplin sehr streng, was so weit ging, dass ein Page von Philipp getötet wurde, weil er entgegen einem Befehl seine Rüstung beiseite gelegt hatte. Als Ausbilder und Lehrer verwendete Philipp fähige Freie (keine Sklaven, wie dies in Athen im privaten Bildungswesen häufig der Fall war). Einer von ihnen, Leonidas, ein Verwandter der Olympias, war »ein Mann von ernstem, strengem Charakter«, der als Alexanders zweiter Vater und persönlicher Lehrer beschrieben wird. Er pflegte das Gepäck von Alexander zu durchsuchen, um nachzusehen, ob ihm Olympias irgendwelche Leckerbissen eingepackt hatte, und als Alexander einmal zu viel Weihrauch auf ein Altarfeuer geworfen hatte, tadelte Leonidas den Knaben wegen seiner Verschwendungssucht. Alexander betrachtete ihn offensichtlich als eine Gestalt wie den von James Hamilton gezeichneten Mr. Chips, denn er schickte ihm später aus Ägypten sechzehn Tonnen Weihrauch.

Im Jahr 342 stellte Philipp für eine nicht geringe Summe Aristoteles als Lehrer der »Philosophie« an, die sowohl praktisches als auch theoretisches Wissen umfasste. Unterrichtsstunden und Seminare wurden gewöhnlich im Freien, an der heiligen Stätte der Nymphen in der Nähe von Miëza, abgehalten. Das war ein schöner Ort mit natürlichen Grotten im Kalkstein, der in den Tagen des Plutarch von Ausflüglern besucht wurde und auch heute noch Besucher anzieht. Aristoteles übte einen tiefen Einfluss auf Alexander aus. Alexander übernahm dessen Auffassungen über Kosmologie, Geographie, Botanik, Zoologie und Medizin, weshalb er auf seinen Zug nach Asien neben dem Militär auch Naturwissenschaftler mitnahm. Ebenso fasziniert verfolgte er die Vorlesungen über Logik und Metaphysik, über das Wesen der Dichtung und die Natur der Politik. Vor allem lernte er von Aristoteles das Vertrauen auf den Verstand. In ihrer persönlichen Beziehung verwandelte sich die Bewunderung des Knaben in eine tiefe Zuneigung, und beide verband ein besonderes Interesse an der Herstellung des Textes der *Ilias*. Zweifellos hegte Aristoteles die Hoffnung, den künftigen König bei der Erfüllung seiner Pflichten lenken zu können, so wie sein eigener Lehrer Platon versucht hatte, den jüngeren Dionysios als Herrscher von Syrakus anzuleiten. Zu diesem Zweck schrieb er für Alexander eine Abhandlung *Über die Königsherrschaft*, die leider nicht erhalten ist. Dass sie fortwirkte, nachdem Alexander den Thron bestiegen hatte, ist zweifelhaft. Doch im Jahr 336, als er dazu bestimmt worden war, die vereinten Truppen der Griechen und der Makedonen für den Krieg gegen Persien zu befehligen, zeigte Alexander seine Wertschätzung für die »Philosophie«, als er den asketischen Philosophen Diogenes besuchte und dabei bemerkte: »Wäre ich nicht Alexander, so wäre ich Diogenes.«

Der Sohn des Leiters der Pagenschule zu sein kann für einen jungen Mann mit ausgeprägtem Ehrgeiz nicht einfach gewesen sein. Dass Philipp seinen Sohn liebte und dessen Mut bewunderte, wird aus dem Bericht über die Zähmung des Bukephalos deutlich. Wahrscheinlich erwiderte Alexander diese Liebe, denn sein Vater hatte starke Gefühle, eine charismatische Persönlichkeit und kultivierte Interessen. Dass Alexander ihn wegen seiner Leistungen außerordentlich bewunderte, versteht sich von selbst, denn 342 war Philipp der führende Staatsmann der griechischen Welt, der sein Land zur beherrschenden Militärmacht Europas gemacht hatte. Von 342 an standen Vater und Sohn in engem Kontakt. Als Schulleiter lenkte und überwachte Philipp die Fortschritte Alexanders und gewann vollständiges Vertrauen in die Fähigkeiten seines Sohnes.

Wahrscheinlich Ende 342 kamen in Abwesenheit Philipps persische Gesandte an den Hof, die von Alexander gastlich aufgenommen wurden. Sie waren von seiner Freundlichkeit und seinen scharfsinnigen Fragen über ihr Land und seine Herrscher beeindruckt. Als Philipp 340 einen großen Feldzug in Thrakien unternahm, ernannte er Alexander zu seinem Stellvertreter und machte dadurch deutlich, dass er sich ihn als Nachfolger wünschte, falls er selbst auf dem Feldzug fallen sollte. Der Überlieferung nach hatte Philipp von seinen Ehefrauen mehrere Söhne, von denen aber einige eines natürlichen Todes gestorben und andere im Kampf, vermutlich als Pagen, umgekommen waren. Möglicherweise war der etwa gleichaltrige, aber geistig zurückgebliebene Arrhidaios Alexanders einziger Bruder, der 340 noch lebte. Für Olympias als künftiger Königinmutter bedeutete die Erhöhung Alexanders einen erheblichen Prestigezuwachs.

In seiner Eigenschaft als Stellvertreter seines Vaters wurde Alexander das königliche Siegel anvertraut. Er erfüllte daher die Routinepflichten des Königs und bestätigte mit dem Siegel staatliche Urkunden. Insbesondere vollzog er die täglichen Opfer. An ihnen hatte er wahrscheinlich teilgenommen, seit er vierzehn Jahre alt war, und jetzt war er berechtigt, sie für den Staat und die königliche Familie durchzuführen. Letztere hatte einen eigenen Kult des Herakles Patroos, des Herakles als Vorfahr der Temeniden. 340 brach im Strymontal ein Aufstand der Maider aus, den Alexander als Befehlshaber der makedonischen Truppen niederschlug. Er eroberte ihre Hauptstadt, vertrieb die Bewohner und gründete die Stadt unter dem Namen Alexandropolis mit einer gemischten Bevölkerung aus Makedonen, Griechen und Thrakern neu. Hierin folgte er dem Beispiel seines Vaters, der makedonische Siedler in die griechische Stadt Krenides gebracht und diese in Philippoi (Philippi) umbenannt hatte. Alexander tat dies zweifellos mit Billigung seines Vaters, der gegen Ende des Jahres 341 in Mittelthrakien ähnliche gemischte Siedlungen gründete, von denen eine Philippopolis genannt wurde. Vater und Sohn waren sich offensichtlich völlig einig.

Im Sommer 338 schlossen Alexander und seine Altersgenossen die Pagenschule ab. An ihrem achtzehnten Geburtstag wurden sie volljährig, und sie wussten, welche Laufbahn vor ihnen lag. Ähnlich wie Eton und Winchester im viktorianischen England war die Pagenschule als Ausbildungsstätte von Gouverneuren und Generälen berühmt. Körperlich tüchtige Absolventen gingen als Kavalleristen zur Getreuenreiterei. Wer wie Harpalos körperbehindert war, trat als Verwaltungsbeamter in den Dienst des Königs. Alexander hatte die Schule mit Ehren absolviert. Er hatte sich als Kavallerist auf seinem Kriegspferd Bukephalos, als furchtloser Jäger und als Stellvertreter des Königs ausgezeichnet. Die Zukunft stand ihm offen, und er hatte die besten Aussichten, von der Versammlung der Makedonen eines schönen Tages zu ihrem König gewählt zu werden.

Der Zug seiner Persönlichkeit, den man hervorheben muss, ist sein religiöser Glaube. Von Kindheit an hatte er Herakles Patroos, den Sohn des Zeus und einer Sterblichen, verehrt, und über seine Mutter stammte er von Achilles, dem Sohn der Göttin Thetis und des Sterblichen Peleus, ab. In den Adern seiner Mutter floss auch das Blut eines Sohnes und einer Tochter des Priamos, des Königs von Troja. Für Alexander waren Herakles und Achill keine Schöpfungen poetischer Phantasie, sondern wirkliche Menschen, die von ihren Nachfahren erwarteten, dass sie sich als Krieger und Wohltäter auszeichneten. Er hoffte, es ihnen gleichzutun oder sie sogar noch zu übertreffen. Alles an seiner Erziehung hatte dazu beigetragen, ihm einen tiefen Glauben an die olympischen Götter einzuflößen: das tägliche Opfer in Begleitung seines Vaters, die Teilnahme an religiösen Festspielen, die Nähe zum Thron des Zeus auf dem Olymp und die Religiosität des makedonischen Volkes. Die Münzen seines Vaters kündeten von der Verehrung für Zeus, Apollon und Herakles, und als Alexander heranwuchs, sah er, wie sein Vater als Vorkämpfer des Apollon in einem »Heiligen Krieg« triumphierte. Auch er hoffte, dass ihn die Götter dazu beflügeln würden, sich in ihrem Dienst hervorzutun.

Die Welt König Philipps und Prinz Alexanders

Die politische Lage in Alexanders Knabenzeit

356, im Jahr der Geburt Alexanders, schrieb ein politischer Pamphletist namens Isokrates über die griechischsprachige Welt: »Alle Teile Griechenlands sind von Krieg und Umstürzen und Gemetzel und zahllosen Übeln erfüllt und bedrängt.« Diese schreckliche Situation war das Ergebnis eines Jahrhunderts voller Kriege zwischen den griechischen Stadtstaaten und interner Parteikämpfe in den meisten von ihnen, die erbitterten Hass gezüchtet und zu Gräueltaten von einem Ausmaß geführt hatten, das in moderner Zeit nur zu vertraut ist. Viele Kriege hatten lokale Grenzstreitigkeiten zum Anlass, etwa die Auseinandersetzung zwischen Athen und Theben über den Besitz von Oropos, und es bestand die Tendenz, dass sie bei jeder Veränderung des Kräfteverhältnisses wieder aufflammten. Größere Kriege wurden von Staaten angezettelt, welche die Herrschaft über andere Staaten anstrebten und miteinander konkurrierten. So begann Athen, das bereits die Kontrolle über mehrere Küstenstaaten ausübte, im Jahr 460 einen fünfzehnjährigen Krieg gegen Sparta, den Anführer einer Gruppe von Landmächten, und 431 stürzte es sich in einen zweiten derartigen Krieg, der 404 ein für die Stadt katastrophales Ende nahm. Davon unbeirrt, unternahm Athen zwei weitere Versuche, den einen 394 und den anderen 377. Das letzte Abenteuer endete 356 mit einer Niederlage gegen einige Staaten, die Athen bis dahin untertan gewesen waren. Sparta führte zwei erfolgreiche Kriege gegen Athen, aber im 4. Jahrhundert führte sein despotisches Verhalten als imperiale Macht zu Aufständen und 371 zur Niederlage gegen einen neuen Rivalen, Theben.

Danach taten sich Sparta und Athen im Krieg gegen Theben und dessen Verbündete zusammen. Im Jahr 362 wurde in Mantineia auf der Peloponnes eine unentschieden endende Schlacht geschlagen, an der die meisten Stadtstaaten des Festlands teilnahmen. Während Athen 356 mit den von ihm abhängigen Staaten Krieg führte, versuchte Theben, seinen zögerlichen Verbündeten Phokis zu disziplinieren, was dazu führte, dass der Anführer einer politischen Partei aus Phokis den Apollontempel in Delphi besetzte. Dies war der Beginn der Auseinandersetzung, die dann zum Heiligen Krieg wurde, in dem zunächst alle Gefangenen hingerichtet wurden. Er sollte zehn Jahre dauern und die meisten Festlandstaaten in Mitleidenschaft ziehen.

Diese allgemeinen Kriege richteten in gewisser Weise weniger Schaden an als die inneren Unruhen in den Stadtstaaten, die von Parteiführern angezettelt wurden und oft zur Einmischung einer fremden Macht führten. Ein Schrecken erregendes Beispiel aus Korkyra im Jahr 427 beschreibt Thukydides. Die dortigen »Demokraten« konnten auf die Unterstützung einer athenischen Flotte zählen, und etwa vierhundert »Oligarchen« suchten Zuflucht im Tempel der Hera. Fünfzig von ihnen wurden von den Demokraten dazu überredet, ihre Zufluchtsstätte zu verlassen und sich vor Gericht zu verantworten, das dann alle miteinander zum Tod verurteilte.

»Die große Mehrzahl, die sich nicht darauf eingelassen hatte und nun sah, was geschah, brachte im Heiligtum selbst sich gegenseitig um, manche erhängten sich an den Bäumen oder entleibten sich, wie jeder konnte. Sieben Tage lang ... mordeten die Korkyrer jeden, den sie für ihren Gegner hielten. ... Der Tod zeigte sich da in jederlei Gestalt, wie es in solchen Läuften zu gehen pflegt, nichts, was es nicht gegeben hätte, und noch darüber hinaus. Erschlug doch der Vater den Sohn, manche wurden von den Altären weggezerrt oder dortselbst niedergehauen, einige auch eingemauert im Heiligtum des Dionysos, dass sie verhungerten. So ins Unmenschliche steigerte sich dieser Bürgerkrieg. ... Später freilich ergriff das Fieber so ziemlich die ganze hellenische Welt. ... So brach in ständigem Aufruhr viel Schweres über die Städte herein, wie es ... geschieht und immer wieder sein wird, solange Menschenwesen sich gleich bleibt.«

Jeder derartige Bürgerkrieg hinterließ Hassgefühle und Rachewünsche, die häufig zu einem weiteren Bürgerkrieg führten. Nach seinem Besuch in den Stadtstaaten Siziliens, in denen Revolution und Konterrevolution endemisch waren, schrieb Platon 353 über solche Umsturzbewegungen *(stasis)*:

> »Das nimmt niemals ein Ende, sondern es verbindet sich immer, was schon längst der Schluss zu sein schien, mit einem frisch entstandenen Anfang, und in diesem Kreislauf werden die Partei des Tyrannen und die des Volkes insgesamt in Gefahr kommen, zugrunde zu gehen. Ganz Sizilien wird ... die griechische Sprache geradezu verlieren, wenn es in Einfluss und Gewalt der Phoiniker oder Opiker gerät.«

Wie sollte dieser Niedergang aufgehalten werden? In den Jahren 360 bis 350 verfasste Platon seinen letzten Dialog, die *Gesetze*, in denen er einen idealen Stadtstaat beschrieb. Er glaubte, ein System staatlicher Erziehung könne die Bürger unter bestimmten ökonomischen und sozialen Bedingungen so beflügeln, dass sie ihren Herrschern, nämlich den Gesetzen, Gehorsam leisten würden. Das war die langfristige Lösung eines Intellektuellen. Andere Denker wollten eine schnellere Reform. Im Jahr 355 hielt es Xenophon, nachdem er seine *Griechische Geschichte* für die Zeit von 411 bis 362 geschrieben hatte, für notwendig, in Griechenland »Friedenswächter« *(eirenophylakes)* einzusetzen. Seiner Meinung nach konnte Athen, wenn es seine Einmischungspolitik aufgab, zum Vermittler eines solchen Friedens werden. Als ersten Schritt drängte er Athen dazu, die Phoker zum Verlassen von Delphi zu überreden. Auch Isokrates riet der Stadt, ihren imperialen Ehrgeiz aufzugeben und sich auf die Friedenspolitik zu konzentrieren, aber er hielt sie nicht für fähig, die anderen Staaten zur Versöhnung zu führen. Vielmehr schrieb er 356/55 einen offenen Brief an den spartanischen König Archidamos, in dem er diesem vorschlug, er möge als Schlichter die Stadtstaaten von »ihrem Wahnsinn und ihrer Streitsucht« abbringen und sie in einen Kreuzzug gegen Persien führen. Diese Vorschläge fanden kein Gehör, und der darauf folgende Heilige Krieg stürzte die Staaten in noch mehr Chaos und Gemetzel.

Zur damaligen Zeit gab es zwei Teile der griechischsprachigen Welt, die nicht unter Umsturzbestrebungen litten und nicht den Versuch machten, den Stadtstaaten ihre Herrschaft aufzuzwingen. In Epeiros gab es drei Gruppen von Stammesstaaten, Molossien, Thesprotien und Chaonien, und wenn auch ein Stammesstaat aus der einen Gruppe in die andere überwechseln konnte, blieb doch jede von ihnen eine fest gefügte Gemeinschaft (die als *koinon* bezeichnet wurde). Die stärkste Gruppe war 356 der molossische Staat. Seine Monarchie genoss außerordentlich hohes Ansehen, weil die königliche Familie, wie man glaubte, von Achilles' Sohn Neoptolemos abstammte. Diese Staaten verteidigten die Grenze gegen die Illyrer, deren Institutionen weitgehend ähnlich aufgebaut waren. Im 4. Jahrhundert bis zum Jahr 360 wurden sie von einer Gruppe von illyrischen Staaten besiegt, welche sich um die Dardaner (in Kosovo und Metohija) bildete, deren König Bardylis eine starke Wirtschaft entwickelte. 385 verloren die Molosser fünfzehntausend Mann im Kampf und wurden nur durch ein spartanisches Heer vor der Unterwerfung bewahrt. 360 erlitten sie erneut Verluste.

Der andere Teil der griechischsprachigen Welt, der von inneren Unruhen verschont blieb, erstreckte sich von Pelagonien im Norden bis nach Makedonien im Süden. Auf diesem Gebiet lagen mehrere Stammesstaaten, die beständig gegen Illyrer, Paionier und Thraker Krieg führten. Jeder Staat hatte seine eigene Monarchie. Besonderes Ansehen genossen die Lynkesten, deren Königsfamilie, die Bakchiaden, den Anspruch erhoben, von Herakles abzustammen, und die Makedonen, deren Königsfamilie über ähnliche Vorfahren verfügte. Zwar kämpften diese Stammesstaaten gelegentlich miteinander, aber jeder Einzelne von ihnen war fest gefügt und frei von Umsturzbewegungen. Am meisten hatten sie unter den Dardanern zu leiden, die Raubzüge im ganzen Land unternahmen und dabei sogar den Thermaiischen Golf erreichten, wo sie in den Jahren 393 bis 391 einen Marionettenkönig über die Makedonen einsetzten. Danach wurden Pelagonien und Lynkos häufig überrannt, und 359 fielen der makedonische König Perdikkas und viertausend Makedonen in der Schlacht gegen die Dardaner.

Aus der Sicht der Stadtstaaten waren diese Stammesstaaten rückständig und des griechischen Namens nicht würdig, obwohl sie Dialekte des Griechischen sprachen. Nach Auffassung von Aristoteles war die Monarchie das Kennzeichen von Menschen, die zu dumm waren, um sich selbst zu regieren. Die Stadtstaaten dagegen, mit Ausnahme von Sparta, hatten sich schon vor Jahrhunderten von der Monarchie befreit. Sie regierten sich demokratisch oder oligarchisch, und ihre Bürger waren äußerst individualistisch. Es gab noch weitere Unterschiede. Die Staaten im Norden lebten größtenteils von Wanderweidewirtschaft, verwendeten mehr Tausch als Geld und hatten keine Grundschicht von Sklaven, während die Stadtstaaten größtenteils in Städten lebten, kapitalistische Wirtschaften hatten und selbst in der Landwirtschaft eine sehr große Zahl von Sklaven einsetzten. Die Einwohner des Nordens hüteten ihre Herden, bebauten den Boden und dienten selbst als Soldaten, während im 4. Jahrhundert die am weitesten entwickelten Bewohner des Südens, die Athener, die Arbeit lieber Sklaven und Ausländern überließen und für Kriege in Übersee Söldner anheuerten.

Die Balkanstämme außerhalb der griechischsprachigen Welt führten ständig Krieg. So schreibt Herodot von den Thrakern: »Wer müßig geht, wird hoch geehrt; wer das Feld bebaut, wird tief verachtet. Das ehrenvollste Leben ist das Kriegs- und Räuberleben.« Die gut bewaffneten Aristokraten der thrakischen Stämme unternahmen ausgedehnte Überfälle wie etwa den Einfall in Makedonien im Jahr 429 unter der Führung von Sitalkes, dem König der thrakischen Odrysen. Die Paionier (auf dem Gebiet des südöstlichen Jugoslawien) und die Illyrer (im heutigen Albanien) waren ebenso kriegerisch, und auch sie gingen auf Plünderungszüge, bei denen sie nicht nur Güter und Vieh raubten, sondern auch Männer, Frauen und Kinder mitnahmen. Eine illyrische Stammesgruppe, die Ardiaier, brüstete sich damit, dreihunderttausend Sklaven gemacht zu haben.

Der makedonische Staat

Kriege, die nicht der Eroberung, sondern dem Überleben dienten, waren das Los der Makedonen. Die Institutionen des Landes waren daher auf militärische Effizienz ausgerichtet. Die Bevölkerung lebte vorwiegend in Städten, die sie als *poleis* bezeichneten, da jede von ihnen eine eigene Staatsbürgerschaft (zum Beispiel *Pellaios*) sowie ein eigenes Regierungssystem mit Bürgermeister, Rat und Volksversammlung besaß. Zu ihrer Verteidigung bildete jede Stadt eine eigene Miliz aus, was in Philipps Zeit sowohl schulische als auch militärische Ausbildung beinhaltete. Die Städte standen unter der Herrschaft der Zentralregierung, die aus zwei Elementen bestand – dem König und den bewaffneten Männern des Königs. Starb ein König, wählten die Männer des Königs, die sich in Waffen versammelten, seinen Nachfolger. Wenn dieser ihr Vertrauen erwarb, waren seine Befugnisse sehr weitreichend. Er opferte für den Staat den Göttern, veranstaltete die religiösen Festspiele, befehligte persönlich die Truppen und unterhielt diplomatische Beziehungen. Ihm gehörten sämtliche Bodenschätze, große Waldbestände, Ländereien und Jagdgründe. Er kontrollierte die Rekrutierung von Angehörigen der Stadtmilizen für seine Truppen, überwachte Beförderungen und setzte die Disziplin durch. Politische Fragen legte er der Versammlung der Männer des Königs vor, und er musste sie davon überzeugen, dass er ihre Angelegenheiten ordnungsgemäß verwaltete. Insbesondere konnte er nur dann in den Krieg ziehen, wenn er sich ihrer Unterstützung versichert hatte. Bestand der Verdacht eines Verrats, erhob der König die Anklage, und der Angeklagte sprach vor der Versammlung der Männer des Königs, die das Urteil fällte und vollzog. So waren die Befugnisse der Versammlung souverän, aber sie wurden nur selten ausgeübt. In kritischen Augenblicken, in denen Eindringlinge in Makedonien einbrachen, traten die Männer des Königs auf seinen Befehl in Aktion.

Das Bürgerrecht als »Makedonen« und zugleich die Mitgliedschaft in der Versammlung besaßen nur die Männer des Königs, welche die Ehre hatten, die »Getreuen« (*hetairoi*) des Königs zu sein. Aus ihren Reihen wählte er seine Befehlshaber und Verwaltungsbeamte aus, die er als seine »Freunde« und in einem speziellen Sinne als seine »Getreuen« bezeichnete. Gelegentlich und nach eigenem Gutdünken beratschlagte er sich mit einigen von ihnen, aber er war nicht verpflichtet, ihrem Rat zu folgen, und sie hatten keine verfassungsmäßige Stellung. Viele von ihnen waren aus der Pagenschule hervorgegangen. Hervorragende Dienste belohnte der König, indem er dem Empfänger die Einnahmen aus einem Gut oder einen anderen Besitz auf Lebenszeit übertrug. Noch höher konnten die Freunde nicht steigen, denn als König erkannten die Makedonen nur ein Mitglied der königlichen Familie an.

Die Männer des Königs waren in zwei Klassen geteilt. In der Herrschaftszeit Philipps trugen die Reiter einen metallenen Harnisch und einen metallenen Helm sowie eine Lanze mit je einer Klinge an beiden Enden, und sie ritten ohne Sattel in die Schlacht. Die »schwer bewaffnete Reiterei«, die intensive Ausbildung im Umgang mit Pferden erforderte (siehe Abbildung 1 a), konnte auf eine lange Tradition zurückblicken. Dagegen waren die Fußsoldaten erst 369 als »schwer bewaffnete« Truppen organisiert worden. Zehn Jahre später rüstete sie Philipp mit einer neuen Waffe, der etwa fünf Meter langen Lanze, sowie mit einem kleinen, um den Hals hängenden Schild, Helm und Beinschienen aus. Wie die »Hopliten« der Stadtstaaten kämpften sie in einer dicht gedrängten Phalanx, Schulter an Schulter, acht bis zehn Mann tief. Die Lanze reichte weiter als der gut zwei Meter lange Speer, den der Hoplit mit einem Arm schwang, mit der Folge, dass eine Phalanx vier Lanzenspitzen gegen eine einzige Speerspitze eines Hopliten aufbot (siehe Abbildung 1 b). Während die »Getreuenreiter«

1a. Ein »Getreuer« der schwer bewaffneten Reiterei

ihre eigenen Reittiere und Ausrüstungsgegenstände stellten, stattete der König die »Getreuen zu Fuß« (*pezhetairoi*) mit Lanzen und Ausrüstungsgegenständen aus seinen Beständen aus. Um die Lanze zu handhaben und die Formation der Phalanx beizubehalten, waren intensive Ausbildung und körperliche Tüchtigkeit vonnöten.

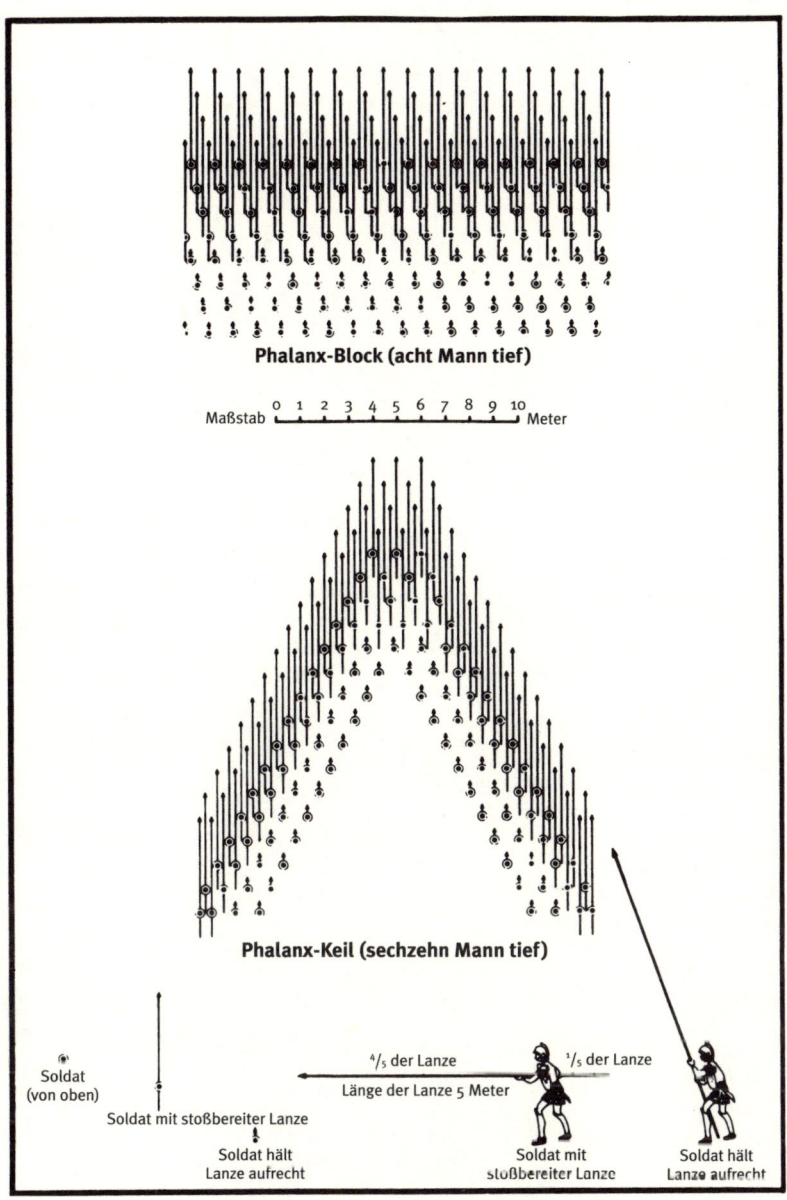

Phalanx-Block (acht Mann tief)

Maßstab 0 1 2 3 4 5 6 7 8 9 10 Meter

Phalanx-Keil (sechzehn Mann tief)

Soldat
(von oben)

Soldat mit stoßbereiter Lanze

Soldat hält
Lanze aufrecht

⁴/₅ der Lanze   ¹/₅ der Lanze

Länge der Lanze 5 Meter

Soldat mit
stoßbereiter Lanze

Soldat hält
Lanze aufrecht

1 b. Phalanx der Lanzenträger

Der Einfluss Philipps

Von Schwäche zu Stärke

Philipp kam 359 nicht als König an die Macht, sondern als Vormund seines minderjährigen Neffen Amyntas IV. Nachdem es viertausend Mann im Kampf verloren hatte, stand das Land am Rand des Zusammenbruchs, während die siegreichen Truppen des Bardylis Städte in Pelagonien und Lynkos besetzt hielten und in Makedonien selbst einzumarschieren drohten. Philipp flößte seinen Soldaten Mut ein, indem er eine Versammlung nach der anderen abhielt, seine Infanterie neu bewaffnete und ausbildete und sie mit seinem unbezähmbaren Geist beflügelte. Im Frühjahr 358 überzeugte er die Versammlung der Männer des Königs davon, dass sie in die Offensive gehen sollten. Nachdem er Bardylis in einer Entscheidungsschlacht, bei der die zahlenmäßige Stärke beider Seiten nahezu gleich war, eine vernichtende Niederlage beigebracht hatte, zog er die makedonische Grenze am Ostufer des Lychnitissees (Ohridsee) und bekräftigte einen Friedensvertrag mit Bardylis, indem er dessen Tochter Audata heiratete. Sein Sieg befreite Pelagonien, Lynkos und die anderen Stammesstaaten des westlichen Makedonien, das damals »Obermakedonien« genannt wurde, von Überfällen und Besatzung durch die Dardaner, und er forderte die Völker dieser Staaten jetzt auf, ihre Monarchien abzuschaffen und sich mit den gleichen Rechten wie die Makedonen dem makedonischen Königreich anzuschließen. Die Aufforderung wurde angenommen, und Philipp bezeugte seine Achtung für seine neuen Untertanen, indem er Phila, eine Angehörige der elimeotischen Königsfamilie, heiratete.

Durch diesen Schritt, den Philipp mit Zustimmung der makedonischen Versammlung unternommen haben muss, verdoppelte er die

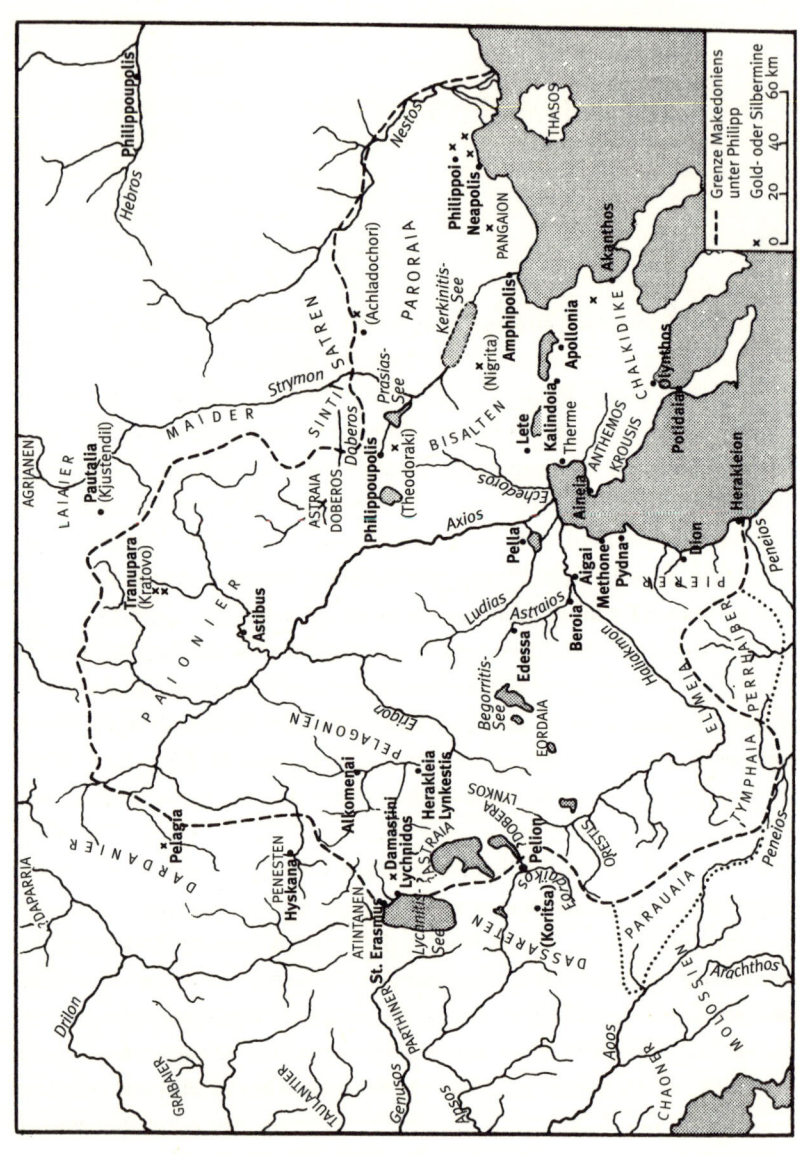

2. *Alexanders Königreich Makedonien*

Ressourcen und die militärische Stärke des Königreiches. Es war wichtig, den Lebensstandard in Obermakedonien dem in Untermakedonien anzugleichen, und zu diesem Zweck gründete er dort neue Städte, in denen junge Männer eine schulische und militärische Ausbildung erhielten. Wenn sie diese abgeschlossen hatten, rekrutierte er die besten von ihnen für das Heer des Königs und als Mitglieder der Versammlung der »Makedonen«. Mit diesen Neuerungen war er so erfolgreich, dass die Zahl seiner Getreuen zu Pferde von 600 im Jahr 358 bis 336 auf 2800 anstieg und die der Getreuen zu Fuß im gleichen Zeitraum von 10000 auf 27000 wuchs. Alexander sollte die Furcht erregendste Armee in ganz Europa erben.

Durch eine Kombination von diplomatischem Geschick und militärischem Opportunismus besiegte Philipp illyrische Stämme jenseits der makedonischen Westgrenze, zwang die Paionen dazu, seine Untertanen zu werden, brachte griechische Kolonien an der Küste in seinen Besitz, verteidigte Amphipolis gegen die Athener und Krenides, das in Philippi umbenannt wurde, gegen die Thraker und schob die Ostgrenze seines Reichs bis zum Nestos (Mesta) vor – das alles bis Ende 354. Er hatte das Glück, dass die Athener durch den Krieg gegen die von ihnen unterworfenen Staaten (357–355) und Theben durch den Krieg gegen Phokis, aus dem sich dann der Heilige Krieg entwickelte (355–346), abgelenkt waren. Zudem gelang es ihm, mit seinem mächtigen Nachbarn, dem aus Stadtstaaten bestehenden Chalkidischen Bund, einen Bündnisvertrag zu schließen, der vorsah, dass keine der beiden Seiten in separate Verhandlungen mit Athen eintreten würde. Während dieser ereignisreichen Jahre bekräftigte er außerdem die Bündnisse mit dem Herrscherhaus von Larissa in Thessalien, indem er Philinna, eine Frau aus diesem Hause, heiratete, und mit dem molossischen Königshaus, indem er, wie schon erwahnt, Olympias zur Frau nahm. Im selben Jahr (357) wurde er anstelle von Amyntas IV. zum König gewählt.

Den Heiligen Krieg erklärte eine Mehrheit der Mitglieder der Amphiktyonie, deren Rat Verhaltensvorschriften in religiösen und anderen Angelegenheiten erließ und insbesondere den Apollontempel in Delphi verwaltete. Diese Mehrheit bestand aus den Völkern von Thessalien, Mittelgriechenland und Boiotien; zur Minderheit gehörten Athen,

Sparta, Achaia sowie später Pherai in Thessalien, die alle ein Bündnis mit Phokis eingingen. Andere Staaten sympathisierten mit einer der beiden Seiten. Die phokischen Besatzer Delphis überlebten, indem sie die Schätze plünderten und Söldner anwarben, und 353 unternahm Onomarchos, ein fähiger Feldherr, eine Offensive gegen Theben und entsandte siebentausend Söldner, die Pherai gegen die übrigen Thessalier unterstützen sollten. Das war Philipps Gelegenheit, denn die Thessalier baten ihn um Hilfe, und er verhalf ihnen zum Sieg. Doch Onomarchos wandte sich nach Norden und brachte Philipp zwei Niederlagen bei, der sich zurückzog – »wie ein Widder, um dann desto härter zuzustoßen«, wie er sagte. Im Jahr 352 errang er dann zusammen mit seinen thessalischen Verbündeten zur Verwunderung der Stadtstaaten einen entscheidenden Sieg über die aus fünfhundert Reitern und zwanzigtausend Fußsoldaten bestehende Armee des Onomarchos.

Philipp trat demonstrativ als Vertreter Apollons auf. Seine Soldaten trugen, wenn sie in die Schlacht zogen, den Lorbeerkranz, der dem Gott heilig war, und auf seinen Befehl hin wurden dreitausend Gefangene als Tempelschänder ertränkt. Außerdem verfocht er die Sache der Freiheit und des Föderalismus gegen die Diktatoren von Pherai, die er nun zusammen mit ihren Söldnern vertrieb. Als Belohnung wurde er zum Vorsitzenden des Thessalischen Bundes gewählt, der ihm seine Streitkräfte und seine Einnahmen zur Verfügung stellte. Zu dieser Zeit heiratete er Nikesipolis, eine Angehörige der führenden Familie von Pherai.

Seine größte Sorge galt einer möglichen Koalition zwischen Athen und dem Chalkidischen Bund. In einem solchen Fall wäre die athenische Flotte in der Lage gewesen, seine Küste abzuriegeln, und die Armeen beider Staaten hätten die Küstenebene von Makedonien besetzen können. Als 349 der Chalkidische Bund seinen Vertrag brach und ein Bündnis mit Athen einging, marschierte Philipp in Chalkidike ein und eroberte 348 trotz der Bemühungen Athens Olynthos, die Hauptstadt des Bundes, deren Bewohner er für den Bruch der religiösen Eide, mit denen sie den Vertrag beschworen hatten, zur Verantwortung zog, indem er ihre Stadt dem Erdboden gleich machte und sie selbst in die Sklaverei verkaufte. Auch zwei andere Stadtstaaten, Apollonia und Stageira, wurden zerstört und die Völker der Halbinsel Chalkidike – Chalkidier und Bottiaier – dem makedonischen Königreich einverleibt.

Währenddessen gingen den Phokern die Mittel und damit die Söldner aus, und die Thebaner waren erheblich geschwächt worden. Wer würde den Gnadenstoß führen? Im Jahr 346 eilten Gesandte aus den meisten Stadtstaaten nach Pella, um Philipp als Verbündeten zu gewinnen. Alexander, der damals zehn Jahre alt war, dürfte mit Interesse beobachtet haben, wie sein Vater freundliche Worte für sie alle fand und sich auf niemanden festlegte. Als die Gesandten auf der Heimreise waren, erreichte das makedonische Heer die Thermopylen, wo der phokische Führer und seine achttausend Söldner die von Philipp gestellten Bedingungen annahmen und ihre Waffen und Pferde ablieferten. Danach konnten sie ihrer Wege ziehen. Jetzt waren die Bewohner Phokiens schutzlos. Sie »lieferten sich Philipp aus, ... und er hielt eine Beratung mit den Boiotern und Thessaliern ab«. Mit Athen hatte er bereits Frieden und ein Bündnis geschlossen, und er hatte die Stadt eingeladen, Vertreter zu dieser Versammlung zu entsenden, doch diese Einladung wurde auf Anraten von Hegesippos und Demosthenes abgelehnt.

Philipp hatte aus religiöser Überzeugung als Vorkämpfer Apollons gehandelt und vertraute die Entscheidung daher dem Rat der Amphiktyonie an, in dem seine Verbündeten in Thessalien und Mittelgriechenland über eine Mehrheit der Stimmen verfügten, und zweifellos hörten sie auf seinen Rat. Die Bedingungen für die Phoker waren nach griechischen Maßstäben mild (ein griechischer Staat hatte die Hinrichtung aller Männer vorgeschlagen): Entwaffnung, Aufteilung in Dorfsiedlungen, Zahlung einer Entschädigung an Apollon und Ausstoßung aus der Amphiktyonie. An ihrer Stelle wurden die Makedonen zu Mitgliedern gewählt. Die beiden Stimmen, die Phokis im Rat hatte, gingen auf den makedonischen Staat über. Auf Empfehlung Philipps veröffentlichte der Rat »Anordnungen über die Besorgung des Orakeltempels und über alles andere, was sich auf den Gottesdienst und den allgemeinen Frieden und die Eintracht unter den Griechen bezog«. In Boiotien hatte Theben freie Hand: Es zerstörte drei Städte, die zur Unterwerfung unter die Phoker gezwungen gewesen waren, und verkaufte deren Einwohner in die Sklaverei. Am liebsten wäre es mit Phokis ähnlich verfahren.

Philipps Politik gegenüber den Stadtstaaten

Philipps Ziel war es, Eintracht zwischen den Stadtstaaten herzustellen und einen allgemeinen Friedensvertrag zu schließen. Damit folgte er den Vorschlägen, die Xenophon und Isokrates 356/55 gemacht hatten, und nahm die Anregungen eines 346 kurz vor der Kapitulation von Phokis veröffentlichten politischen Pamphlets des Isokrates auf. In der Schrift mit dem Titel *Philipp* wurde Philipp als dem Herrscher des stärksten Staates in Europa geraten, eine Einigung unter den Stadtstaaten zustande zu bringen, sie gegen Persien zu führen, die Griechen in Asien zu befreien und dort neue Städte zu gründen, welche die überschüssige Bevölkerung des griechischen Mutterlandes aufnehmen sollten. Der Preis der Einheit war die Anerkennung des Status quo sowie der Verzicht auf jede Einmischungspolitik. Trotz der Angebote Philipps, einen Allgemeinen Frieden zu stiften, gingen Athen, Sparta und Theben im Namen der »Freiheit« weiterhin eigene Wege, und 341 erkannte Philipp, dass er möglicherweise Gewalt anstelle von Überredung anwenden musste, wenn er die Vorherrschaft erlangen wollte.

Athen war bei seiner Lebensmittelversorgung auf Getreideeinfuhren aus Südrussland angewiesen, die den Bosporus und den Hellespont passieren mussten. Auf der europäischen Seite war Byzanz in der Lage, aus der Schifffahrt im Bosporus »Wohltaten« zu ziehen, ebenso wie Athen über seine Kolonien auf der Chersonesos (der heutigen Halbinsel Gallipoli) am Hellespont. Die asiatische Seite war von Persien besetzt, das eine Reihe von Aufständen an der Mittelmeerküste niedergeschlagen hatte und jetzt eine gewaltige Flotte aufbieten konnte. Philipp näherte sich diesem heiklen Gebiet durch die Eroberung Ostthrakiens. Während des Thrakienfeldzugs im Jahr 340 ernannte er den damals sechzehnjährigen Alexander zu seinem Stellvertreter in Makedonien. Von da an war Alexander völlig in die Pläne Philipps eingeweiht.

Die Ereignisse nahmen einen raschen Verlauf. Philipp begann mit der Belagerung von Perinthos und Byzanz, woraufhin Athen ihm den Krieg erklärte. Ein Strich durch die Rechnung wurde ihm dadurch gemacht, dass Persien und Athen in geheimem Einverständnis agierten. Er beorderte Alexander zu sich, marschierte in der Dobrudscha ein, besiegte dort einen skythischen König und weitete seine Kontrolle über das östliche Thrakien bis an die Donau aus. Während des Rückmarschs nach Makedonien im Sommer 339 musste er sich den Weg durch das Land der Triballer freikämpfen, die ihm einen Teil seiner Beute raubten.

In Griechenland war ein weiterer Heiliger Krieg ausgebrochen, und im Herbst bot man Philipp den Oberbefehl über die amphiktyonischen Truppen an. Der unbotmäßige Staat, den er disziplinieren musste, war Amphissa. Er führte das makedonische Heer sowie Truppen aus einigen Staaten der Amphiktyonie jedoch nicht nach Amphissa, sondern durch Phokis an die Grenze von Boiotien, um Theben zu bedrohen, das zwar sein »Freund und Verbündeter« war, sich aber feindselig verhalten hatte, und um gegen Athen vorzugehen, mit dem er sich immer noch im Kriegszustand befand. Die Gesandten, die er nach Theben schickte, wurden von den athenischen Gesandten überboten. Unter Bruch seines Vertrages verband sich Theben mit Athen und schlug sich auf die Seite von Amphissa. Mehr als einmal versuchte Philipp, Friedensbedingungen auszuhandeln, aber vergeblich. Im August 338 wurde in Chaironeia in Boiotien die Entscheidungsschlacht geschlagen. Die Truppen von Boiotien, Athen, Megara, Korinth und Achaia zählten etwa fünfunddreißigtausend Mann; die Zahl der Soldaten Makedoniens und seiner Verbündeten war etwas geringer.

Alexander, der die Getreuen des Königs zu Pferde befehligte, schlug sein Zelt am Kephissos auf. Als durch die Taktik seines Vaters eine Bresche in die gegnerische Phalanx geschlagen worden war, stürmte Alexander durch die Lücke, und er war derjenige, der den Angriff auf die Heilige Schar der dreihundert Thebaner führte. Der makedonische Sieg war vollkommen. Mit dem eidbrüchigen Theben wurde streng verfahren. Athen erfuhr dagegen eine großzügige Behandlung. Alexander führte eine Ehrengarde an, welche die Asche der athenischen Toten nach Athen brachte – ein einzigartiger Tribut an einen besiegten Feind –, und die zweitausend athenischen Gefangenen wurden ohne Lösegeld freigelassen. Während Philipp auf der Peloponnes vorrückte, ergaben sich seine Feinde, und seine Verbündeten frohlockten. Allein Sparta blieb trotzig. Er plünderte spartanisches Gebiet und verteilte einige Grenzgebiete an seine Verbündeten; aber die Stadt selbst griff er nicht an. Auf dem Rückzug nach Norden hinterließ er Besatzungen in Akrokorinth, Theben und Ambrakia. Währenddessen lockerte der Rat der Amphiktyonie die gegen die Phoker gerichteten Restriktionen, schickte die Amphissaier zum Wohnen auf Dörfer und billigte die Handlungen Philipps.

Die Zukunft der Stadtstaaten lag in Philipps Händen. Er beschloss, den Griechischen oder Korinthischen Bund (*to koinon ton Hellenon*) zu schaffen, in dem die Staaten geloben würden, untereinander Frieden zu bewahren, die bestehenden Verfassungen beizubehalten, Veränderungen nur mit verfassungsmäßigen Mitteln zu dulden und sich gegen jeden zusammenzuschließen, der dem Allgemeinen Frieden, ob im Innern oder nach außen, zuwiderhandelte. Dieser im Herbst 338 gemachte Vorschlag wurde im Frühjahr 337 von den Staaten angenommen, und es wurde ein Bundesrat geschaffen, dessen Mitglieder einen oder mehrere Staaten entsprechend deren militärischer Stärke zu Lande und zu Wasser repräsentierten. Der Rat war eine souveräne Körperschaft, deren Beschlüsse den Staaten nicht zur Erörterung, sondern zur Durchführung übermittelt wurden. Zudem verfügte er über Land- und Seestreitkräfte, deren Größe genau festgelegt wurde: Das Heer bestand aus 15 000 Reitern und 200 000 Fußsoldaten, und die Zahl der Kriegsschiffe (Dreiruderer), die in den Quellen nicht angegeben ist, sollte sich später auf 160 belaufen, bei einer Gesamtbesatzung von 30 000 Mann. Damit war der Korinthische Bund dem makedonischen Staat, was die Stärke der einsetzbaren Truppen anging, deutlich überlegen. Der Rat hatte disziplinäre, juristische und finanzielle Befugnisse, durch welche die Mitgliedstaaten gebunden waren. Als moderne Entsprechung könnte man eher die Vereinigten Staaten von Amerika als die Europäische Gemeinschaft anführen.

Der nächste Schritt war die Schaffung eines auf Dauer angelegten offensiven und defensiven Bündnisses zwischen dem Korinthischen Bund und Makedonien. Da sich Philipp bereits im Kriegszustand mit Persien befand, erklärte der Rat Ende 337 Persien den Krieg und berief Philipp zum Befehlshaber der gemeinsamen Streitkräfte. Im Rahmen des Bundes lautete sein Titel »Hegemon«, und die Befugnisse seines Amtes waren genau definiert. Unter dem Befehl dreier makedonischer Generäle, die Philipp ernannt hatte, setzte im Frühjahr 336 die Vorhut der gemeinsamen Streitkräfte nach Asien über, und es wurden Vereinbarungen getroffen, wonach die Truppen der Koalition in festgesetzter Stärke mit Philipp als Oberkommandierendem im Herbst folgen sollten.

Die Brillanz der politischen Initiativen Philipps, seine Überzeugungskraft und seine effiziente Führung sind nicht zu verkennen. Er schuf die Kombination eines neu ins Leben gerufenen griechischen Staats, der auf eigenen Beinen stand und sich selbst regierte, und eines makedonischen Staats, der in seiner militärischen Macht nicht seinesgleichen hatte. Sollte es dieser Verbindung gelingen, die griechischen Städte in Asien zu befreien und ein ausgedehntes Territorium zu erobern, würde es die Heilung für so manche Leiden der griechischen Welt mit sich bringen. Der Autor Theopompos, der Philipp in vieler Hinsicht kritisch gegenüberstand, gab seiner Geschichte von Philipps Regierungszeit den Titel *Philippika*, »weil Europa überhaupt noch nie einen Mann wie Philipp, den Sohn des Amyntas, hervorgebracht hatte«.

Das Verhältnis zwischen Philipp und seinem erwachsenen Sohn

Alexander, der volljährig geworden war, kurz bevor er den Befehl in der Schlacht von Chaironeia übernahm, kannte Philipps Pläne und die ihnen entgegenstehenden Widerstände, denn er besaß als designierter Nachfolger das Vertrauen seines Vaters. Philipps Ziel in Asien wurde deutlich, als er die pythische Priesterin in Delphi fragte, ob er den König der Perser besiegen werde. Während der Korinthische Bund beabsichtigte, die Griechen in Asien zu befreien und Persien für seine Missetaten der Vergangenheit zu bestrafen, hatte Philipp vor, den Krieg bis zu dessen logischer Konsequenz, der Niederlage Persiens, zu führen.

Zweifellos gab es in Makedonien gewisse Meinungsverschiedenheiten, die nicht nur auf die Belastungen zurückzuführen waren, die eine

41

ununterbrochene Abfolge von Kriegen mit sich brachte, sondern auch auf die Befürchtung, es könne in Asien eine Niederlage und in Europa Aufstände geben. Denn es war kein Geheimnis, dass viele Politiker in den Stadtstaaten den Gedanken eines Bundes der Griechen, der in ihren Augen eine Verletzung der stadtstaatlichen Unabhängigkeit bedeutete, ablehnten und sowohl den Rat der Amphiktyonie als auch den Bundesrat als Instrumente makedonischer Herrschaft in Griechenland betrachteten. Die Lage auf dem Balkan war alles andere als gesichert, da die Odrysen und die Skythen erst vor kurzem besiegt waren und die Triballer immer noch Widerstand leisteten. Doch Philipp vertraute auf einen Erfolg im Interesse der griechischsprachigen Welt und insbesondere Makedoniens.

In der Schlacht kämpfte der König als der führende Soldat seiner Reiter- oder Fußsoldatengarde. Siebenmal wurde Philipp im Kampf verwundet, und sein Überleben verdankte er ebenso sehr dem Mut seiner Leibgardisten und seiner Pagen wie seinen eigenen Körperkräften und seinem Schutzpanzer. Der geplante Feldzug in Asien würde sowohl sein Leben als auch das Alexanders in Gefahr bringen, und der einzige weitere Sohn, der noch am Leben war, Arrhidaios, war zur Regierung nicht geeignet. Philipp war nicht der Einzige, der den Wunsch hatte, dass einer seiner Söhne seine Nachfolge anträte, denn die Makedonen glaubten, die göttliche Gunst werde im Königshaus vom Vater auf den Sohn übertragen. Im Jahr 341 heiratete Philipp Meda, die Tochter eines Königs der Geten. Mittlerweile waren die vier Ehefrauen der frühen Jahre 358 bis 356 so alt, dass von ihnen keine Kinder mehr zu erwarten waren, und er hoffte zweifellos, dass Meda ihm einen Sohn schenken würde. Im Jahre 339 heiratete er vielleicht eine skythische Prinzessin, die ihm Atheas, der König in der Dobrudscha, als Gattin angeboten hatte. Wahrscheinlich Anfang 337 ehelichte Philipp dann nicht eine Angehörige seines eigenen Königshauses und auch keine Prinzessin aus einem anderen Königshaus, sondern Kleopatra, eine junge makedonische Bürgerliche. Ihr Vormund war Attalos, ein Leibgardist des Königs; und dieser Attalos war dazu ausersehen worden, die makedonische Infanterie zu befehligen, die in Asien einmarschieren sollte. Eine derartige Hochzeit widersprach der makedonischen Tradition, denn sie führte eine nichtadelige Familie in

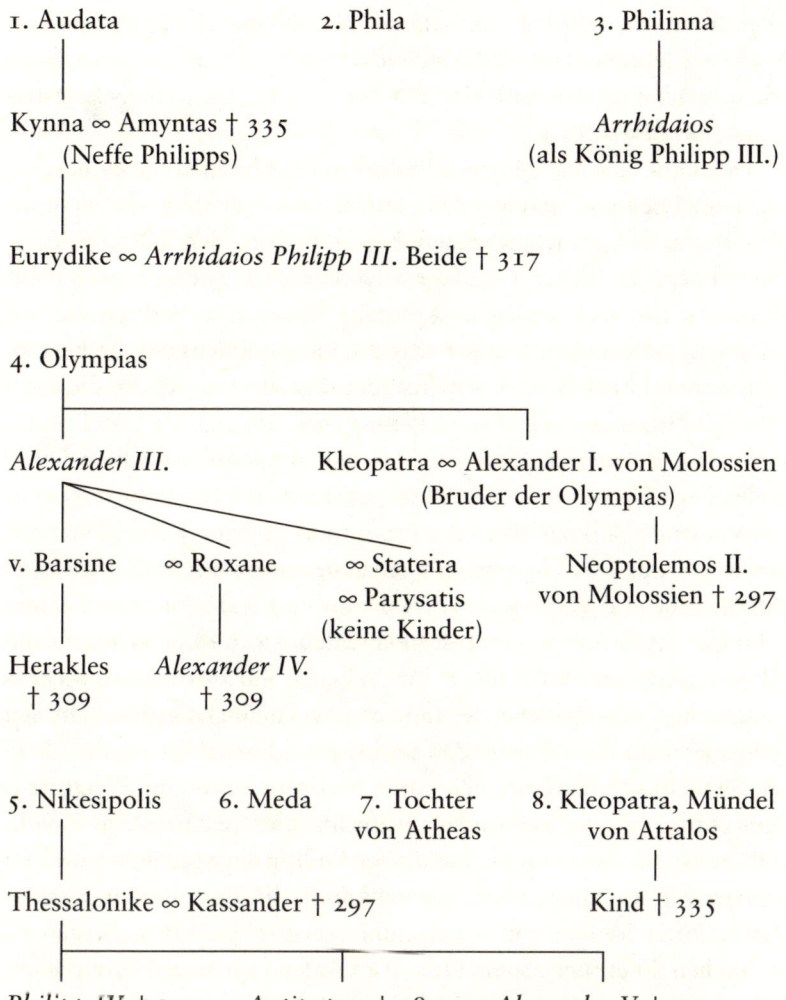

1. Audata 2. Phila 3. Philinna

Kynna ∞ Amyntas † 335 *Arrhidaios*
(Neffe Philipps) (als König Philipp III.)

Eurydike ∞ *Arrhidaios Philipp III.* Beide † 317

4. Olympias

Alexander III. Kleopatra ∞ Alexander I. von Molossien
(Bruder der Olympias)

v. Barsine ∞ Roxane ∞ Stateira Neoptolemos II.
∞ Parysatis von Molossien † 297
(keine Kinder)

Herakles *Alexander IV.*
† 309 † 309

5. Nikesipolis 6. Meda 7. Tochter 8. Kleopatra, Mündel
von Atheas von Attalos

Thessalonike ∞ Kassander † 297 Kind † 335

Philipp IV. † 297 *Antipatros* † 285 *Alexander V.* † 294

3. *Philipps Ehefrauen und Nachkommen*
(Die Namen der makedonischen Könige sind kursiv gesetzt)

43

den königlichen Zirkel ein. Satyros erklärte später, Philipp, mittlerweile ein Mittvierziger, habe sich leidenschaftlich in das junge Mädchen verliebt und deshalb eine Ehe geschlossen, die sich als katastrophal erweisen sollte.

Doch aus welchen Motiven Philipp auch gehandelt haben mochte, die neue Ehe führte zu einem Zerwürfnis zwischen ihm und Olympias und in der Folge auch zwischen ihm und Alexander. Die Angelegenheiten der königlichen Familie waren damals wie heute von größtem Interesse für journalistische Autoren, für die die Verbreitung von Skandalgeschichten wichtiger war als eine wahrheitsgetreue Berichterstattung. Ein derartiger Schriftsteller war Satyros, der um die Mitte des 3. Jahrhunderts ein *Leben Philipps* schrieb. Nach seiner Darstellung, von der nur eine Zusammenfassung in Sekundärquellen erhalten geblieben ist, kam es auf dem Hochzeitsbankett zu folgendem Vorfall.

Als Attalos auf das Wohl der Braut trank, verkündete er: »Von nun an werden die, welche uns zu Königen geboren werden, echtbürtige Söhne sein und keine Bastarde.« Daraufhin warf Alexander seinen Humpen nach Attalos, und Attalos schlug Alexander mit seinem Becher. Philipp zog das Schwert, um seinen Sohn zu töten, strauchelte jedoch und brach sinnlos betrunken zusammen. Danach wandte sich Alexander an die Anwesenden und sagte: »Dieser Mann, ihr Leute, rüstet sich, von Europa nach Asien hinüberzugehen, und jetzt ist er hingefallen, da er von einem Speisesofa aufs andere steigen will.« Olympias, die bereits erbost war, weil Philipp ein Mädchen nach dem anderen in ihr Ehebett holte, beschimpfte ihn nun, weil er versucht hatte, ihren Sohn zu töten. Daraufhin verstieß Philipp sie wegen angeblichen Ehebruchs vom Hof. Alexander ergriff die Partei seiner Mutter und begab sich mit ihr nach Molossien, wo sie den jungen König dazu überredete, einen Einmarsch in Makedonien vorzubereiten. Doch Philipp war zu klug, um es so weit kommen zu lassen. Er gab dem Molosserkönig seine Tochter zur Frau. Alexander blieb in der Ferne, bis es einem gewandten Korinther namens Demaratos gelang, Philipp zur Vernunft zu bringen, und dieser seinen Sohn zurückrief. Olympias dagegen blieb in Molossien.

Der Hintergrund der Geschichte ist athenisch und nicht makedonisch. In Athen gab es keine Polygamie; wenn also Philipp Kleopatra heiratete, dann bedeutete dies, dass er Olympias als verstoßene Ehefrau und ihren Sohn als Bastard behandelte und dass alle anderen »Ehefrauen« Philipps seine Geliebten oder einfach Huren waren. Der Gedanke, dass die Molosser 337 in Makedonien hätten einmarschieren können oder auch nur in der Lage dazu gewesen wären, war absurd. Diese farbenfrohe Geschichte kann man getrost als Erfindung abtun. Doch die Tatsache bleibt, dass die neue Ehe zu einer ernsten Entzweiung führte. Das ist einer Passage in Arrians Geschichtswerk zu entnehmen, der sich an dieser Stelle auf Ptolemaios und/oder Aristobulos – beide Zeitgenossen Alexanders – stützt. Die Passage lautet:

»Als Philipp noch König war, war Harpalos zum ersten Male geflohen, weil er Alexander treu war. Auch Ptolemaios Lagu war aus demselben Grunde in die Verbannung gegangen, ebenso Nearchos, Sohn des Androtimos, und Erigyios, Sohn des Larichos, und sein Bruder Laomedon, weil nämlich Alexander seinem Vater Philipp verdächtig war damals, als dieser die Eurydike heiratete, nachdem er die Olympias, die Mutter Alexanders, verstoßen hatte. Nach Philipps Tod kehrten jedoch alle diejenigen, die wegen ihrer Treue zu Alexander geflohen waren, aus der Verbannung zurück.«

Welche Ehre war Olympias genommen worden? Die Antwort auf diese Frage findet sich vielleicht darin, dass Philipp seine Frau Kleopatra, offensichtlich zum Zeitpunkt der Eheschließung, in Eurydike umbenannte, das heißt ihr den Namen seiner Mutter gab, die in höchstem Ansehen gestanden hatte und um 340 in einem prächtigen Grab bestattet worden war. Diesen Tribut hatte man ihr als Königinmutter erwiesen, die über die Frauengemächer im Palast herrschte. Nach ihrem Tod hatte Olympias offensichtlich ihre Nachfolge als künftige Königinmutter angetreten, da Philipp ihren Sohn zu seinem Stellvertreter gemacht hatte, der im Falle seines (Philipps) Todes sein Nachfolger sein sollte. Wenn er nun seine neue Ehefrau Eurydike nannte, dann bedeutete es, dass er Olympias degradierte und Kleopatra an ihre Stelle setzte. An und für sich hätte das eine Angelegenheit sein können, die nur die Frauengemächer betraf. Doch dieser Akt implizierte, dass Eurydike zur künftigen Königinmutter werden würde, falls sie Philipp einen Sohn gebären sollte, und dass dieser Sohn als von Philipp ausersehener Nachfolger an die Stelle Alexanders treten würde. Zwar wäre ein solcher Sohn, sofern Philipp nicht sehr alt würde, zum Zeitpunkt der Königswahl wahrscheinlich minderjährig, aber Alexander wusste, dass die Makedonen in der jüngeren Vergangenheit mehrfach Minderjährige zu Königen gewählt hatten – Orestes, Perdikkas und Amyntas. Dies war auch den engen Freunden und Altersgenossen Alexanders klar, deren Chancen für einen Aufstieg in seinen Diensten beeinträchtigt würde, falls er verdrängt werden sollte. Wenn Alexander in Ungnade fiel und seine Freunde in die Verbannung geschickt wurden und auch nach der Versöhnung zwischen Philipp und Alexander verbannt blieben, mussten er und seine Freunde einen Akt der Unbotmäßigkeit begangen haben.

Der Einmarsch in Asien und der Tod Philipps

Eine andere Geschichte über das Zerwürfnis zwischen Vater und Sohn erzählt Plutarch. Sie endet ebenfalls mit der Verbannung von Alexanders Freunden, die diesmal jedoch nicht wie bei Arrian mit der Entehrung der Olympias, sondern mit einer geplanten Eheschließung zwischen Arrhidaios und der Tochter eines asiatischen Satrapen zusammenhängt. Die Verbindung ist offensichtlich falsch, denn die Aussage Arrians, die auf Ptolemaios und/oder Aristobulos zurückgeht, muss als wahr angenommen werden. Auch der Rest der Darstellung Plutarchs ist unwahr. Danach wollte Pixodaros, der Satrap von Karien im Persischen Reich, seine Tochter mit Arrhidaios, dem schwachsinnigen Sohn Philipps, verheiraten. Daraufhin hätten Alexanders Mutter und seine Freunde ihm vorgehalten, dass er aus der Nachfolge verdrängt werden könnte, weshalb er eine Botschaft an Pixodaros gesandt habe, in der es hieß, Arrhidaios sei ein Bastard und er selbst, Alexander, eine viel bessere Partie. Als Philipp hiervon erfuhr, tadelte er seinen Sohn. Daher das Zerwürfnis und die Verbannung. Da Pixodaros persischer Untertan war, konnte er nur in absoluter Heimlichkeit gehandelt haben, und solange das Persische Reich in Asien unangefochten war, hätte ein Ehebündnis für Philipp keinen Wert gehabt.

Welche Vorstellungen Philipp von seinem Nachfolger auch gehabt haben mag, kurzfristig brauchte er Alexander, entweder als Befehlshaber der Getreuenreiterei beim Asienfeldzug oder als Stellvertreter in Makedonien, während er selbst außer Landes war. 337 verbrachte Alexander einige Zeit »unter den Illyrern«, das heißt an den Höfen abhängiger illyrischer Könige. Das war nur mit Philipps Billigung und mit einer militärischen Eskorte möglich. Vielleicht verhandelte Alexander mit ihnen im Vorfeld des Feldzuges vom Herbst 337, den Philipp gegen den illyrischen König Pleurias führte (der wahrscheinlich über die im heutigen Bosnien beheimateten Autariaten herrschte). Auf jeden Fall können wir die Versöhnung zwischen Philipp und Alexander, die Olympias einschloss, auf einen Zeitpunkt im Jahre 337 datieren, denn damals gab Philipp aus Gold und Elfenbein gearbeitete Statuen seiner Eltern, seiner selbst, der Olympias und Alexanders in Auftrag, die im so genannten Philippeion in Olympia öffentlich ausgestellt werden sollten.

336 stand der Krieg in Asien im Mittelpunkt der Aufmerksamkeit. Die Voraustruppen Makedoniens und des Korinthischen Bundes errangen unter dem Kommando von Parmenion, Attalos und Amyntas eindrucksvolle Siege. Mit Flottenunterstützung befreiten sie die griechischen Städte der Westküste bis nach Ephesos, wo im Tempel der Artemis ein Standbild Philipps aufgestellte wurde. Persien reagierte langsam. Die Verteidigung Kleinasiens wurde Memnon, einem aus Rhodos stammenden griechischen Söldnerführer, anvertraut, aber es gab in der Ägäis keine Flotte zu seiner Unterstützung. Persische Agenten erreichten möglicherweise das griechische Mutterland, um antimakedonische Politiker wie Demosthenes in Athen zu fördern, doch die Politiker wollten nicht tätig werden, solange die persische Flotte nicht die Ägäis beherrschte. Die Haupttruppen unter dem Kommando Philipps sollten im Herbst landen, und man rechnete damit, dass er im Verlauf eines Winterfeldzuges zum Herrn des westlichen Kleinasien werden würde.

Während sich die Streitkräfte des Korinthischen Bundes sammelten, beschloss Philipp, die im Oktober stattfindenden Festspiele in

Aigai, bei denen in Makedonien Hochzeiten gefeiert wurden, zu einem internationalen Ereignis zu machen, indem er als Gäste Gesandte der Stadtstaaten und führende Vertreter seiner Untertanen auf dem Balkan einlud. Die Festlichkeiten wurden mit Opfern an die Götter, mit Hochzeiten, darunter der von Philipps Tochter Kleopatra mit dem Molosserkönig Alexander, und mit verschwenderischen Staatsbanketten eröffnet. Die Gäste brachten Philipp goldene Kränze dar, manche als Privatpersonen, andere als offizielle Delegierte griechischer Stadtstaaten, einschließlich Athens. Der zweite Tag sollte mit einer religiösen Prozession sowie mit musikalischen und dramatischen Darbietungen im unmittelbar unterhalb des Palastes liegenden Theater beginnen. So drängten sich kurz vor Sonnenaufgang die führenden Makedonen und die offiziellen Gäste des makedonischen Staates im Theater.

Die Prozession war eine überwältigende Zurschaustellung von Reichtum. An der Spitze des Zuges wurden reich geschmückte Statuen der zwölf olympischen Götter und ein ebenso prachtvolles Standbild Philipps getragen, »ein göttliches Bild, wodurch sich der König als Mitherrscher der zwölf Götter darstellte«. Nach makedonischem Glauben stammten die Könige von Zeus ab, und herausragende Herrscher wurden nach ihrem Tod verehrt; angesichts späterer Beispiele sieht es so aus, als hätten die Makedonen in besonderen Fällen einem regierenden König sogar »göttliche Ehren« erwiesen. Die beste Erklärung für die Statue Philipps ist die, dass ihm derartige »göttliche Ehren« zuteil geworden waren und dass er beschlossen hatte, seine Erhebung zu göttlichem Rang zur Schau zu stellen.

Als die Prozession beendet war, betraten einige Freunde Philipps, an ihrer Spitze Alexander als sein ausersehener Nachfolger und der Molosserkönig gleichen Namens durch die *parodos* das Theater und nahmen ihre Sitze in der ersten Reihe ein. Nach ihnen folgten die Gardisten zu Fuß, die sich am Rand der *orchestra* aufstellten. Philipp erschien allein, in einen weißen Mantel gehüllt, und stand in der Mitte der *orchestra*, wo er die Hochrufe der Zuschauer entgegennahm. Die sieben Leibgardisten, die ihm gefolgt waren, schwärmten in einiger Entfernung aus. Plötzlich sprang einer von ihnen, Pausanias, vor, erstach den König und floh durch die *parodos*. Drei Leibgardisten eilten zum König. Drei andere – genannt werden Leonnatos, Perdikkas und Attalos – verfolgten Pausanias, welcher stolperte und hinfiel. Sie töteten ihn mit ihren Speeren. In der *orchestra* lag der König tot.

Alexanders Machtantritt

Die Königserhebung und der Prozess gegen die Verschwörer

Der Anblick des ermordeten Vaters muss Alexander für den Rest seines Lebens verfolgt haben. Er führte ihm vor Augen, dass ständig die Gefahr eines Mordanschlags drohte und ein König letztlich nicht einmal einem Leibgardisten trauen konnte. Oberste Priorität hatte zunächst die Wahl eines Nachfolgers. Alle Männer des Königs, die aus der Umgebung herbeigerufen werden konnten, versammelten sich unter Waffen im Theater, wo man den Leichnam Philipps aufgebahrt hatte, damit er Zeuge der Wahl sei. Den Vorsitz führte Philipps alter Freund Antipatros. Das Ergebnis stand nicht von vornherein fest, denn wie man wusste, gab es eine gewisse Unterstützung für die Ansprüche des Amyntas, der von 359 bis 357 als Minderjähriger König gewesen war, und ebenso für die Söhne des Aëropos, der von 397 bis 394 auf dem Thron gesessen hatte. Die Freunde scharten sich um Alexander. Einer von ihnen, Alexander Lynkestes, ein Sohn des Aëropos, war der Erste, der in den Ruf »Alexander, Sohn des Philipp« ausbrach. Danach wählte die Versammlung Alexander mit tosender Akklamation zum neuen König. Die Freunde legten ihre Harnische an, die Männer des Königs schlugen mit den Speeren gegen ihre Schilde, und der neue König setzte sich an die Spitze einer Prozession zum Palast.

Alexander war ein guter Redner. Als die Männer des Königs den Treueid leisteten, hielt er eine flammende Ansprache an sie und versicherte ihnen, er werde die politischen Ziele seines Vaters weiter verfolgen. Die Gesandten des Korinthischen Bundes bat er, ihm mit demselben Wohlwollen zu begegnen, das sie Philipp entgegengebracht hatten. Seine erste Pflicht war es, Ermittlungen über die Umstände des

Mordes durchzuführen. Das persönliche Motiv des Pausanias wurde bald zutage gefördert. Es begann mit einer Affäre zwischen ihm und einem Pagen des Königs. Solche Affären waren ebenso annehmbar wie heterosexuelle Beziehungen (mit denen sie oft gleichzeitig bestanden), und sie gehörten zu einer militärischen Tradition, die damals beispielsweise die Thebaner der Heiligen Schar als »Paare von Liebenden« pries. Als die Beziehung auseinander ging, verspottete Pausanias den jungen Mann, der sich Attalos anvertraute und ihm seine Absicht offenbarte, sich das Leben zu nehmen, was er dann im Sommer 337 in der Schlacht gegen Pleurias tat. Attalos rächte den Pagen, indem er Pausanias zu einem Essen einlud, ihn betrunken machte und von einer Gruppe von Männern sexuell missbrauchen ließ. Pausanias beklagte sich bei Philipp, der ihn beschenkte und beförderte, aber nichts gegen Attalos unternahm. Aus Rache dafür ermordete Pausanias den König. Auch wenn die Details fraglich sein mögen, ist die Substanz der Darstellung korrekt, denn Aristoteles, der sich damals am Königshof aufhielt, schreibt: »Und der Angriff auf Philipp von Seiten des Pausanias erfolgte deshalb, weil er es zugelassen hatte, dass dieser von dem Anhang des Attalos entehrend behandelt wurde.« Das persönliche Motiv des Pausanias schloss jedoch nicht aus, dass er der ausführende Arm einer Verschwörung war.

Das Risiko, ermordet zu werden, bestand für jeden makedonischen König. Deshalb wurde er tagsüber von den sieben Leibgardisten bewacht, die er aus den Reihen seiner führenden Offiziere ausgewählt hatte, und außerdem Tag und Nacht von Pagen des Königs, die in Schichten Dienst taten. Darüber hinaus schützten Männer der makedonischen Garde zu Fuß die königlichen Gemächer, und in den letzten Jahren der Herrschaft Philipps übernahmen die königlichen Hypaspisten aus den nahe gelegenen Kasernen diese Aufgabe. Manchmal blieben die Vorsichtsmaßnahmen jedoch wirkungslos. Archelaos beispielsweise kam 399 auf einer königlichen Jagd ums Leben, Amyntas II. wurde 394 von einem Pagen ermordet, und Alexander II. wurde bei einem Fest, wahrscheinlich den *Xandika* des Frühjahrs 367, umgebracht. Der Prozess gegen die Verdächtigen fand jeweils vor der Versammlung der Makedonen statt. 399 wurden drei Männer angeklagt, zwei von ihnen Pagen des Königs und der Dritte ein ehemaliger

Page, und offenbar lautete das Urteil auf Freispruch mangels Beweisen, auch wenn Aristoteles sie später alle für schuldig hielt. Für den Mord an Amyntas II. haben wir nur den Namen des königlichen Pagen Derdas, der vielleicht allein gehandelt hatte. Alexander II. wurde von mehr als einem Täter umgebracht, und einer der Mörder, ein verheirateter Mann mit Kindern, wurde hingerichtet. Die Gerüchte wucherten natürlich. Marsyas Makedon sagt, der Tod des Archelaos sei zufällig geschehen und der Tod Alexanders II. sei auf das Konto »der Partei des Ptolemaios« gegangen, der in der Tat zum Vormund von Perdikkas und Philipp ernannt wurde und dem man daher damals traute. In späteren Berichten wurde sogar Ptolemaios als der Mörder bezeichnet.

Die Polygamie führte zu Komplikationen. Ein neu gewählter König hatte im Königshaus aller Wahrscheinlichkeit nach nicht nur Halbbrüder, sondern auch Vettern unterschiedlichen Grades, die er zur Zusammenarbeit zu gewinnen versuchte, indem er beispielsweise einem von ihnen eine seiner Töchter zur Frau gab, wie es Archelaos gegenüber einem Sohn des Amyntas, dem späteren Amyntas II., getan hatte. Wenn sie dagegen als Thronanwärter auftraten, versuchte er, sie als Verräter verurteilen zu lassen. Befand die Versammlung der Makedonen jemanden des Verrats für schuldig, waren laut Gesetz auch seine Verwandten des Todes. So schreibt Platon, Archelaos habe einen Onkel und den Sohn dieses Onkels sowie einen Halbbruder getötet. Als Amyntas III. starb, hatte er mindestens zwei Ehefrauen, von denen ihm jede drei Söhne geboren hatte. Somit hatten die Söhne der Eurydike drei Halbbrüder. Alle drei lebten noch bis in die Herrschaftszeit Philipps, der einen von ihnen umbringen ließ; die anderen beiden, die er in Olynthos gefangen genommen hatte, ließ er zweifellos wegen Verrats anklagen und hinrichten. Von Philipps Vettern wurden zwei von fremden Mächten als Thronbewerber unterstützt; den Tod des einen erreichte Philipp durch Bestechung, der andere wurde nach einer Schlacht ausgeliefert.

Als Philipp ermordet wurde, argwöhnte man sofort eine Verschwörung. Denn bei seinem Fluchtversuch rannte Pausanias nicht zu einem Pferd, sondern »dem Tore zu nach den Pferden, die zur Flucht bereitstanden«. Diese Pferde müssen für mehr als einen Mörder bestimmt gewesen sein. Es hatte also den Anschein, als habe Pausanias impulsiv allein gehandelt und sei damit einem anderen Mörder oder anderen Mördern zuvorgekommen. Wer aber war als weiteres Opfer ausersehen gewesen? Als potentielles Opfer kam sicherlich Alexander in Frage. Denn wenn Philipp und Alexander, die nebeneinander saßen, ermordet worden wären, wäre das Reich ins Chaos gestürzt worden. Die Indizien deuteten auf eine Verschwörung mit diesem Ziel.

Der Prozess gegen die Verdächtigen, die von Alexander und seinen Helfern identifiziert wurden, fand vor einer Versammlung der Makedonen statt. Eine bruchstückhafte Beschreibung des Vorgangs ist in einem hellenistischen Geschichtswerk überliefert: »Die mit ihm im Theater waren und die, welche ihm aufwarteten, ließen sie [die Makedonen] frei und die um den Thron. X [wahrscheinlich: den Toten] lieferte er den Makedonen zur Bestrafung aus, und sie kreuzigten ihn. Den Leichnam Philipps übergab er den Höflingen zum Begräbnis.« Dieser »er« war Alexander. Die Leichen des Pausanias und des Philipp waren beim Prozess aufgebahrt. In dem diesem Bruchstück vorangehenden Text wurden zweifellos andere Urteile wiedergegeben, denn aus anderen Quellen wissen wir, dass zwei Söhne des Aëropos an dem Grabhügel, in dem Philipp begraben wurde, hingerichtet wurden. Ein dritter Sohn des Aëropos namens Alexander Lynkestes, von dem wir noch hören werden, wurde auf Betreiben Alexanders freigelassen. Die drei Söhne des Pausanias wurden nach makedonischem Brauch exekutiert.

Philipps Begräbnis und der Marsch nach Korinth

Die Begräbniszeremonie nach dem Prozess war ein militärisches Ereignis. Die Männer des Königs marschierten in Waffen auf, und neben dem Leichnam des Königs lagen seine Waffen und seine Rüstung. Man hatte einen großen Scheiterhaufen errichtet, neben dem die Pferde, zu denen Pausanias gelaufen war, und die beiden Söhne des Aëropos getötet wurden. Teile des Harnischs sowie die Schwerter der beiden Männer legte man zusammen mit der beim Mord verwendeten Waffe neben dem Leichnam Philipps und dem einer seiner Ehefrauen auf den Scheiterhaufen. Nach der Verbrennung wurden die Knochen des Königs und der Königin voneinander getrennt in goldene Truhen gelegt. Das große Hügelgrab befand sich noch im Bau, aber die Hauptkammer war schon fast fertig gestellt. Die Truhe des Königs, seine Waffen und seine Rüstung wurden zusammen mit anderen Utensilien in die Hauptkammer gebracht, die dann verschlossen wurde. Die Gegenstände, die auf dem Scheiterhaufen lagen, wurden später auf das Gewölbedach der Kammer gelegt. Die für die Truhe mit der Asche der Königin bestimmte Vorkammer wurde ebenso wie die Fassade in Ruhe fertig gestellt. Den auf einem Brett gekreuzigten Leichnam des Pausanias hing man zur Warnung über der Fassade auf. Die Wand unter dem Sims wurde mit einem Fresko bemalt. Als alles fertig war, wurde der Leichnam des Pausanias verbrannt und die Stelle, an der er gehangen hatte, mit Feuer gereinigt. Ein breiter Grabhügel aus roter Erde wurde über dem Grab aufgetürmt, sodass er mit einem Ende das Grab des Amyntas bedeckte und das andere Ende für spätere Begräbnisse zur Verfügung stand. Die beiden Leichen der Söhne des Aëropos wurden verscharrt. An dem Schrein, der unmittelbar vor dem Grabhügel lag, vollzog man ein Opfer für die toten Könige Amyntas und Philipp.

Die Kammer des Königs wurde überstürzt verschlossen, weil Alexander umgehend nach Süden eilen musste. Sein Vater war zu einem Zeitpunkt gestorben, als sich drei große Unternehmungen noch im Anfangsstadium befanden: die Errichtung eines Balkanreichs von der unteren Adria bis zur Westküste des Schwarzen Meers, die Führung des neugebildeten Korinthischen Bundes und der Eröffnungsfeldzug gegen das Persische Reich in Kleinasien. Allgemein wurde erwartete, dass Makedonien unter dem Schock von Philipps Tod ins Wanken geraten werde; man rechnete mit Nachfolgestreitigkeiten und fand, dass Alexander, selbst wenn er die Nachfolge antreten sollte, mit seinen zwanzig Jahren »nur ein Jüngling« sei, der nicht in der Lage sein würde, alle drei Herausforderungen gleichzeitig zu bewältigen. Für die Feinde Makedoniens schien der Augenblick zum Handeln gekommen. Eine Gruppe von Thessaliern besetzte den Tempepass; die Bevölkerung von Ambrakia vertrieb die makedonische Besatzung und brachte die demokratische Partei an die Macht; die Aitoler beschlossen, zugunsten einiger verbannter Akarnanier in Akarnanien einzuschreiten; die Thebaner entschieden sich, die makedonische Garnison zu vertreiben; in Athen erhob die Opposition ihre Stimme, und auf der Peloponnes brachen Unruhen aus. Der Korinthische Bund schien ein hohles Gefäß zu sein, denn der Rat selbst war nicht in Aktion getreten, und er war ohne Hegemon.

An der Spitze einer makedonischen Armee marschierte Alexander nach Süden. Er umging die Thessalier, indem er mit seinen Truppen über die Felsen des Ossa kletterte, und besetzte Larissa, dessen führender Clan, die Aleuaden, promakedonisch eingestellt war. Anschließend rief er den Rat des Thessalischen Bundes zusammen, der ihn erwartungsgemäß mit denselben Befugnissen wie sein Vater zum Bundesvorsitzenden wählte. Beim Vormarsch zu den Thermopylen, wo er eine Zusammenkunft des Rats der Amphiktyonie anberaumt hatte, sicherte man ihm die Unterstützung des Bundes in Griechenland zu. Ambrakia durfte die Demokratie behalten, Theben erhielt Pardon, und die Athener hatten zwar beschlossen, ihren Besitz aus dem Umland in die Stadt zu holen, um einer Belagerung widerstehen zu können, schickten aber Gesandte zu Alexander, die um Gnade bitten sollten. Er gewährte sie, zog an Attika vorbei und machte in Korinth Halt, wohin er die Mitglieder des Rats des Korinthischen Bundes beordert hatte.

Er konnte bereits auf die Unterstützung der Vertreter der nord- und mittelgriechischen Stämme und Stadtstaaten zählen, und den anderen Ratsmitgliedern blieb die Anwesenheit der makedonischen Armee nicht verborgen. Alexander hielt vor dem Rat eine gewinnende Rede, und dieser ernannte ihn zum bevollmächtigten Hegemon. Seine Befugnisse wurden schriftlich festgehalten, und man versprach ihm umfassende Zusammenarbeit im Krieg gegen Persien. In Korinth besuchte er, wie erwähnt, Diogenes. Seine Bemerkung »Wahrhaftig, wäre ich nicht Alexander, so wäre ich Diogenes« bedeutete: »Wäre ich nicht bereits König von Makedonien, Vorsitzender von Thessalien, Liebling der Amphiktyonie und Hegemon des Korinthischen Bundes ...«. Seine Erfolge waren kometengleich, aber er wusste, dass sie nicht gesichert waren.

Maßnahmen im Reich

Als Alexander zum Winter nach Makedonien zurückgekehrt war, ernannte er eigene Leibgardisten, Freunde und befehlshabende Offiziere und »beschäftigte seine Soldaten mit beständiger Übung im Gebrauch ihrer Waffen und mit taktischer Ausbildung«. Unterdessen fand man Beweise dafür, dass Amyntas in eine Verschwörung verwickelt war. Dieser war gegenüber Philipp, der ihm seine Tochter Kynna zur Frau gegeben und ihn als Gesandten nach Theben geschickt hatte, loyal gewesen, aber er war nicht nur älter als Alexander, sondern auch der Sohn eines Königs, der Vorrang vor Philipp hatte. Wie immer die Beweise ausgesehen haben mochten, Amyntas wurde wegen Verrat hingerichtet.

Von Freunden in Athen trafen Berichte ein, wonach Demosthenes Gelder aus Persien erhielt und in Verbindung mit Attalos, dem Kommandeur der makedonischen Infanterie in Asien, stand, der ihn sehr schätzte. Alexander war besorgt; möglicherweise räumte Attalos auch Kontakte zu Demosthenes ein und brachte seine Reue zum Ausdruck. Auf jeden Fall beschloss Alexander, ihm wegen Verrats den Prozess zu machen. Er entsandte einen Offizier, der Attalos festnehmen und, falls er Widerstand leistete, umbringen sollte, was dann auch tatsächlich geschah. Wahrscheinlich wurde sein Leichnam zum Prozess zurückgebracht, der mit einem Schuldspruch endete. Die Verwandten des Attalos wurden hingerichtet, darunter auch sein Mündel Kleopatra alias Eurydike und das Kind, das sie Philipp geboren hatte.

In seinem Reich traf Alexander Vorkehrungen für seine beabsichtigte Abwesenheit – zunächst auf dem Balkan und dann in Asien. Kürzlich sind Inschriften veröffentlicht worden, die von Ereignissen berichten, welche wahrscheinlich nicht auf diesen, sondern auf den nächsten Winter (335/334) zu datieren sind. Eine von ihnen lautet: »König Alexander gab den Makedonen Kalindoia und die Orte rings um Kalindoia – Thamiskia, Kamakaia und Tripoatis« (dabei handelte es sich um die Territorien dreier Städte). Alexander führte damit die Politik Philipps fort, der eine Reihe von »Städten von Makedonen« geschaffen hatte (zum Beispiel Oisyme, das in Emathia umbenannt wurde, Apollonia in Mygdonien und Pythion in Perrhaibia). Das war ein Geschenk, weil speergewonnenes Land Eigentum des Königs war und er über dieses Land und dessen Einwohner nach Gutdünken verfügen konnte. Die Kalindoier – ein bottiaiischer Stamm – wurden als Gemeinschaft an einem anderen Ort im Reich angesiedelt. Die Versammlung der Makedonen entschied, welcher makedonische Bevölkerungsteil nach Kalindoia verfrachtet werden sollte, wo die Umsiedler die Stadt übernahmen und die von den in ihren Städten verbliebenen Bewohnern erhobenen Abgaben erhielten. Die Makedonen von Kalindoia betrieben keine Landwirtschaft, sondern waren beim Militär und in der Verwaltung tätig; insbesondere bewachten sie die Durchgangsstraße am Südrand des Bolbesees in Mygdonien.

Philippi wurde diplomatisch als unabhängiger Verbündeter behandelt, hatte tatsächlich aber der Politik des Königs zu folgen und dessen Entscheidungen hinzunehmen. Gesandte der Stadt wurden nun wegen urbar gemachten Landes in der Umgebung von Philippi bei Alexander vorstellig, da das Land und seine thrakischen Bewohner speergewonnen waren und somit der Verfügungsgewalt des Königs unterstanden. Alexander gab Philippi einige Ländereien sowohl »als Besitz« und als auch zur Pacht und bestätigte das von seinem Vater gewährte Recht der Thraker, einen Teil des Landes zu bestellen. Zwei makedonische Beamte sollten die Grenzen neu ziehen. In diesem Fall befasste sich Alexander also persönlich mit dem speergewonnenen Land und dessen Bevölkerung, während er wegen Kalindoia die Versammlung der Makedonen anrief, um die Umsiedelung einer makedonischen Gemeinde in die Wege zu leiten.

Mit Ausnahme von Amphaxitis war das gesamte Gebiet zwischen Axios und Nestos speergewonnenes Land. Durch makedonische Ansiedlungen in diesem Gebiet festigten Philipp und Alexander ihren Zugriff auf die Verbindungswege, wobei sie an strategisch wichtigen Punkten Männer des Königs postierten und für die weitere Verbreitung von griechischer Sprache und makedonischen Ideen sorgten. Die speergewonnenen Völker lieferten die wirtschaftliche Infrastruktur und zahlten für das von ihnen bebaute Land Tribut. Die Paionen im Norden und die Illyrer im Nordwesten des Reiches erfüllten dieselbe Funktion. Aus den Reihen dieser Völker wurden kleine Abteilungen von leicht bewaffneten Reitern, Bogenschützen und Schleuderern rekrutiert und als Spezialisten ausgebildet. Bekannt sind auch Schwadronen der Getreuenreiterei aus Apollonia, der »makedonischen Stadt« in Mygdonien, und Amphipolis, wo Philipp einige ausgesuchte Siedler ansässig gemacht und verdienten Getreuen große Güter geschenkt hatte.

Der Thrakienfeldzug und die Organisation des Reichs

Zu Beginn des Frühjahrs 335 brach Alexander »nach Thrakien auf, gegen die Triballer und die Illyrer. Er hatte nämlich erfahren, dass die beiden Stämme zum Angriff rüsteten.« Für die Besetzung der Nordwestgrenze des Königreichs hatte er bereits Vorsorge getroffen. Philipps erfahrensten General, Antipatros, ein Experte in illyrischen Fragen, ließ er als seinen Stellvertreter in Makedonien zurück. Alexander wollte den Befehl allein ausüben. Die Armee bestand aus vielleicht fünfundzwanzigtausend Mann, fünftausend Pferden und einem Tross, in dem unter anderem auch Belagerungsmaschinen mitgeführt wurden. Bis zum Pass über den Haimos stieß sie auf keinen nennenswerten Widerstand. Dort hatten sich Angehörige der einheimischen Stämme und thrakische Truppen verschanzt, die vor den anrückenden Truppen geflohen waren. Oberhalb des steilsten Teils des Passes hatten die Verteidiger eine Reihe von Wagen aufgestellt, die, wie Alexander vermutete, auf die Phalanx der Fußsoldaten losgelassen werden und ihre Formation zerschmettern sollten, um die Soldaten anschließend im Kampf Mann gegen Mann, bei dem die lange Stoßlanze eher hinderlich war, besiegen zu können. Das war ein guter Plan, aber Alexander hatte einen besseren. Er wies die Phalanxsoldaten an, dort, wo Platz war, die Reihen zu öffnen, und sich dort, wo sie gezwungen waren, die Reihen zu schließen, mit dem Schild über dem Kopf hinzulegen. Als die Wagen anrollten, fiel ihnen dank Alexanders Taktik kein einziger Mann zum Opfer. Stattdessen schlug die Phalanx mit Unterstützung des Flankenfeuers der Bogenschützen die feindlichen Fußsoldaten, die verhältnismäßig leicht bewaffnet waren und über minderwertige Waffen verfügten, in die Flucht. Tausendfünfhundert von ihnen fielen. Ihre Frauen und Kin-

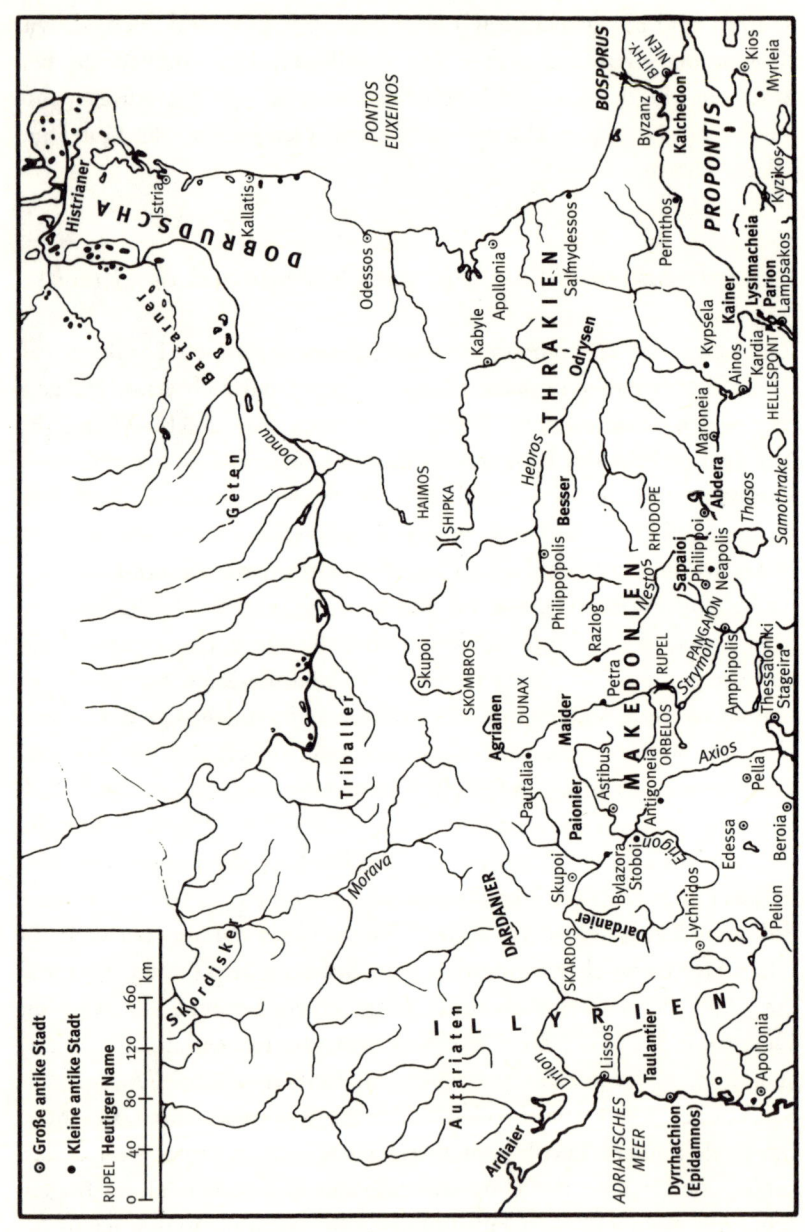

4. *Der Balkanraum*

der sowie ihre Ausrüstung wurden erbeutet und über die ägäische Küste nach Makedonien gesandt, wo man die Gefangenen zur Besiedlung von Städten verwendete.

Wenige Tage später überraschte Alexander einen Trupp Triballer, der in einer bewaldeten Schlucht lagerte. Er schickte Bogenschützen und Schleuderer vor, und als sie den Feind beschossen, ging dieser, wie Alexander vorhergesehen hatte, zum Angriff über und setzte ihnen ins offene Gelände nach, wo seine Hauptstreitmacht wartete. Abteilungen der Getreuenreiterei stießen in die ungeschützten Flanken, und ein Schirm aus leicht bewaffneten Reitern und der Phalanx in geschlossener Ordnung schlug unter Führung Alexanders das Zentrum des Feindes zurück. Die feindlichen Verluste wurden auf dreitausend Mann geschätzt; von den Makedonen dagegen »fielen, wie Ptolemaios sagt, nur elf Reiter, von ihrem Fußvolk etwa vierzig Mann«. Beim Abstieg zur Donau fand er eine kleine makedonische Kriegsflotte vor, die durch den Bosporus und den Fluss hinaufgesegelt war. Der König der Triballer hatte Frauen und Kinder seines Stammes auf eine Insel gebracht, auf der bereits einige thrakische Soldaten Zuflucht gefunden hatten. Alexanders Versuche, eine Landung zu erzwingen, scheiterten. Am anderen Ufer der Donau konnte er eine Streitmacht der Geten von etwa viertausend Reitern und zehntausend Fußsoldaten sehen, welche die Triballer und Thraker auf der Insel mit Verstärkungen und Nachschub versorgen konnte.

Alexander beschloss, den Fluss bei Nacht zu überqueren. Das war ein kühner, aber folgerichtiger Plan. In seiner Umgebung glaubte man, er habe auch aus einer »Sehnsucht« (*pothos*) heraus gehandelt, den Fuß auf das andere Ufer der Donau zu setzen, was sein Vater nie getan hatte. Mit seiner Kriegsflotte sowie zahlreichen Einbäumen und von strohgefüllten ledernen Zeltplanen getragenen Flößen wurden tausendfünfhundert Reiter und viertausend Fußsoldaten ans andere Flussufer gebracht, wo sie sich in einem Getreidefeld versteckten. Bei Tagesanbruch marschierten sie los, das Fußvolk übernahm die Führung und bahnte mit schräg gehaltenen Lanzen einen Weg durch das Korn. Als man in offenem Gelände war, schwenkte die Reiterei unter der Führung Alexanders nach rechts, die Phalanx bildete ein hohles Rechteck in geschlossener Ordnung und rückte mit stoßbereiten Lanzen vor. Von der kühnen Flussüberquerung überrascht und durch die starrenden Lanzen der Phalanx in Schrecken versetzt, wich der Feind vor dem heftigen Angriff der in keilförmiger Formation vorrückenden Reiter zurück. Alexander setzte rasch nach, wobei sich sein Fußvolk nahe am Flussufer hielt, um diese Flanke zu schützen, und seine Reiterei in auseinander gezogener Linie vorrückte. Schließlich wandte er sich gegen die Stadt der Geten, die etwa sechs Kilometer landeinwärts lag. Die Geten flohen in die Steppe, wobei sie Frauen und Kinder auf der Kruppe ihrer Pferde mitnahmen. Alexander machte die Stadt dem Erdboden gleich und opferte Zeus dem Retter, Herakles und dem Flussgott Istros dafür, dass sie die Überquerung möglich gemacht hatten. Noch am gleichen Tage kehrte er mit seinen Männern wohlbehalten ans Südufer zurück. Die Beute wurde unter dem Kommando zweier Offiziere an die ägäische Küste gesandt.

Syrmos und die Thraker auf der Insel schickten Alexander Gesandte und Geschenke und baten um seine Freundschaft, die durch gegenseitige Versprechungen besiegelt wurde. Andere Stämme am Südufer verfuhren ebenso. Die westlichsten dieser Stämme waren Kelten, die an der Adria wohnten. Nach dem Bericht des Ptolemaios, den Arrian zitiert, fragte Alexander ihre Gesandten, was sie am meisten fürchteten. Er hoffte, sie würden antworten: »Alexander«, doch »sie fürchteten höchstens, dass ihnen einmal der Himmel auf den Kopf fallen könnte«. Alexander schloss mit ihnen einen Freundschafts- und Bündnisvertrag, bemerkte aber seinen Freunden gegenüber, die Kelten seien Prahler. Vier Monate lang war Alexander damit beschäftigt, das Werk seines Vaters zu konsolidieren, der die thrakischen Stämme durch viele Feldzüge dazu gezwungen hatte, die makedonische Herrschaft anzuerkennen. Der Schlüssel zu Philipps Erfolg waren die Demonstration militärischer Überlegenheit, die Verfolgung und Dezimierung der aristokratischen Kavallerie der Thraker sowie die Durchsetzung des Friedens gewesen. Alexander krönte mit seinem Feldzug diesen Erfolg.

Das Reich der Makedonen auf dem Balkan war anders verfasst als beispielsweise das der Athener in der Ägäis. Die unterworfenen Stämme durften sich weiterhin selbst regieren, ihre Gesetze und Bräuche beibehalten und ihre eigene Miliz aufstellen. Ihnen wurde kein parteiorientiertes Herrschaftssystem, wie etwa Demokratie oder Oligarchie, aufgezwungen, das zu inneren Zwistigkeiten geführt hätte, und es gab keine Besetzung in Form von Garnisonen. Vielmehr behielt jeder Stammesstaat seine Traditionen, seinen Charakter und seine Selbstachtung. Die Makedonen forderten die Zahlung eines festgesetzten Tributs (wahrscheinlich ein Zehntel der Produktion), die Bereitstellung von Soldaten und Arbeitern auf Anforderung und die Anerkennung der makedonischen Außenpolitik. Das jahrhundertealte System der Stammeskriege und des »Lebens vom Raub« sollte durch ein Zeitalter von Frieden und Wohlstand ersetzt werden, in dem die Landwirtschaft eine bedeutende Rolle spielen würde. Zu diesem Zweck hatte Philipp an strategischen wichtigen Stellen Städte gegründet und »der aufsässigen Lebensweise der Thraker ein Ende gemacht«. Die Bevölkerung der neuen Städte, von denen Philippopolis (das heutige Plowdiw) die größte war, war gemischt und bestand aus Makedonen, Griechen und führenden Vertretern der ortsansässigen Bevölkerung. Aufgabe dieser Städte war es, Landwirtschaft und Handel zu fördern und das Griechische als offizielle Verwaltungssprache zu verbreiten. Diese Vermischung von Ideen und Kulturen war der Beginn eines Prozesses, den moderne Wissenschaftler als »Hellenisierung« bezeichnet haben. Weitere Nutznießer friedlicher Verhältnisse waren die griechischen Stadtstaaten an der thrakischen Küste, die »sehr bereitwillig das Bündnis mit Philipp« und nunmehr mit Alexander eingingen.

Die Lage der griechischen Stadtstaaten hatte sich dramatisch verändert. Alexander kontrollierte jetzt beide Ufer des Hellespont, das Marmarameer und den Bosporus. Die Flotten Makedoniens und des Korinthischen Bundes übten in diesen Gewässern und im Schwarzen Meer die unbeschränkte Seeherrschaft aus, und sie konnten die Donau hinaufsegeln. Sie waren in der Lage, die Piraterie zu beenden und dortigen Stadtstaaten Schutz gegen die einheimischen Völker zu bieten. Das Resultat war eine rasche Expansion des kommerziellen Austauschs und des Seehandels. Philipp und Alexander beschlagnahmten die reichen Bodenschätze Thrakiens als erobertes Territorium, und sie prägten Münzen, die in Mitteleuropa in Umlauf kamen. Die Stadtstaaten des Korinthischen Bundes profitierten in erheblichem Maße vom Anwachsen des Handels und von der Sicherheit der Getreideroute durch das Schwarze Meer, von der Athen und zahlreiche andere Staaten abhängig waren.

Der Illyrienfeldzug

Im Spätsommer führte Alexander seine Armee nach Süden ins Land der Agrianen und der Paionen (in der Nähe des heutigen Sofia beziehungsweise Skopje): »Da kamen zu ihm Boten, die meldeten, Kleitos, der Sohn des Bardylis, sei abgefallen und Glaukias, der König der Taulantier [im Gebiet von Tirana], habe sich ihm angeschlossen. Andere meldeten, dass auch die Autariaten [in Bosnien] ihn auf dem Marsche angreifen wollten.« Eine derartige Konstellation war außerordentlich bedrohlich. Der König der Agrianen, ein persönlicher Freund Alexanders, der ihn einst an der Spitze einer Gesandtschaft aufgesucht hatte, erbot sich, die Autariaten anzugreifen, und als Alexander den Befehl hierzu gab, tat er dies mit Erfolg. Währenddessen führte Alexander sein Heer durch Pelagonien, Lynkos und Orestis, um das Königreich zu schützen, und schwenkte dann nach Norden, um den Eordaikos zu erreichen, wo er in der Nähe der befestigten illyrischen Stadt Pelion, die Kleitos mit einer Garnison belegt hatte, sein Lager aufschlug. Er war so schnell marschiert, dass Kleitos immer noch auf Glaukias wartete, um einen gemeinsamen Angriff auf das makedonische Königreich zu führen. Am nächsten Tag rückte Alexander gegen die Mauern von Pelion vor. Die Truppen des Kleitos auf den nahe gelegenen Hügeln opferten drei Knaben, drei Mädchen und drei schwarze Widder, dann kamen sie herunter, um die Makedonen anzugreifen. Sie erlitten eine derart vernichtende Niederlage, dass sie ihre ursprünglichen Stellungen aufgaben und die Geopferten dort zurückließen.

Nun konnte Alexander mit der Belagerung von Pelion beginnen. Doch am nächsten Tag traf das große Heer des Glaukias ein, und Alexander zog sich in sein befestigtes Lager zurück. Sein größtes Problem war der Nachschub für seine fünfundzwanzigtausend Mann und fünftausend Pferde, denn er hatte bereits auf sein eigenes Territorium im Süden zurückgegriffen. Deshalb schickte er Philotas, den Sohn

Parmenions, mit den von Pferden gezogenen Wagen und einer Eskorte von Getreuenreitern nach Norden in die fruchtbare Ebene von Koritsa, wo es reichlich Getreide und Weideland gab. Unterwegs kam der Trupp durch den Tsangonpass, dessen Anhöhen auf beiden Seiten von Glaukias besetzt waren, der Philotas bei seiner Rückkehr abfangen wollte. Eilends führte Alexander persönlich eine Streitmacht von vierhundert Reitern sowie Hypaspisten, Bogenschützen und Agrianen zu dem Pass, den er gerade noch rechtzeitig von den Feinden säubern konnte, bevor Philotas' beladene Wagen zurückkehrten.

Die Entlastung war nur vorübergehend. Alexanders Armee musste weiterziehen oder verhungern, und ersteres schien sehr schwierig zu sein, da der Rückzugsweg nach Süden durch ein bereits von allen Vorräten entblößtes Gebiet und danach in zerklüftetes Gebirge führte, wo seine Phalanx von den zahlenmäßig stark überlegenen Leichtbewaffneten des Gegners unter Beschuss genommen werden konnte. So schreibt Arrian: »Kleitos und Glaukias glaubten noch immer, Alexander in dem schwierigen Gelände in der Falle zu haben«, ein Kommentar, der wahrscheinlich auf Ptolemaios zurückgeht (siehe Tafel 8 a und 8 b).

Alexander ließ seine Armee mit dem Belagerungstross, aber ohne Gepäck auf dem ebenen Platz neben seinem Lager aufmarschieren. Sein Befehl lautete, absolutes Stillschweigen zu bewahren und jede Anweisung rasch zu befolgen. Die Phalanx führte in geschlossener Formation mit einer Tiefe von hundertzwanzig Mann eine Reihe von Manövern aus: Lanzen aufrecht, Lanzen stoßbereit, Vorstoß und Rückzug, Schwenk in die eine und in die andere Richtung, bis schließlich ein Keil gebildet und der Feind auf den Vorbergen angegriffen wurde. Zugleich rückten jeweils zweihundert Mann starke Reiterabteilungen vor, um die Flanken der Phalanx zu schützen. Die Dardaner flohen in höhergelegenes Gelände. Dann machte die Phalanx kehrt, ließ ihren Kampfschrei ertönen und schlug die Lanzen gegen die Schilde. Damit bereitete sie einen Angriff auf die Taulantier vor, die von Pelion heruntergekommen waren, nun aber in den Schutz der Stadtmauern flüchteten. Jetzt hatte Alexander beide Flanken für seinen Vormarsch gesäubert, der in den sehr engen Pass führte, der zwischen den dardanischen und taulantischen Truppen lag.

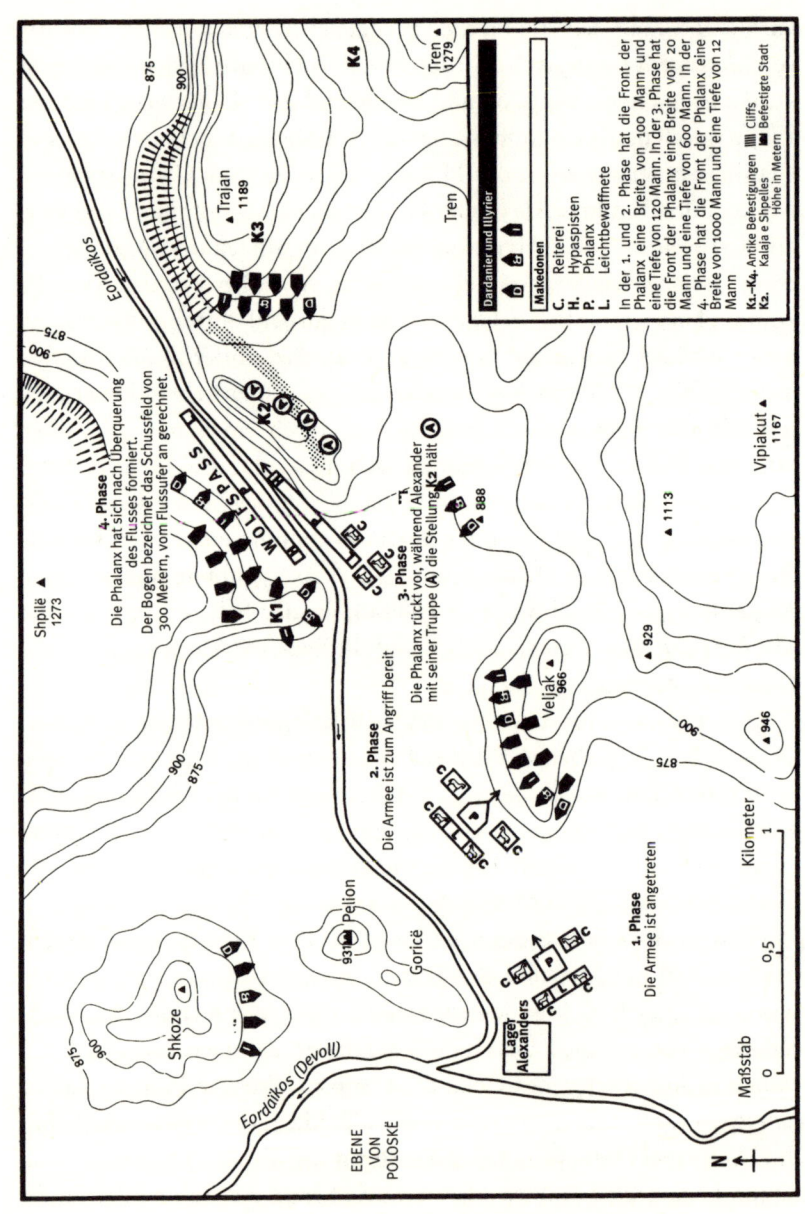

5. Die Truppenbewegungen bei Pelion

Die Stellungen des Gegners zeigt Abbildung 5. Durch den Marsch in den Wolfspaß würde Alexander dessen Truppen getrennt halten, aber innerhalb des Passes musste er den steilen Berg K2 einnehmen, bevor seine Phalanx eintraf und unter Beschuss geriet. Zu diesem Zweck befahl er seinen sieben Leibgardisten und seinen persönlichen Getreuen, sie sollten ihre Schilde ergreifen, aufsitzen und zum Berg reiten, um dort halb zu Fuß und halb zu Pferde gegen den Feind zu kämpfen. Tatsächlich flohen die Feinde beim Anblick Alexanders, der an der Spitze seiner Elitereiterei heranstürmte, und Alexander festigte seine Stellung, indem er zweitausend Agrianen und Bogenschützen heranführte. Er befahl den Hypaspisten und den Phalanxeinheiten, den Fluss zu durchwaten und am anderen Ufer in geschlossener Ordnung Aufstellung zu nehmen. Dies bedeutete, dass die Truppe Alexanders auf dem K2 isoliert war, und die Taulantier kamen den Hang herunter, um sie bei ihrem Rückzug anzugreifen. Alexander führte seine Männer jedoch in einen Gegenangriff, die Soldaten der Phalanx erhoben ihren Schlachtruf, und der Feind zog sich zurück. Daraufhin ließ Alexander seine Männer im Eiltempo zum Fluss marschieren, den er selbst als Erster durchquerte. Die Schleuderer am Ufer und die Bogenschützen in der Mitte des Flusses erhielten den Befehl, ein Sperrfeuer zu legen, um den Abzug der Nachhut zu decken. »So konnten die Makedonen in diesem Augenblick ungefährdet den Fluss passieren, ohne dass ein Mann bei ihrem Abzug fiel.«

An den sumpfigen Ufern des Kleinen Prespasees stand nun Weideland zur Verfügung, und Verpflegung bekam man von den makedonischen Dörfern in der Nähe des Seeufers. Drei Tage wartete Alexander außer Sichtweite des Feindes ab, während Späher die Aufstellung der feindlichen Truppen und das Lager erkundeten, das offenbar nicht bewacht wurde. In der darauf folgenden Nacht gab Alexander den Befehl zum Angriff, den er persönlich mit den Hypaspisten, Agrianen, Bogenschützen und zwei Abteilungen von Phalanxsoldaten als Vorhut anführte. Die Überraschung war vollkommen. Alexander und seine Männer durchbrachen in tiefer Formation einen Flügel der feindlichen Stellung und schlugen die übrigen Gegner in die Flucht. Nun setzten Alexander und seine Truppen die Verfolgung über eine Entfernung von etwa hundert Kilometern »bis zu den Bergen der Taulantier« fort. Wer von den feindlichen Reitern »ihnen noch entrinnen konnte, dem gelang dies nur unter Verlust seiner Waffen«. Kleitos suchte in Pelion Zuflucht. Als die Verfolgung vorüber war, führte Alexander seine Armee nach Süden, um sich mit einem Aufstand in Theben auseinanderzusetzen.

Alexanders Genie als Befehlshaber ist unbestreitbar. Dass er sich seinen Weg durch den Haimospass bahnte, die Donau überquerte und die Geten in die Flucht schlug und sich dann mit seiner Armee durch den Wolfspaß zurückzog, ohne bei allen drei Operationen einen einzigen Mann zu verlieren, ist beispiellos. Seine Gegner waren keineswegs schwach gewesen; die Thraker wurden von den griechischen Stadtstaaten gefürchtet, und die Dardaner hatten den Molossern und Makedonen in der Zeit zwischen 390 und 360 erhebliche Verluste zugefügt. Die makedonische Armee zeichnete sich jedoch durch ihr soldatisches Können aus. Wenn die Abteilungen der schweren Reiterei mit langen Lanzen in Keilformation vorrückten und die Phalanx mit einsatzbereiten Lanzen in geschlossener Ordnung anmarschierte, waren sie ebenso tödlich, wie ihr Anblick Schrecken erregend war. Sofern sie sich auf ebenem Gelände befanden und im Gefecht koordiniert eingesetzt wurden, waren sie fast nicht aufzuhalten. Ebenso professionell waren die Hilfstruppen: Katapultschützen, Bogenschützen, Schleuderer, Agrianen (die mit einem langen Speer und einem langen Schwert bewaffnet waren und einen kleinen Schild trugen) und leicht bewaffnete Reiter (von denen einige mit der langen Lanze und andere mit Wurfspießen ausgerüstet waren). Besonders wendig waren die dreitausend Hypaspisten, die neben den eigentlichen Phalanxsoldaten aufgestellt waren und in Phalanxformation mit der Lanze kämpften, aber auch im Gebrauch der Ausrüstung von Hopliten (großer Schild und sieben Fuß langer Speer) und anderer Waffen geübt waren. Während die Phalanxsoldaten einen metallenen Harnisch oder Halbharnisch trugen, waren bei den Hypaspisten nur die Offiziere damit ausgerüstet.

Alexander ging bei jedem Gefecht voran, denn er besaß den Ehrgeiz, seine Leibgardisten im Kampf zu übertreffen. In der gesamten königlichen Armee förderte er die Konkurrenz. Unter Leibgardisten und Freunden gab es ebenso eine Rangordnung wie beim Schwur zur

Bekräftigung diplomatischer Vereinbarungen. Die Eliteeinheiten waren die Königliche Schwadron der Getreuen, die Königliche Garde der Makedonen (früher Pezetairoi genannt), die Königliche Brigade der Hypaspisten und die Pagen des Königs im letzten Ausbildungsjahr. Für Offiziere und Unteroffiziere gab es die übliche Rangleiter. Jeder der Männer des Königs leistete dem König einen Treueid und war im Hinblick auf Beförderungen von seinem Wohlwollen abhängig. Der König war der Mittelpunkt ihrer Welt. Ihm lag daran, in Übereinstimmung mit seinem Lieblingsvers aus der *Ilias* (3,179) zu handeln und »beides, ein trefflicher König und kampfesgewaltiger Streiter«, zu sein.

Aufstand in Griechenland und Vorbereitungen auf den Persienfeldzug

Die antiken Quellen

Unser Wissen verdanken wir vorwiegend vier antiken Autoren, die ihre Werke drei oder mehr Jahrhunderte nach Alexanders Lebzeiten verfassten: Diodor von Sizilien, Autor einer Universalgeschichte; Pompeius Trogus, dessen Werk in einer Zusammenfassung des Iustinus überliefert ist; Plutarch, dem Biographen und Moralisten; und dem Historiker Arrian, dem Verfasser des *Alexanderzuges*. Es liegt auf der Hand, dass diese Autoren auf Werke früherer Schriftsteller zurückgriffen, die entweder Zeitgenossen der geschilderten Ereignisse gewesen waren oder in frühhellenistischer Zeit (die nach Alexanders Tod begann) Standardwerke geschrieben hatten. Wenn wir den Wert von Aussagen dieser vier Autoren erwägen, müssen wir feststellen, auf welche früheren Berichte sie sich stützen.

Eine detaillierte Darstellung des Balkanfeldzugs liegt nur von Arrian vor. Die anderen drei Autoren spielen lediglich auf ihn an, denn ihr Interesse und das der Autoren, auf die sie sich beziehen, richtete sich auf griechische Angelegenheiten und den Zug nach Asien. Arrian und seine Gewährsleute erkannten die Bedeutung des Balkanfeldzugs für den Einmarsch in Asien: »Es schien Alexander nicht geraten, da sie doch Nachbarn waren und er so weit von der Heimat fortziehen wollte, sie in seinem Rücken zu lassen, ohne sie völlig niedergeworfen zu haben.« Wie schon gesehen, enthält die Darstellung Arrians bemerkenswerte Details; sie ist konkret und völlig kohärent, wahrscheinlich weil sie in vollem Umfang von demselben Autor oder denselben Autoren stammt.

Glücklicherweise teilt Arrian seinen Lesern mit – was bei einem antiken Autor nahezu einzigartig ist –, dass er auf die Berichte von

Ptolemaios und Aristobulos zurückgreife. Als »vollständig wahr« habe er all das angenommen, worin beide übereinstimmten, und dort, wo sie voneinander abwichen, jene Version gewählt, die seiner Ansicht nach »glaubwürdiger und berichtenswerter« sei. Dies dürfte der Wahrheit entsprechen, denn seine Zeitgenossen waren mit den vollständigen Berichten des Ptolemaios und des Aristobulos vertraut und hätten sofort bemerkt, wenn er nicht getan hätte, was er zu tun behauptete.

Daher ist sicher, dass Arrian die Berichte von Ptolemaios und Aristobulos unverfälscht wiedergegeben hat. Schließlich hielt er sie für »vollständig wahr«, da sie »den [Balkan-]Feldzug mit Alexander mitgemacht hatten«. Der einzige Unterschied, den er zwischen beiden Darstellungen feststellte, war der, dass Ptolemaios genaue Zahlen der makedonischen Verluste bei Reitern und Fußsoldaten nannte (Arrian 1.2.7). Daraus ist zu schließen, dass Aristobulos entweder die Verlustzahlen nicht mitteilte oder aber weniger »glaubhafte« Angaben machte. Wenn Arrian in der Folge genaue Zahlen nennt, dürften sie also aus der Darstellung des Ptolemaios stammen. Dies wirft die Frage auf, wie Ptolemaios »glaubhaftere« Kenntnis von der Zahl der Toten und Verwundeten in den Schlachten vieler Jahre haben konnte als Aristobulos. Ähnliches gilt für die Wiedergabe von Befehlen, die Alexander erteilt hatte und von denen einige nicht ausgeführt wurden (beispielsweise zwei Fälle auf dem Balkanfeldzug, Arrian 1.6.5 und 1.6.10), für die Nennung von Offizieren, die genaue Bezeichnung von kämpfenden Einheiten und Zeitspannen. Insgesamt gibt Arrian in den ersten sechs Büchern seines Werks 147 Befehle, 78 Zeitangaben in Tagen sowie Hunderte von Offiziersnamen wieder. Dass ein einziger Mensch all diese Angaben lediglich in seinem Gedächtnis gespeichert haben konnte, ist undenkbar. Ptolemaios muss Zugang zu einem Dokument gehabt haben, von dem Arrian wusste, dass es in dieser Hinsicht »glaubhaft« war.

Bei diesem Dokument kann es sich nur um die *Tagebücher Alexanders* gehandelt haben, die in Alexandria aufbewahrt wurden. Um die Mitte des 3. Jahrhunderts schrieb Strattis einen ausführlichen Kommentar zu ihnen (ein Bruchstück eines Kommentars, wahrscheinlich des von Strattis verfassten, ist für Ereignisse des Jahres 335 erhalten).

Paraphrasen von Passagen aus den *Tagebüchern* sind bei Plutarch und Arrian wiedergegeben, und sie werden von Philinos, Ailianos und Athenaios erwähnt. Ihren Charakter kennt man aus diesen Schriften und aus Inhaltsangaben in späteren königlichen Tagebüchern. Bei ihnen handelte es sich um täglich angefertigte Aufzeichnungen über Aktivitäten und Aussprüche des Königs, denen als Anhänge relevante Dokumente beigefügt wurden, beispielsweise diplomatische Schriftstücke und offizielle Korrespondenz. Zu Lebzeiten eines Königs sowie in der beschränkten Zeitspanne danach, in der seine Befehle noch von Bedeutung waren, blieben die *Tagebücher* geheim; danach wurden sie zusammen mit den anderen Besitztümern des Königs an seinem Begräbnisort deponiert – in Alexanders Fall in Alexandria. Dort hatte Ptolemaios, der Herrscher Ägyptens, Zugang zu ihnen. Aristobulos kannte sie jedoch nicht, denn er schrieb sein Werk in Makedonien. So war es für Arrian gerechtfertigt, im Hinblick auf die Verluste der Makedonen gegen die Triballer anzugeben, es seien, »wie Ptolemaios sagt, nur elf Reiter, von ihrem Fußvolk etwa vierzig Mann« gefallen. Denn er wusste, dass das Geschichtswerk des Ptolemaios auf dem Urgestein der historischen Fakten beruhte, die zur Zeit der Ereignisse ohne Verzerrung oder Überarbeitung in den *Tagebüchern* aufgezeichnet worden waren.

Arrian befasst sich auch mit der Frage, ob Ptolemaios selbst die Aufzeichnungen entstellt habe. Seine Antwort lautet, Ptolemaios, der ja nach Alexanders Tod schrieb, sei nicht gezwungen gewesen, »irgendetwas anders aufzuzeichnen, als es geschehen war«. Er sei auch nicht durch die Hoffnung auf einen Gewinn dazu verleitet worden, zumal es für ihn als König eine Schande gewesen wäre, wenn er bei einer Lüge ertappt worden wäre. Es besteht allerdings kein Zweifel daran, dass Ptolemaios die Fakten auf seine Weise auswählte und darstellte, das heißt im Allgemeinen, wenn auch nicht durchgängig auf eine für seinen Freund und Förderer Alexander günstige Weise. Immerhin war Ptolemaios unter ihm zu höchsten Ehren aufgestiegen, nämlich in die Position eines Leibgardisten des Königs.

Abgesehen von den *Tagebüchern,* griff Ptolemaios bei vielen anschaulichen Einzelheiten, die Arrian wiedergibt, auf seine eigene Erinnerung zurück. Außerdem ließ er seine eigene Deutung der Ziele und militärischen Führung Alexanders einfließen und war auch nicht abgeneigt, sich selbst zu rühmen. Wie die meisten antiken Autoren sah er sich als Literaten. Dementsprechend zitierte er Quellen wie die *Tagebücher* nicht wörtlich oder auch nur in Paraphrase, sondern verfasste seine eigene schöne Erzählung. Ein Beispiel hierfür ist Arrians Darstellung von Alexanders letzter Krankheit, in der er anmerkt, Aristobulos und Ptolemaios hätten Berichte geschrieben, die von seiner eigenen Zusammenfassung der Einträge in den *Tagebüchern* »nicht weit entfernt« seien. Das bedeutet offensichtlich, dass Ptolemaios die *Tagebücher* nicht paraphrasiert, sondern eine eigene Darstellung verfasst hatte – was nicht überrascht, denn als Leibgardist dürfte er den König während seiner Krankheit bewacht haben.

Die nächste Frage lautet, inwieweit Arrian die Berichte von Ptolemaios und Aristobulos missverstanden oder geändert hat. Im Hinblick auf das Verständnis der Umstände, unter denen Alexander seine Eroberungen durchführte und sein Königreich in Asien organisierte, war er in einer erheblich günstigeren Position als jeder andere Alexanderhistoriker, denn er verfasste nicht nur Abhandlungen über Taktik und Jagd, sondern führte auch einen erfolgreichen Feldzug gegen die Alanen in Georgien und Aserbaidschan und war in der Blütezeit des Römischen Reichs Konsul und Statthalter von Kappadokien. Dass er keine Veränderungen vorgenommen hat, geht aus seiner eigenen Versicherung hervor, er habe das als »vollständig wahr« wiedergegeben, was Ptolemaios und Aristobulos gleichlautend berichtet hätten, und wenn beide voneinander abwichen, teilte er mit, weshalb er dem einen oder anderen Bericht den Vorzug gegeben hatte.

Von Aristobulos, einem Bürger von Phokis, der das Vertrauen Alexanders genoss und dem die Aufgabe übertragen wurde, das Grab des Kyros in Pasargadai wiederherzustellen, ist weniger bekannt. Da seine Interessen eher auf wissenschaftlichem und geographischem als auf militärischem Gebiet lagen, liefert er weit weniger Tatsachenmaterial als Ptolemaios, aber er scheint ein stärkeres Interesse an Alexanders Persönlichkeit gehabt zu haben als dieser. Wahrscheinlich stammt Arrians Einschätzung, die Handlungen Alexanders seien manchmal auf ein starkes Begehren oder eine Sehnsucht (griechisch *pothos*, lateinisch *cupido*) zurückzuführen gewesen, von Aristobulos.

»Es gibt aber auch«, so Arrian, »manches von anderen Geschriebene, was ich, da es mir an sich erzählenswert und nicht in jeder Hinsicht unglaubwürdig schien, nur als unverbürgte Überlieferung (*legomena*) über Alexander niedergeschrieben habe.« Einige dieser Passagen waren abweichende Interpretationen von Ereignissen, die seine Hauptautoren beschrieben, andere enthielten zusätzliche Informationen, insbesondere über Vorgänge in Griechenland und der Ägäis, bei denen Alexander nicht persönlich zugegen war. Dass Arrian diesen anderen Autoren gegenüber kritisch eingestellt war, wird aus seinen Kommentaren deutlich, vor allem bei den unterschiedlichen Versionen von Alexanders Ende (Arrian 7.27). Einige dieser *legomena* werden zu gegebener Zeit erörtert werden.

Die Niederschlagung des Aufstands von Theben

Von den erhaltenen Berichten ist der des Arrian der ausführlichste. Er soll deshalb als Erster wiedergegeben werden.

Soeben von der Verfolgung der Illyrer zurückgekehrt, erreichten Alexander Meldungen über eine Umsturzbewegung in Theben. Danach waren einige Verbannte auf Einladung ihrer Parteigänger in die Stadt zurückgekehrt, hatten zwei nichts ahnende Makedonen der Garnison getötet und behauptet, Alexander sei in Illyrien umgekommen. Damit hätten sie die Thebaner dazu gebracht, sich im Namen von Freiheit und Unabhängigkeit zu erheben. Alexander erkannte die Gefahr einer Ausbreitung der Revolte, denn schon lange hatte er Athen, Aitolien, Sparta und einige weitere Staaten auf der Peloponnes mit Argwohn betrachtet. Deshalb ließ er seine Armee in höchster Eile über das Hochland der Berge Grammos, Pindos und Kambunia marschieren, wo es reichlich Weideland gab und bei Wanderhirten Käse, Fleisch und Zugtiere beschlagnahmt werden konnten. Nach einem sechstägigen Marsch mit einem Tagespensum von gut dreißig Kilometern traf er unangekündigt in Pelinna im nördlichen Thessalien ein, wo er die Armee einen Tag ausruhen ließ. Von dort aus erreichte er, nachdem er eine Strecke von zweihundert Kilometern mit einer durchschnittlichen Geschwindigkeit von vierzig Kilometern pro Tag zurückgelegt hatte, sechs Tage später Onchestos in Boiotien. Seine Truppen waren so schnell unterwegs, dass die Thebaner nichts von ihrem Herannahen erfuhren. Ohne auf Widerstand zu stoßen, war Alexander durch die Thermopylen gelangt und konnte jetzt auf Vorräte und Truppen von Anhängern im nördlichen Boiotien und in Phokis zurückgreifen.

Das hohe Marschtempo ermöglichte es Alexander, Theben am nächsten Tag einzuschließen und potentielle Helfer aus Athen und anderen Staaten abzuschrecken. Er wartete in der Hoffnung, dass die Thebaner bereuen und eine Gesandtschaft zu ihm entsenden würden, doch stattdessen unternahmen sie einen Angriff auf sein Lager und töteten einige Makedonen. Dennoch harrte Alexander geduldig aus. In Theben waren die Meinungen geteilt, aber die Rädelsführer und insbesondere die Generäle des boiotischen Bundes, die ihren Treueid gegenüber dem Korinthischen Bund gebrochen hatten, überredeten die Mehrheit zum Kampf. Alexander hatte sein Lager jetzt in der Nähe der Burg von Theben (der Kadmeia) aufgeschlagen, in der die makedonische Besatzung eingeschlossen war und überwältigt zu werden drohte. Dennoch hatte Alexander nicht die Absicht anzugreifen, aber Ptolemaios Lagu berichtet, laut Arrian, dass Perdikkas, der die wachhabende Brigade befehligte, den Befehl des Königs nicht abgewartet, sondern eigenmächtig einen Angriff auf die thebanischen Verteidigungsanlagen geführt habe, die aus zwei außerhalb der massiven Stadtmauer gelegenen Palisaden bestanden. Als er die erste durchbrach, stieß eine andere Brigade zu ihm, und während sie gegen die zweite Palisade vorrückten, gerieten sie in Gefahr, von thebanischen Verstärkungstruppen überwältigt zu werden. Alexander hatte keine andere Wahl, als sein Heer in Gefechtsstellungen zu bringen.

Aus einem anderen Bericht geht hervor, dass die Thebaner von Athen zahlreiche Waffen und Ausrüstungsgegenstände erhalten hatten. Sie waren berühmt für ihre Verteidigungsanlagen; ihre Mauern waren nach den Maßstäben der griechischen Kriegführung nahezu uneinnehmbar, und ihren Hopliten eilte ein guter Ruf voraus. Da Alexander ohne seinen Belagerungstross angerückt war, schien alles für die Verteidiger zu sprechen. Doch die Initiative des Perdikkas schuf eine Situation, die sich Alexander zunutze machen konnte. Er befahl Bogenschützen und Agrianen, in den Raum zwischen den beiden Palisaden einzudringen. Dort stürzte Perdikkas schwer verwundet zu Boden. Er wurde ins Lager zurückgetragen. Draußen wartete Alexander, der die Infanteriegarde der Makedonen und die Königliche Brigade der Hypaspisten in Phalanxformation befehligte; hinter der Phalanx standen die beiden anderen Hypaspistenbrigaden bereit.

Wie Alexander vorausgesehen hatte, wurden die angreifenden Makedonen durch einen Gegenangriff in die Flucht geschlagen; sie zogen sich unter Verlust von siebzig Bogenschützen zurück und wurden durch die Lücke in der ersten Palisade von den thebanischen Hopliten verfolgt, die nicht mehr in Phalanxformation kämpften, sondern sich zerstreut hatten. Der Angriff, den Alexanders Lanzenträger in Formation ausführten, war entscheidend, und die Makedonen folgten den Flüchtigen auf den Fersen durch die Stadttore. Eine Gruppe befreite die Besatzung auf der Kadmeia, eine andere besetzte die Mauern und ließ die Hauptarmee ein. Der organisierte Widerstand brach bald zusammen. Die Reiterei floh ins Umland. Bei den anschließenden Straßenkämpfen erschien Alexander bald hier, bald dort, aber »es waren nicht so sehr die Makedonen als vielmehr Phoker, Plataier und die anderen Boioter«, die fortfuhren, Thebaner zu töten, selbst Betende an den Altären sowie Frauen und Kinder.

Arrians Erzählung ist eine Zusammenfassung der makedonischen Sicht der Kämpfe, wie sie von Ptolemaios und Aristobulos wiedergegeben wurde. Andere Autoren präsentieren eine andere Sicht, die der Griechen. Laut Diodor zog Alexander von Thrakien nach Makedonien, versammelte die gesamte Armee von über dreitausend Reitern und dreißigtausend Fußsoldaten und erreichte Theben, wo er die Garnison auf der Kadmeia von Befestigungsanlagen wie Palisaden und Gräben eingeschlossen vorfand. Dank Demosthenes hatte die Stadt von Athen bereits Ausrüstung erhalten, und die Athener Volksversammlung hatte beschlossen, Theben zu helfen, zauderte dann aber. Arkadien, Argos und Elis reagierten auf einen Hilferuf mit der Entsendung von Truppen, die aber am Isthmos Halt machten, als sie von Alexanders Ankunft erfuhren. Von ihren Führern angestachelt, missachteten die Thebaner jedoch die Warnungen der Götter in Gestalt von phantastischen Erscheinungen und Orakelsprüchen und beschlossen, für die Sache der Unabhängigkeit bis zum Ende zu kämpfen.

Drei Tage verbrachte Alexander mit den Vorbereitungen auf den Angriff. In diesem Zeitraum hätte er Theben noch verziehen. So ließ er durch einen Herold verkünden, jeder Thebaner könne zu ihm überlaufen und des Allgemeinen Friedens der Griechen teilhaftig werden. Die Thebaner konterten, indem sie alle, welche die Partei Thebens und des Großkönigs von Persien ergreifen, den Diktator Griechenlands stürzen und die Griechen befreien wollten, aufforderten, sich ihnen anzuschließen. Das versetzte Alexander in rasende Wut, und in wilder Grausamkeit beschloss er, die Stadt dem Erdboden gleichzumachen.

Es folgt eine epische Darstellung der Kämpfe, die mit einem Austausch von Geschossen begannen und dann zu Schwertkämpfen übergingen. Die zahlenmäßig unterlegenen, aber körperlich sowie in Ausbildung und Kampfmoral überlegenen Thebaner kämpften die Makedonen nieder, sodass Alexander seine gesamte Reserve in die Schlacht werfen musste. Doch die Thebaner wichen nicht zurück. Erst als der König ein unverteidigtes Seitentor erspähte und Perdikkas mit einer großen Streitmacht in die Stadt schickte, zogen sie sich ungeordnet in die Stadt zurück und kämpften dort heroisch bis zum Schluss weiter. Die Makedonen waren erbarmungslos, und Thespier, Plataier, Orchomenier sowie andere beteiligten sich an dem Massaker, das zum Tode von über sechstausend und zur Gefangennahme von dreißigtausend Mann führte. Diese Darstellung weist viele Ähnlichkeiten mit späteren Kampfbeschreibungen Diodors auf. Aus militärischer Sicht sind sie wertlos, denn sie sind, was den Stil und die Art der Schlacht angeht, Fiktionen, die auf dem homerischen Modell basieren. Zudem ist die Darstellung eklatant thebenfreundlich.

Es besteht kein Zweifel, dass Diodor diesen und spätere Berichte von Kleitarchos übernommen hat, der wahrscheinlich aus Kolophon in Kleinasien stammte, als junger Mann Philosophie studierte und in Alexandria starb. Zwischen 315 und 290 veröffentlichte er, der nicht am Asienfeldzug teilgenommen hatte, eine lange Sensationsdarstellung des Alexanderzuges, die bis in römische Zeit viel gelesen wurde. Laut Quintilian war er ein begabter Schriftsteller, aber als Historiker

»notorisch unzuverlässig«, und für Cicero war er ein naiver Rhetoriker, der sich als Historiker um einer brillanten Wirkung willen die Freiheit »regelrechter Lügen« herausnahm. Longinos schließlich verachtete ihn als »oberflächlichen Windbeutel«. Die Beschreibung der Kämpfe in Theben und der überschäumenden Wut Alexanders ist ein Beispiel für die von Cicero, Quintilian und Longinos genannten Eigenschaften. Diese Kritiker kannten das Werk des Kleitarchos vollständig, während heute nur noch dürftige Bruchstücke erhalten sind, die keine Anhaltspunkte bieten, um ihre Urteile zu modifizieren. Den Bericht des Kleitarchos verwendeten auch Trogus (dessen Darstellung in der Zusammenfassung des Iustinus überliefert ist) und Plutarch, deren Versionen im übrigen viel mit der Diodors gemeinsam haben. Ein Kapitel in Plutarchs *Leben*, in dem beschrieben wird, wie Alexander ritterlich die Thebanerin Timokleia begnadigte, ist dem Geschichtswerk des Aristobulos entnommen und lässt dessen schönen Stil ahnen.

Das Urteil des Bundesrats über Theben

Dass Alexander den Aufstand Thebens nicht als einen Bruch des Vertrages behandelte, den die Stadt mit Makedonien geschlossen hatte, sondern als Verstoß gegen die Satzung des Korinthischen Bundes, geht aus den Darstellungen Arrians, Diodors und Plutarchs hervor. Tatsächlich hatte Theben, als es Verbannte zurückrief, zuließ, dass Angehörige der makedonische Garnison getötet wurden, den Korinthischen Bund als Tyrannei brandmarkte und sich gegen ihn auf die Seite Persiens stellte, sämtliche Regeln der Satzung gebrochen. Als Hegemon des Bundes stand es Alexander auch zu, von loyalen Mitgliedern wie den Phokern und einigen der boiotischen Staaten Truppen anzufordern und bei seiner Ankunft vor Theben großzügige Bedingungen für den Fall anzubieten, dass Theben in den Bund zurückkehrte. Wäre Perdikkas nicht tätig geworden, hätte Alexander vielleicht mit diplomatischen Mitteln Erfolg gehabt, doch dann musste er seine Truppen vor der Vernichtung retten, und nachdem Theben erobert war, hatte er die Tatsache zu berücksichtigen, dass Athen, Aitolien, Arkadien,

Argos und Elis bereit gewesen waren, sich dem Aufstand gegen den Korinthischen Bund anzuschließen.

Wie aber sollte er das Urteil gegen die eroberte Stadt fällen? Hätte er die Entscheidung selbst getroffen, wäre er als König von Makedonien aufgetreten und hätte den Korinthischen Bund übergangen. Damit hätte er den Eindruck erweckt, als handle er gegenüber den Stadtstaaten als Diktator. Wenn er dagegen den Wunsch hatte, dass der Korinthische Bund weiterbestand und Autorität genoss, dann blieb ihm nichts anderes übrig, als die Entscheidung dessen Bundesrat zu übertragen. Dies stand im Einklang mit seinen Handlungen und Verlautbarungen in Theben.

Den klarsten Bericht liefert Diodor, der auf Kleitarchos zurückgreift: »Der König ließ ... die Bundesmitglieder der Griechen zusammenkommen, damit die allgemeine Versammlung entscheiden sollte, was mit der Stadt der Thebaner anzufangen sei.« Der Verlauf der Ratsversammlung lässt sich anhand der verschiedenen Darstellungen einigermaßen nachvollziehen. »Die Verbündeten, die am Kampf teilnahmen,« – genannt werden Phoker, Plataier, Thespier und Orchomenier – beherrschten die Versammlung mit ihrem Hass gegen die Stadt, die bei mehr als einer Gelegenheit Angehörige dieser Völker abgeschlachtet hatte. Aber nicht nur sie, sondern zweifellos auch andere, die Grund zum Hass auf Theben hatten, klagten die Stadt des Verrats an, den sie gegenwärtig wie in der Vergangenheit begangen habe, indem sie mit Persien gemeinsame Sache gegen die Griechen machte. Die Mehrheit der anwesenden Ratsmitglieder (wie viele es waren, ist nicht überliefert) entschied, »dass die Stadt zerstört und die Gefangenen verkauft werden, die thebanischen Flüchtlinge aber in ganz Griechenland geächtet sein und kein Grieche einen Thebaner aufnehmen sollte«. Außerdem sollten Orchomenos und Plataia wieder aufgebaut und befestigt werden. Also machte Alexander als Hegemon »gemäß dem Urteil des Rates die Stadt dem Erdboden gleich und flößte dadurch denen, die vom Bund der Griechen abfielen [das heißt den Führern von Athen und anderen Staaten], große Furcht ein«. Dies hatte in der Folgezeit einen enormen Abschreckungseffekt, wie Polybios zwei Jahrhunderte später bemerken sollte.

Dass Alexander bei der Durchführung des Urteils Mäßigung zeigte, wird in mehr als einem Bericht festgestellt. Diejenigen, die gegen die Revolte gestimmt hatten, die Nachkommen Pindars, diejenigen, welche diplomatische Beziehungen zu Philipp, Alexander und den Makedonen unterhielten, die Priester und Priesterinnen sowie Timokleia und ihre Familie blieben straflos und kamen frei, und als er in Asien weilte, behandelte er thebanische Gesandte und Söldner in persischen Diensten mit Großmut. Gegen die Staaten, die bereit gewesen waren, Theben zu unterstützen, brauchte er nicht vorzugehen. Die Arkadier verurteilten die Befürworter dieser Unterstützung zum Tode. Die Eleer setzten diejenigen wieder ein, die als Freunde Makedoniens verbannt worden waren. Von den Aitolern sandte ein Stamm nach dem anderen Gesandte, die um Vergebung baten. Die Athener schickten nach einer Debatte in ihrer Volksversammlung Gesandte, die deren Beschluss überbrachten, in dem Alexander zur wohlbehaltenen Rückkehr vom Balkanfeldzug und zur Strafaktion gegen Theben beglückwünscht wurde. Es heißt, Alexander habe das Schriftstück voller Verachtung weggeworfen. Als Antwort schickte er einen Brief (von dem eine Abschrift zweifellos in den *Tagebüchern* aufbewahrt wurde), in dem er die Auslieferung von neun namentlich genannten Athenern verlangte, die seiner Ansicht nach ebenso schuldig an der Empörung Thebens waren wie die thebanischen Rädelsführer und die darüber hinaus für die Politik, die zur Schlacht von Chaironeia geführt hatte, sowie für die Beleidigungen zur Zeit von Philipps Tod die Verantwortung trugen. Sie sollten »im Rat der Griechen« vor Gericht gestellt werden. Athen verwahrte sich dagegen, versprach aber, die Männer vor ein athenisches Gericht zu bringen. Alexander gab dem Einspruch statt, nahm jedoch einen Mann aus, General Charidemos, der allerdings entkam und in persische Dienste trat. Insgesamt kam Athen also glimpflich davon.

Der Kommentar Arrians zu Alexanders Nachsicht ist interessant: »Und wirklich ließ der König seinen Zorn verrauchen, sei es aus Ehrfurcht vor der berühmten Stadt, sei es, weil er zum Zuge nach Asien mit allen Kräften rüstete und in Griechenland keine Erbitterung in seinem Rücken zulassen wollte.« Aus unterschiedlichen Gründen hatten Philipp und Alexander Athen stets mit außerordentlicher Großmut behandelt. Doch seit dem Sieg in Chaironeia waren sie bestrebt, ein echtes Bündnis und eine Zusammenarbeit mit Athen zuwege zu bringen oder zumindest zu erreichen, dass die Stadt neutral blieb. Die Rücksicht auf ihre führende kulturelle Stellung mag dabei eine Rolle gespielt haben, aber zweifellos bestand für Alexander auch die praktische Notwendigkeit, die athenische Flotte für sich zu gewinnen oder zumindest zu neutralisieren, denn hätte sie sich mit der persischen Flotte vereinigt, wäre eine Streitmacht entstanden, die das Ägäische Meer, den Hellespont, den Bosporus und das Schwarze Meer beherrscht und der makedonischen Expansion ein Ende bereitet hätte.

Athen war für Alexander jedoch nur Teil eines umfassenderen Problems. Für ihn besaß der Korinthische Bund als politische Organisation in dreierlei Hinsicht praktischen Wert: Er sorgte für Frieden unter den Stadtstaaten, verband sie in enger Allianz mit Makedonien und stand im Kampf gegen Persien auf der Seite Makedoniens. Allen war klar, dass die Existenz und das politische Gewicht des Bundes auf der Militärmacht Makedoniens beruhten. Für Demosthenes und ihm gleich gesinnte Politiker war er eine Maske der Diktatur und die Negation der stadtstaatlichen Unabhängigkeit, und sie drängten darauf, den Bund aufzukündigen und sich mit Persien gegen Makedonien zu verbünden. Für andere Politiker stellte der Korinthische Bund den besten Modus Vivendi mit Makedonien und die Chance eines wirklichen Landfriedens dar. Überdies glaubten sie, ein erfolgreicher Feldzug in Asien werde die dort lebenden Griechen befreien und der ungebundenen Bevölkerung des Mutterlandes ein Betätigungsfeld bieten. In einem derart gemischten politischen Klima musste Alexander seine Militärmacht im öffentlichen Bewusstsein halten, und dies war ihm durch die Eroberung Thebens innerhalb von wenigen Stunden auf unvergessliche Weise gelungen. Zugleich musste er die Autorität und die Prinzipien des Korinthischen Bundes nicht nur dadurch aufrechterhalten, dass er ihm die Bestrafung Thebens übertrug, sondern auch, indem er friedliche Mittel fand, um andere Unzufriedene gefügig zu machen. So respektierte er Athen als unabhängigen Staat, neutralisierte Demosthenes' auf die Zusammenarbeit mit Persien gerichtete Politik und wurde bei der Überfahrt nach Asien von einer athenischen Schwadron begleitet, die zu den Truppen des Korinthischen Bundes gehörte.

Alexander war daran gelegen, schnell zu einer Übereinkunft zu gelangen, nicht weil seine Wut durch die grausame Zerstörung Thebens erschöpft gewesen wäre, wie Kleitarchos behauptete, sondern weil die Vorhut der makedonischen und griechischen Truppen in Asien gegen Ende des Jahres 335 Niederlagen erlitt und er ihr so schnell wie möglich zu Hilfe kommen musste. Darüber hinaus war es erforderlich, dass sich die Hauptstreitmacht in Asien befand und die Kontrolle über die Häfen in der Nähe des Hellespont ausübte, bevor die persische Flotte im Frühsommer 334 in die Ägäis einlaufen konnte. Zweifellos sah er voraus, dass die Perser, wenn sie erst einmal in der Ägäis wären, den Versuch unternehmen würden, Aufstände von Staaten im Mutterland anzuzetteln, um den Korinthischen Bund zu zerschlagen. Diesem Versuch konnte er nur entgegenwirken, indem er die Stadtstaaten davon überzeugte, dass er ihre politische Unabhängigkeit im Rahmen des Korinthischen Bundes respektierte. Deshalb marschierte er im Herbst 335 nicht mit seiner Armee auf die Peloponnes. Er wollte »in Griechenland keine Erbitterung in seinem Rücken zulassen«.

Die Vorbereitungen auf den Persienfeldzug

»Nach diesen Verhandlungen [mit Athen] kehrte Alexander nach Makedonien zurück. Er brachte alsbald dem olympischen Zeus das Opfer dar, das seit den Zeiten des Archelaos Brauch war, und veranstaltete in Aigai olympische Wettkämpfe zu Ehren des Gottes. Nach anderer Überlieferung soll er auch zu Ehren der Musen einen Wettkampf veranstaltet haben.«

Die Festspiele entsprachen denen, die Philipp 336 in Aigai veranstaltet hatte, und das Opfer war eine Danksagung des makedonischen Staates an Zeus den Retter und Beschützer. Alexander hatte gute Gründe, Dank zu sagen. Im Krieg ist der Zeitfaktor stets wichtig, manchmal sogar entscheidend. Im Jahr 335 war es Alexander gelungen, die Illyrer niederzuwerfen, zwei Wochen bevor er Theben isolierte. Hätte der Aufstand Thebens stattgefunden, bevor sich die illyrischen Truppen in Pelion sammelten, wäre die makedonische Armee in Boiotien gewesen, und Makedonien wäre von den Illyrern überrannt worden. Wir mögen sagen, dass diese zeitliche Abfolge Zufall war, doch Alexander und seine Makedonen sahen darin das Wirken des Zeus. Der Göttervater hatte sie vor der Katastrophe gerettet. Auch in Asien hatte der Zeitfaktor eine Rolle gespielt. Thronfolgeprobleme am persischen Hof und andere Angelegenheiten hatten Dareios III. Kodomannos in der Zeit, als Alexander auf dem Balkan operierte, Theben einnahm und die Autorität des Korinthischen Bundes bekräftigte, davon abgehalten, die persische Flotte auslaufen zu lassen oder einen größeren Gegenangriff zu Lande zu unternehmen. Auch dies war ein Grund, dem olympischen Zeus zu danken.

Es war ein Jahr außerordentlicher Erfolge in den Kämpfen gegen Thraker, Geten, Triballer, Illyrer und Thebaner gewesen, bei denen, sieht man von Theben ab, auf makedonischer Seite nur minimale Verluste zu beklagen gewesen waren, und auch in Theben mag die auf Kleitarchos zurückgehende Zahl von fünfhundert makedonischen Toten übertrieben sein. Alexander hatte 336 einigen Stadtstaaten ihre revolutionären Umtriebe verziehen, und 335 war er nur gegen Theben militärisch vorgegangen, wo ihm angesichts der Aktion des Perdikkas nichts anderes übrig geblieben war. Wahrscheinlich wäre ihm ein weniger strenges Urteil gegen die Thebaner lieber gewesen, doch ihr Schicksal hatte in den Händen des Bundesrates gelegen, und die jüngste Geschichte Griechenlands war voller Beispiele dafür, dass die Bevölkerung eroberter Länder in die Sklaverei verkauft wurde. Nach griechischen Maßstäben hatten die Thebaner sogar noch nicht einmal das schlimmste Schicksal erlitten. Sie selbst hatten 363 in Orchomenos die erwachsenen Männer niedergemetzelt und alle anderen Bewohner in die Sklaverei verkauft, und gleiches hatten die Athener 353 in Sestos getan. Wenn die Satzung des Korinthischen Bundes in Zukunft eingehalten wurde, würde es keine derartigen Zerstörungen mehr geben. Auch auf dem Balkan ergriff Alexander Maßnahmen, die Frieden und Wohlstand fördern sollten. Als Glaukias seine Niederlage eingestand und sich unterwarf, beließ Alexander ihn als abhängigen König auf dem Thron; Kleitos wurde wahrscheinlich ebenso behandelt.

Nach seiner achtmonatigen Abwesenheit gaben die Festspiele in Aigai Alexander Gelegenheit, ein verschwenderisches Fest zu organisieren, das neun Tage dauerte und den neun Musen geweiht war.

»Er ließ ein Zelt für hundert Gäste errichten, wo er seine Freunde und die Befehlshaber und zugleich die Gesandten der Städte [der Makedonen] an seinem Tisch bewirtete. ... Und indem er unter dem ganzen Heere Opferfleisch und was sonst zu einem festlichen Mahl gehört austeilte, steigerte er den Mut der Truppen.«

In Makedonien musste Alexander Entscheidungen treffen, die über die Befugnisse seines Stellvertreters hinausgegangen waren. So war dies wahrscheinlich der Zeitpunkt, zu dem er die Abordnung aus Philippi empfing, die wegen der Verteilung von urbar gemachtem Land vorstellig wurde, und die Errichtung einer »Stadt von Makedonen« in Kalindoia anordnete. Er berief eine Versammlung der Befehlshaber und der führenden Freunde ein, um seine Pläne für die Überfahrt nach Asien zu erörtern. Nach Angaben des Diyllos, eines glaubwürdigen hellenistischen Historikers, auf den Diodor in diesem Zusammenhang zurückgreift, rieten Antipatros und Parmenion Alexander, zunächst einen Erben zu zeugen und erst dann nach Asien überzusetzen, aber er antwortete, es wäre schimpflich für die Führer der griechischen und makedonischen Streitkräfte, dazusitzen und auf die Geburt von Kindern zu warten. Im Rückblick ist klar, dass Antipatros und Parmenion Recht hatten und dass Alexander eine gravierende Fehleinschätzung unterlief, zumal eine Ehefrau ihn nach Asien hätte begleiten können. Doch man kann verstehen, weshalb er ihren Rat ablehnte. Sein Vater hatte mit vierundzwanzig Jahren zum ersten Mal geheiratet. Alexander war erst einundzwanzig, und der Tod war für ihn wie für die meisten jungen Männer nichts Naheliegendes.

Die Pläne, die Alexander seinen Befehlshabern und Freunden vorlegte, waren angesichts der Lage in Europa außerordentlich kühn. Er wollte die Hälfte der verbleibenden makedonischen Phalanxsoldaten (einige kämpften bereits bei der Vorhut) nach Asien mitnehmen, dazu zwei Drittel der Getreuenreiterei, die leicht bewaffnete Reiterei und eine kleine Zahl von leicht bewaffneten Fußsoldaten. Im Fall eines allgemeinen Aufstands der Balkanstämme und/oder der Stadtstaaten wäre Makedonien in einer verzweifelten Lage gewesen, denn seine Armee bestünde nur noch aus 1000 Getreuen, 500 leicht bewaffneten Reitern, 12 000 Phalanxsoldaten und einigen leicht bewaffneten Fußsoldaten, die durch die Miliz der Städte verstärkt wurden. Ferner plante Alexander, 22 Dreiruderer und 38 kleinere Kriegsschiffe nach Asien mitzunehmen, was wahrscheinlich die volle Stärke der makedonischen Flotte darstellte. Ihre Besatzungen, insgesamt etwa 6000 Mann, waren vorwiegend in Chalkidike rekrutiert worden. Man hatte bereits vereinbart, dass der Korinthische Bund zusätzlich zu denen, die bei der Vorhut Dienst taten, folgende Truppen bereitstellen sollte: 2400 Reiter, 7000 Fußsoldaten und 160 Dreiruderer mit Besatzungen von insgesamt 32 000 Mann. Einige von Alexanders Offizieren mögen die Auffassung vertreten haben, der griechischen Flotte sei nicht zu trauen und sie könne sich leicht gegen die kleine makedonische Flotte wenden oder als Ganze zur persischen Flotte desertieren. Doch Alexander hielt an seinem Plan fest. Die Balkanstämme sollten 500 Agrianen und 7000 andere Fußsoldaten aus Stämmen, die er 335 besiegt hatte, stellen. Manche Offiziere dürften auch deren Zuverlässigkeit in Zweifel gezogen haben. Wie die Pläne für die Bereitstellung von Hilfsdiensten wie Handelsschiffen, Belagerungstross, Gepäcktross, Wagen, Zugtieren, Ingenieuren, Dienern, Köchen und dergleichen aussahen, ist nicht bekannt.

In einer fragmentarischen Inschrift, die auf der Akropolis in Athen gefunden wurde, sind die Bestimmungen für Geldzahlungen und Getreidelieferungen an die Soldaten der Sicherheitstruppen in der Heimat wiedergegeben. Anscheinend dienten Makedonen zusammen mit Männern aus den Stadtstaaten, denn einem Hypaspisten sollte eine Drachme pro Tag gezahlt werden. Alexander wurde vermutlich in seiner Eigenschaft als Oberbefehlshaber erwähnt, und eine Abschrift der Bestimmungen sollte in Makedonien im Tempel der Athene in Pydna, angebracht werden. Die für die Veröffentlichung der Bestimmungen in dieser Form verantwortlichen Beamten waren die »mit der gemeinsamen Verteidigung Betrauten«, die manchmal als »Friedenswächter« (eirenophylakes, ein von Xenophon geprägter Begriff) bezeichnet werden. Sie hatten die Pflicht, »Massaker, Verbannung, Beschlagnahmung von Besitz, Neuverteilung von Land und Tilgung von Schulden, die im Widerspruch zu den bestehenden Gesetzen der Mitgliedsstaaten [des Korinthischen Bundes] standen«, sowie »die Befreiung von Sklaven zu aufrührerischen Zwecken« zu verhindern. Auf diese Weise hofften Alexander und der Bundesrat, das Aufflammen von Parteikämpfen *(stasis)* zu unterbinden, die den allgemeinen Frieden untergraben und Persien einen Anlass zum Eingreifen gegeben hätten.

Die finanziellen Belastungen, die das makedonische Reich in den zurückliegenden Jahren getragen hatte und die jetzt auf das Land zukamen, waren sehr groß. Die aktiven Angehörigen von Heer und Marine wurden gut bezahlt, nicht zuletzt deshalb, weil die Beute aus erfolgreichen Feldzügen nicht an die Männer, sondern an den Staat ging. Darüber hinaus plante Alexander, fünftausend griechische Söldner nach Asien mitzunehmen (zusätzlich zu denen, die bereits bei der Vorhut kämpften). Außerdem musste er seinen Anteil an den Lebensmitteln, die für den Unterhalt der gesamten Streitmacht erforderlich waren, bis es so weit war, dass sie neue Gebiete überrennen konnte, im Voraus bezahlen. Aristobulos behauptet, Alexander habe für die abschließende Proviantversorgung nur siebzig Talente zur Verfügung gehabt; Onesikritos – ein weiterer Zeitgenosse, der aber weniger zuverlässig ist – gibt an, er habe zweihundert Talente besessen; und ein späterer Autor behauptet, er habe nur für dreißig Tage Vorräte mitgenommen. Wie viel Wahrheit in diesen Aussagen auch enthalten sein mag, der Kredit Alexanders war nahezu unerschöpflich, denn als König gehörten ihm alle Bodenschätze im Königreich und in den Balkanländern, sämtliche Nutzholzbestände in Makedonien sowie eine große Zahl königlicher Ländereien. So war er am Vorabend der Überfahrt nach Asien in der Lage, einige seiner Getreuen für hervorragende Dienste mit den Einnahmen eines Gutes, eines Dorfes, eines Hafens oder eines Weilers (*synoikia*) zu belohnen. Manche weigerten sich, die Belohnung anzunehmen, darunter Perdikkas, der für seine Initiative in Theben keineswegs bestraft worden war, sondern weiterhin eine Brigade befehligte und schon bald zum Leibgardisten Alexanders befördert werden sollte.

In Plutarchs Beschreibung der Verteilung der Belohnungen fragt

Perdikkas Alexander, was er für sich selbst übrig behalte, worauf dieser antwortet: »Meine Hoffnungen.« Das mag von Kleitarchos stammen, aber es klingt wahr, und Alexander war zuversichtlich, dass sich diese Hoffnungen erfüllen würden. Die Gefahren, die er seinem Land in Europa zumutete, waren kalkulierte Risiken; vor allem aber glaubte er, die Götter stünden auf seiner Seite. Täglich brachte er ihnen im Auftrag des Staates Opfer dar; er glaubte wie seine Vorgänger, von Zeus und Herakles abzustammen, und wurde durch Vorzeichen und Weissagungen in diesem Glauben bestärkt. Von einem dieser Vorzeichen berichten Plutarch und Arrian, die hier einer gemeinsamen Quelle, wahrscheinlich Aristobulos, folgen. An einer in Leibethra in Pieria verehrten Orpheusstatue aus Zypressenholz nahm man wahr, dass sie schwitzte, als Alexander seinen Abmarsch vorbereitete. Die Wahrsager lieferten dafür unterschiedliche Deutungen. Alexander akzeptierte die seines Lieblingswahrsagers Aristandros aus Telmessos in Lykien, der erklärte, der König werde »preiswerte und rühmliche Taten vollbringen, welche Dichter und Musiker, die ihn besängen, viel Schweiß und Mühe kosten würden«. Heute mag dies kindisch erscheinen. Für Alexander war es das nicht. Er nahm Aristandros nach Asien mit, zog ihn in kritischen Momenten zu Rate und akzeptierte in der Regel seine Vorhersagen – mit Ausnahme eines einzigen Falles, und in dem stellte sich heraus, dass Alexander Unrecht und Aristandros Recht gehabt hatte (Arrian 4.4.3 und 9). Wenn man sagt, dass Alexander an das zweite Gesicht geglaubt habe, dann ist das irreführend. Denn es war ein Glaubenssatz, dass die Götter durch physische Erscheinungen und durch die Worte inspirierter Personen die Zukunft offenbaren konnten.

Münzwesen und Kultur um 335

»Philipp erhob das makedonische Königreich zu bedeutender Größe, weil er über eine große Menge Geld verfügte.« Alle Bodenschätze im Königreich und in den Balkanländern waren persönlicher Besitz des Königs, und zu Beginn der Herrschaftszeit Philipps waren die Bergbautechniken erheblich verbessert worden. Das Gold und Silber seiner Münzen waren von hoher Qualität, was wichtig war, da Münzen als Metall bewertet wurden. Die berühmtesten Münzen Philipps waren seine goldenen *Philippeioi* mit dem Kopf des Apollon auf der Vorderseite und einem von zwei galoppierenden Pferden gezogenen Wagen auf der Rückseite. Diese Münzen folgten dem attischen Gewichtsstandard und waren vorwiegend für Transaktionen großen Stils im Mittelmeerraum bestimmt. Horte von *Philippeioi* hat man überall in Griechenland und im griechischen Westen (besonders in Sizilien), in Kleinasien, Syrien, Zypern und Ägypten sowie auf dem Balkan und in Südrussland gefunden. Die größten Silbermünzen waren Tetradrachmen mit dem Kopf des lorbeerbekränzten Zeus, die auf der Rückseite das Bild eines Rennpferdes mit Reiter trugen. Sämtliche Silbermünzen folgten dem thrakischen Standard, was Transaktionen in den Balkanländern und darüber hinaus begünstigte. Horte von Tetradrachmen hat man dort sowie in Griechenland und auf Sizilien gefunden. Die weite Verbreitung der *Philippeioi* und der Tetradrachmen gibt eine gewisse Vorstellung davon, wie weit der Handel und die Transaktionen Makedoniens reichten. Für den Austausch im Innern des Königreichs verwendete man kleine Werte in Silber und große Ausgaben von Bronzemünzen. Die Wirtschaft Makedoniens war in vollem Umfang monetär, und Alexander hatte die stärkste Währung Europas geerbt.

Philipp war ebenfalls verschwenderisch in seinen Ausgaben, insbesondere bei der Finanzierung der zwischen 340 und 338 geführten Kriege und bei der Vorbereitung des Einmarschs in Asien im Jahr 336. In einer von Arrian zusammengefassten Rede, die auf die Version des Ptolemaios zurückgeht, behauptet Alexander, Philipp habe bei seinem Tod »nur wenige goldene und silberne Pokale«, »noch nicht einmal sechzig Talente« sowie »Schulden von fünfhundert Talenten« vererbt. Die Fakten treffen zweifellos zu, aber das Bild ist insofern irreführend, als der König nicht am Rande des Bankrotts stand, sondern über enorme Kapitalressourcen verfügte, die es ihm gestatteten, in erheblichem Umfang Kredite aufzunehmen. Alexander gab in seinen ersten Jahren noch weit mehr Geld aus. Bei der Beerdigung Philipps wurden keine Kosten gescheut. Innerhalb von zwölf Monaten ließ er dann seine Armee in voller Stärke nach Korinth marschieren, unternahm

Feldzüge in Thrakien, Illyrien und Mittelgriechenland, unterhielt seinen Anteil der Truppen in Asien und feierte bei den neuntägigen Festspielen in Aigai mit allem Pomp seine Erfolge. In dieser Zeit übertraf Alexander seinen Vater nicht nur in puncto Ausgaben, sondern mit Krediten in Höhe von achthundert Talenten auch in der Verschuldung. Im Winter 335/34 hatte er bei der Organisation der Sicherheitskräfte in der Heimat, der Bezahlung griechischer Söldner und balkanischer Truppen sowie der Finanzierung der makedonischen Streitkräfte und ihrer Infrastruktur für den groß angelegten Einmarsch in Asien außerordentlich große Ausgaben zu leisten.

In dieser finanziell angespannten Phase und noch einige Jahre danach gab Alexander die goldenen *Philippeioi* und die silbernen Tetradrachmen seines Vaters mit der Aufschrift »Philippu« heraus. Er verwendete diese Münzen für große Transaktionen im Ausland wie etwa das Anwerben griechischer Söldner. Im Jahr 335 begann er, im eigenen Namen Silbermünzen mit vorwiegend kleinen Werten von einer Drachme abwärts auszugeben. Während die postum geprägten silbernen Tetradrachmen seines Vaters weiter dem thrakischen Standard folgten, entsprachen die neuen Münzen dem attischen Standard, da sie wahrscheinlich zur Verwendung durch Alexander in seiner Eigenschaft als Hegemon, beispielsweise zur Bezahlung von Sicherheitskräften, bestimmt waren. Den Wechsel zum attischen Standard unternahm er, weil die Interessen Makedoniens vorwiegend im Mittelmeergebiet lagen. Zudem war es praktisch, Gold- und Silbermünzen mit demselben Standard zu haben, da sich das Verhältnis zwischen beiden Edelmetallen dann leichter festlegen oder verändern ließ.

Die ersten Silbermünzen in Alexanders Namen zeigen den Kopf eines jungen Herakles und auf der Rückseite einen Adler, der auf einem Blitz steht, beides Embleme des Zeus. Für den Austausch innerhalb des Königreichs und in den Balkanländern wurde eine große Zahl von Bronzemünzen in drei Werten geprägt, die den Kopf eines jungen Herakles und auf der Rückseite dessen Köcher und Keule zeigten. Es ist klar, dass Alexander den Wunsch hatte, seinen Untertanen ihren neuen König als einen jungen Herakles zu präsentieren, der in der Gunst des Zeus stand.

Münzwesen und Kultur hängen bis zu einem gewissen Grade zusammen. Der Reichtum Athens in der perikleischen Periode und in geringerem Maße im 4. Jahrhundert hatte Menschen mit Fähigkeiten aller Art angezogen, von denen sich viele als Ausländer in der Stadt niedergelassen und zu ihrem Wohlstand beigetragen hatten. Der Reichtum Makedoniens hatte dieselbe Wirkung. Zu denen, die im 5. Jahrhundert den Hof besuchten, gehörten Pindar, dessen für Alexander I. geprägtes Epitheton »kühnsinnend« (*thrasymedes*) sich als Motto für die Könige der Temenidendynastie nehmen ließe; Euripides, der in Makedonien zwei Stücke aufführte und zum Getreuen gemacht wurde; Choerilos, ein epischer Dichter, der sich ebenfalls in Makedonien niederließ und dort starb; die führenden Historiker Herodot, Hellanikos und wahrscheinlich Thukydides; und der Begründer der wissenschaftlichen Medizin, Hippokrates von Kos. Der Palast des Archelaos wurde von dem führenden Freskomaler Zeuxis ausgemalt, der aus Herakleia in Italien stammte. Philipp setzte diese Tradition fort: Er besuchte die Vorlesungen seines Hofphilosophen Euphraios (der als Haupt der Akademie die Nachfolge Platons antreten sollte), beschäftigte von 343 bis 335 Aristoteles und Theophrastos, holte die Historiker Anaximenes, Kallisthenes und Theopompos an seinen Hof und engagierte führende Schauspieler für die Theaterwettbewerbe, die einen Teil der Festspiele zu Ehren der Musen bildeten. Dass Philipp ein kultivierter Mann und ein Schirmherr der Künste war, räumten selbst seine Kritiker ein. Gleiches galt zumindest für einen Mann aus seiner Umgebung, den Aristoteles-Schüler Antipatros, der eine Geschichte der illyrischen Kriege schrieb.

Die Archäologen kamen spät nach Makedonien und haben das Bild der makedonischen Kultur von Grund auf verändert. Nach der Bemerkung Alexanders, Philipp habe nur ein paar goldene und silberne Trinkgefäße hinterlassen, konnte man nicht mit der Entdeckung von fast fünfzig silbernen Gefäßen rechnen, die in den nicht geplünderten Gräbern Philipps und Alexanders IV. lagen. Sie sind in ihren vielfältigen Formen und in ihrer exquisiten Kunstfertigkeit von unübertroffener Schönheit. Besonders gut gearbeitet sind die kleinen Köpfe an den Henkelansätzen. Einer von ihnen stellt einen jungen Herakles dar, der die Züge Alexanders trägt (Tafel 4 b). In den Stadtstaaten gab es nichts Vergleichbares, und die Silbergefäße aus dem kürzlich entdeckten Lager in Rogozen im nordwestlichen Bulgarien belegen, dass die thrakischen Nachahmungen weniger kunstvoll waren. Diese silbernen Gefäße waren auch kein Monopol des Königshofes. Ebenso hübsche Stücke hat man beispielsweise in Derveni (in Mygdonien), Sevaste (in der Nähe von Dion) und Nikisiani (bei Kavala) gefunden. Die Goldarbeiten waren nicht weniger schön. Die beiden Truhen, in denen die eingeäscherten Überreste Philipps und seiner Königin bestattet wurden, bestehen aus reinem Gold und sind mit dem aufbrechenden Stern, Rosetten und Lotosblüten verziert, die man mit dem Glauben an das Leben nach dem Tode in Verbindung brachte (Tafel 5 a). Für die Rosetten hat man gefärbte Glaspaste verwendet. Ebenso bemerkenswert sind die goldenen Kränze (Tafel 5 b). Vergleichbare Kränze hat man in Gräbern dieser Periode in ganz Makedonien gefunden. Die Kunstfertigkeit bei der Bearbeitung von Edelmetallen hatte in Makedonien eine lange Tradition, wie die Funde der archaischen Periode in Sindos, Aigai und Aiane sowie die vergoldeten Silberbeschläge und vergoldeten Eisenarbeiten, die in Katerini entdeckt wurden und ins frühe 4. Jahrhundert zu datieren sind, gezeigt haben. Das vergoldete Silberdiadem in Philipps Grab ist mit dem Schlangenhautmuster verziert, das unsterbliches Leben andeuten soll.

Die winzigen Elfenbeinköpfe von nur etwa zweieinhalb Zentimeter Höhe sind realistische Porträts von Mitgliedern der Familie Philipps und seinen engsten Freunden. Bei denjenigen, die Philipps Eltern, Philipp selbst, Olympias und Alexander darstellen, handelt es sich um Miniaturnachbildungen der aus Gold und Elfenbein gearbeiteten Statuen derselben Personen, die in Philipps kreisförmigem Schrein in Olympia als Dankopfer dem Zeus geweiht waren. Die künstlerische Vollendung der Elfenbeinköpfe ist unvergleichlich (Tafel 1 b).

Die Fresken an den Wänden der Gräber von Amyntas und Eurydike sowie an der Fassade von Philipps Grab sind in bezug auf künstlerische Reife, Verwendung von Schattierungen und Verständnis der Perspektive allen Malereien, die anderswo in der griechischen Welt gefunden worden sind, weit überlegen. Unter der Schirmherrschaft der Könige kreierte die Schule des Zeuxis eine Richtung in der Malerei, welche die hellenistische und die römische Malerei (beispielsweise in Pompeji und Herculaneum) anregen sollte. Das Thema des Freskos, das zu Ehren seines Vaters unter dem Sims angebracht wurde (Tafel 2), hatte Alexander selbst ausgewählt. Dargestellt ist eine königliche Jagd, bei der die Mitglieder des Königshauses zu Pferde und die Pagen zu Fuß agieren. Philipp ist als bärtiger Mann reifen Alters dargestellt, der gerade im Begriff ist, einen Berglöwen zu erlegen, auf den der Blick seines linken Auges gerichtet ist (auf dem rechten Auge war er blind). Die auffällige Gestalt in der Mitte (Tafel 15) ist der lorbeerbekränzte Alexander, der mit gezücktem Speer seinem Vater zu Hilfe eilt. Er ist jung, glattrasiert und hat leicht hervortretende Augen. Der dritte Angehörige des Königshauses ist weniger respektvoll behandelt und wird nackt und von hinten dargestellt. Es handelt sich wahrscheinlich um Amyntas, den Sohn des Perdikkas. Die Komposition der bewegten Gestalten und der Bäume im Hintergrund ist meisterhaft.

Mit der Malerei verwandt ist die Mosaikkunst, bei der nicht flache Mosaiksteine verwendet wurden, sondern abgerundete Kiesel, die das Licht lebendiger reflektieren. Die Mosaikfußböden der Häuser in Pella, die aus dem letzten Viertel des 4. Jahrhunderts stammen, sind außerordentlich kunstvoll; auf ihnen wird beispielsweise der auf einem Panther reitende Dionysos sowie eine Löwenjagd dargestellt, bei der als Jäger wahrscheinlich Alexander und Krateros abgebildet sind (Tafel 6 a).

»Pella, einst ein kleiner Ort, wurde von Philipp, welcher dort aufgezogen wurde, vergrößert. Es hat ein befestigtes Vorgebirge im Ludiassee. Der Abfluss dieses Sees ist der Ludias, und der See wird von einem Arm des Axios gespeist.« Ausgrabungen haben eine große Stadt mit Baugrundstücken von siebenundvierzig Metern im Quadrat zutage gefördert, die von neun und sechs Meter breiten Straßen begrenzt wurden. Es gab zwei gepflasterte Straßen mit Bürgersteigen, die vom Hafen zu einer fünfzehn Meter breiten Hauptstraße im Zentrum führten. Die meisten Häuser hatten einen oder zwei Innenhöfe, die von einem Säulengang umgeben waren. Der Hafen von Pella ist der erste in der Literatur erwähnte Flusshafen. Der Kanal, der vom Axios zum Seebecken führte, und der Ausflusskanal müssen mit künstlich angelegten Ufern und Schleusen instandgehalten worden sein. Einige Überreste des Palastes sind in die Herrschaftszeit Philipps zu datieren. Den Eingang des auf einer Grundfläche von sechzigtausend Quadratmetern errichteten Gebäudes bildete ein monumentales Propylon. Die Stadt war mit einer Umfassungsmauer aus Ziegeln befestigt, die auf einem steinernen Fundament ruhte. Philipp ermutigte die makedonischen Städte zum Bau derartiger Mauern. In seinem vergrößerten Königreich und in Thrakien plante er viele neue Städte, und Alexander gründete, wie erwähnt, eine Stadt im Strymontal.

Auch der Bau von Tempeln wurde von Philipp gefördert. In Pella gab es in der Nähe der Agora einen kleinen Tempel für Aphrodite und Kybele und einen mit einem Sanatorium verbundenen Tempel für Darron, einen einheimischen Gott der Heilkunst. Eine kreisförmige Grube, wie sie sich ähnlich im Heiligtum der Kabiren auf Samothrake findet, stand im Zusammenhang mit Fruchtbarkeitskulten und Lokalgottheiten. Ferner wurden Artemis, Pluton und Athene als Beschützerin des Viehs verehrt. Aber die Bevölkerung von Pella hielt wie die Bewohner Dions nicht nur die Gottheiten des griechischen Pantheons in Ehren, sondern auch zahlreiche andere aus der Vielzahl der Götter, die von den Völkern des erweiterten Reichs angebetet wurden.

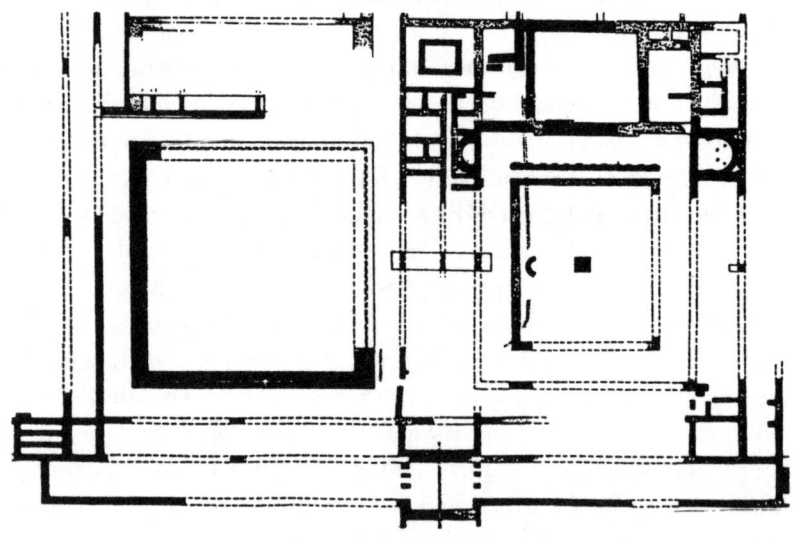

6. *Der Palast von Philipp und Alexander in Pella*

Wegweisend war Makedonien beim Bau von Grabmälern. Die Linie der Entwicklung verläuft deutlich erkennbar vom Kistengrab des Amyntas III. (um 370) über ein größeres Kistengrab mit zwei Kammern, das in der Nähe von Katerini gefunden wurde, zu dem sehr großen, von einem Gewölbe überspannten Zweikammergrab der Eurydike, das mit einer Umfassung von parallel verlaufenden Mauern versehen ist, die das Gewicht des Erdhügels mittragen sollte. Das Gewölbegrab Philipps kam ohne diese Umfassung aus, sodass die schöne Fassade mit dem Fresko der königlichen Jagd gestaltet werden konnte. Die Hinzufügung einer klassischen Fassade zu einem funktionalen Gebäude anderer Form und die Errichtung einer Gewölbekrypta zu Ehren einer Gottheit oder eines toten Helden haben in der europäischen Architektur eine lange und ruhmreiche Geschichte.

Schließlich ist durch Ausgrabungen belegt, dass sich die makedonischen Handwerker in der Herstellung von Waffen und Rüstungen, ob aus Eisen oder Bronze, auszeichneten. Der Harnisch Philipps und sein Helm waren aus Eisen wie die, die Alexander vor der Schlacht von Gaugamela anlegte – »glänzend wie poliertes Silber« (offensichtlich eine Art Flussstahl). Philipp und seine Königin waren für das Leben nach dem Tod mit einer Vielzahl von Waffen (Lanze, Speer, Wurfspieß, Schwert, Bogen, Pfeile und goldener Köcher) und mit schöner Rüstung (Beinschienen mit Goldgravur sowie eine Halsberge aus vergoldetem Eisen) ausgestattet. Makedonische Waffenschmiede waren es, welche die Armee Alexanders in Asien mit den Waffen und Rüstungen versorgten, die beim Vormarsch bis zum Hyphasis im heutigen Pakistan eine bedeutende Rolle spielten.

Die Überquerung des Hellespont und der erste Sieg

Vorbereitungen auf den Asienzug

Alexander traf Vorkehrungen für eine lange Abwesenheit. Seinen alten Freund Antipatros ernannte er zum »bevollmächtigten General«, der in Makedonien und Griechenland als sein Stellvertreter fungieren sollte. Er besaß in Makedonien die militärische Befehlsgewalt *(hegemonia)* über 12 000 Phalanxsoldaten und 1000 Getreue der Männer des Königs, 500 leichtbewaffnete Reiter und einige leichtbewaffnete Fußsoldaten. Im Bedarfsfall konnte er darüber hinaus die Milizen der Städte einberufen. Daneben war er amtierender Leiter der Pagenschule; ihm unterstanden die Staatsfinanzen für die Zwecke des Heeres und der Flotte, und als makedonischem Kommandeur unterstanden ihm »Triballer, Agrianen, Illyrer« (was die Dardaner einschloss) sowie »Epeiros bis hin zu den Keraunischen Bergen«. Im Korinthischen Bund übte er als stellvertretender Hegemon die in der Vereinbarung zwischen dem Bundesrat und Alexander festgelegten Befugnisse aus. Damit war er Oberbefehlshaber der Sicherheitskräfte sowie aller sonstigen Truppen zu Lande und zu Wasser, die vom Korinthischen Bund ausgehoben wurden, und hatte das Recht, seine eigenen Stellvertreter in Befehlsstellungen zu ernennen.

Von größter Bedeutung waren die religiösen Aktivitäten des Königs sowohl als Staatsoberhaupt als auch als Repräsentant des temenidischen Königshauses. Dazu gehörten tägliche Opfer, Prozessionen, Festspiele und dergleichen mehr. Ferner musste das amtierende Oberhaupt der Königsfamilie die königlichen Güter verwalten und die Finanzen des Königshauses in Ordnung halten, also etwa Steuern eintreiben und die alltäglichen Ausgaben erledigen. Auch einige Abteilungen der städtischen Verwaltung wurden vom König geleitet. Die

Verantwortung für all diese Dinge hatte in Abwesenheit des Königs der Inhaber eines Amtes, das die Bezeichnung »Stütze der Monarchie« (*prostasia tes basileias*) trug und bei den Makedonen in höchsten Ehren stand. Alexander überließ es seiner Mutter Olympias, von der bekannt ist, dass sie während seiner Abwesenheit »Opfer veranstaltete« (*prothyetai*); sie war bewandert in den traditionellen Opfern der Argeaden (des königlichen Stammes) sowie in denen, die dem Dionysos dargebracht wurden.

In manchen Angelegenheiten, beispielsweise bei Verhandlungen mit Athen, bei denen es um die Festnahme eines Deserteurs ging, sollten Antipatros und Olympias zusammenwirken. Doch im Allgemeinen waren ihre Kompetenzen klar voneinander abgegrenzt. Gleichwohl war es wahrscheinlich, dass es zwischen diesen beiden starken Charakteren zu Reibereien kommen würde. In diesem Fall würde Alexander entscheiden müssen. Es scheint unwahrscheinlich, dass Antipatros befugt war, eine Versammlung der unter seinem Befehl stehenden Männer des Königs abzuhalten und sie als Staatsversammlung zu behandeln. Es war vielmehr so, dass der makedonische Staat dort agierte, wo sich der König und die Männer des Königs aufhielten, und im Frühjahr 334 war klar, dass sie mehrere Jahre in Asien verbringen würden.

Alles in allem waren die Vorkehrungen, die Alexander für Makedonien traf, klug. Hervorzuheben ist, dass der militärische Oberbefehl über Thrakien nicht Antipatros anvertraut wurde, sondern einem besonderen »General von Thrakien«, der unmittelbar Alexander verantwortlich war und dafür zu sorgen hatte, dass die lebenswichtigen Verbindungswege vom Hellespont zur Ostgrenze des Reichs am Nestos offen blieben. Auf diesen verantwortungsvollen Posten berief der König Alexander Lynkestes, der ihm als Erster als König zugejubelt hatte.

Die nahe liegende Kritik an Alexanders Vorkehrungen lautete, dass dreizehntausend Mann, gemessen an den zu erfüllenden Aufgaben, eine winzige Streitmacht seien. Ebenso gut hätte man jedoch auch den Versuch, mit dreizehntausendachthundert Männern des Königs Asien zu erobern, als absurd bezeichnen können. Alexander muss die Risiken auf beiden Seiten sorgfältig abgewogen haben. Offensichtlich verließ er sich darauf, dass die makedonische Herrschaft von den Balkanvölkern akzeptiert wurde und die Balkantruppen, die er 334 und später nach Asien mitnahm, loyal sein würden. Ebenso muss er damit gerechnet haben, dass die Mehrheit der Stadtstaaten, insbesondere Athen, während seiner Abwesenheit die Satzung des Korinthischen Bundes einhalten würden und dass die Flotte und die Soldaten, die ihn 334 begleiteten, bemüht sein würden, die griechischen Stadtstaaten von der persischen Herrschaft zu befreien und für Übergriffe der Vergangenheit an Persien Rache zu nehmen.

Zu Beginn des Frühlings 334 versammelten sich die makedonischen Truppen (1800 Getreue, 12000 Phalanxsoldaten und einige Leichtbewaffnete) und die Balkankontingente (Illyrer, Triballer, Agrianen und Odrysen, insgesamt 7500 Mann) in Amphaxitis. Von dort marschierten sie durch das Kumlital vorbei am Kerkinitissee nach Amphipolis, wo sie auf Parmenion trafen, der 2300 Reiter und 7000 Hopliten des Korinthischen Bundes sowie 5000 griechische Söldner befehligte. Somit betrug die Gesamtzahl der Kampftruppen 5100 Reiter und 32000 Fußsoldaten, von denen die vom makedonischen Königreich gestellten deutlich weniger als die Hälfte ausmachten. Hinzu kamen verschiedene technische Einheiten. Der Marsch von Amphaxitis nach Sestos am Hellespont über rund fünfhundertsechzig Kilometer dauerte zwanzig Tage, sodass die tägliche Marschleistung bei drei Ruhetagen ungefähr dreißig Kilometer betrug.

Die Flotten trafen sich in Amphipolis. Die makedonische Flotte bestand aus 22 Dreiruderern (mit jeweils drei Ruderreihen) und 38 kleineren Kriegsschiffen (darunter Fünfzigruderer, siehe Abb. 7), die eine Besatzung von insgesamt vielleicht 6000 Mann hatten. Die Flotte des Korinthischen Bundes zählte 160 Dreiruderer mit etwa 32000 Mann Besatzung. Neben den Kriegsschiffen gab es Handelsschiffe, die Ausrüstung und Vorräte beförderten (letztere reichten nur für einen Monat). Die gesamte Streitmacht umfasste schätzungsweise 90000 Mann. Mindestens die Hälfte von ihnen kam aus dem Korinthischen Bund und aus Zentren der Söldneranwerbung in Griechenland; höchstens ein Viertel stammte aus Makedonien. Aber sie alle standen unter dem Oberbefehl Alexanders als König und Hegemon, der auch die Befehlshaber der einzelnen Kontingente und Flottillen ernannte.

Über die finanziellen Verpflichtungen ist nur wenig bekannt. Die Männer des Königs müssen während der langen Feldzüge Philipps einen Sold erhalten haben; ebenso dürfte es sich bei den nun bevorstehenden Operationen verhalten haben. Die Höhe des Soldes betrug vielleicht eine Drachme pro Tag für einen Fußsoldaten in vorderster Linie, wie es bei den Sicherheitskräften der Fall war (siehe Tod, Nr. 183), und drei Drachmen pro Tag für einen Reiter. Ein griechischer Hoplit bekam wahrscheinlich fünf Oboloi (sechs Oboloi waren eine Drachme); ein griechischer Reiter erhielt zwei Drachmen und drei Oboloi täglich. Wie viel die griechischen Söldner bekamen, ist nicht bekannt. Zusätzlich erhielten Soldaten und Schiffsbesatzungen Grundrationen, die dort, wo es einen Markt gab, durch private Einkäufe ergänzt werden konnten. Die finanziellen Verpflichtungen waren zwischen Makedonien und dem Korinthischen Bund aufgeteilt. Alexander sorgte für Sold und Unterhalt der makedonischen und balkanischen Soldaten sowie für die Besatzungen der makedonischen Flotte. Er stellte auch ihre Ausrüstung und die Waffen, aber die Getreuen brachten eigene Pferde und wahrscheinlich auch Diener mit.

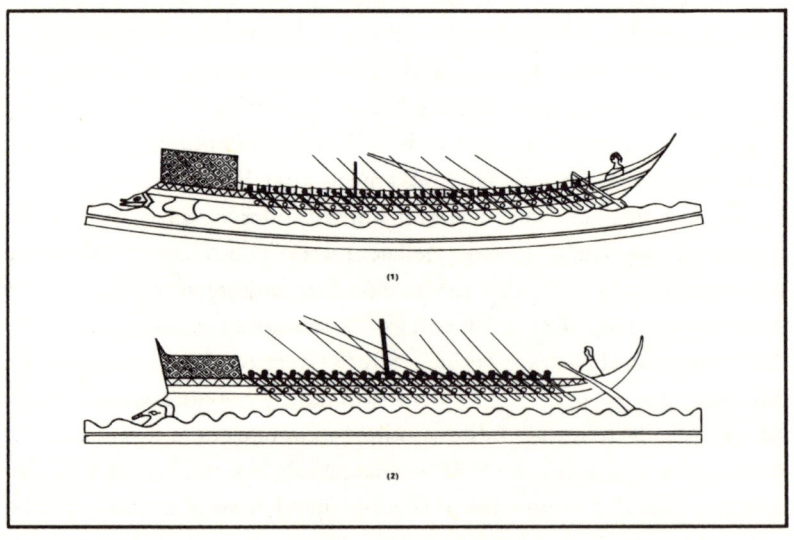

7. *Der Fünfzigruderer*

Von den Mitgliedstaaten des Korinthischen Bundes entsandte Schiffe und Truppen wurden von diesen bemannt (siehe Tod, Nr. 192) beziehungsweise ausgerüstet. Im Feld war offenbar Alexander der Zahlmeister, der über Mittel aus Makedonien und Griechenland verfügte. Nach den Angaben von Aristobulos standen ihm nur siebzig Talente für Lebensmittel zur Verfügung, als er nach Sestos marschierte, und im Sommer war der Mangel an Mitteln einer der Gründe dafür, dass er die griechische Flotte auflöste.

Die Überquerung des Hellespont

Mit der Überquerung des Hellespont verbanden sich vielfältige religiöse Assoziationen. Die Vorfahren Alexanders, väterlicherseits Herakles und mütterlicherseits Achilles, hatten bei verschiedenen Feldzügen gegen Troja gekämpft, und die Achaier – die Vorfahren der Griechen in Alexanders Armee – hatten die Stadt, wie von Homer besungen, belagert und erobert. Als das Heer Sestos erreichte, wurde Alexander durch den Anblick Asiens »von unglaublicher Begeisterung ergriffen«. In Sestos errichtete er zwölf Altäre, die den zwölf olympischen Göttern geweiht wurden, und brachte Opfer für den Sieg im bevorstehenden Krieg dar, den er als Rächer für persische Untaten führte. Die Perser hatten lange genug regiert; bessere Herrscher würden an ihre Stelle treten. Dieser Bericht stammt letztlich von Kleitarchos, dessen Interesse vorwiegend dem griechischen Anteil an der Expedition galt. Nach dem Opfer erhielt Parmenion den Befehl, alle nichtmakedonischen Truppen mit der griechischen Flotte und einigen Handelsschiffen von Sestos nach Abydos zu bringen.

Alexander marschierte mit seinen Makedonen nach Elaios an der Spitze der Halbinsel. Dort opferte er am Grab des Protesilaos, der »als allererster ans Ufer gesprungen« war, aber von einem Trojaner getötet wurde. Alexander hoffte, dass seiner Landung ein größerer Erfolg beschieden sein würde. Danach schiffte er sich mit seinen Männer auf den sechzig Kriegsschiffen der makedonischen Flotte ein und segelte zum »Hafen der Achaier«. Als er den Hellespont zur Hälfte überquert

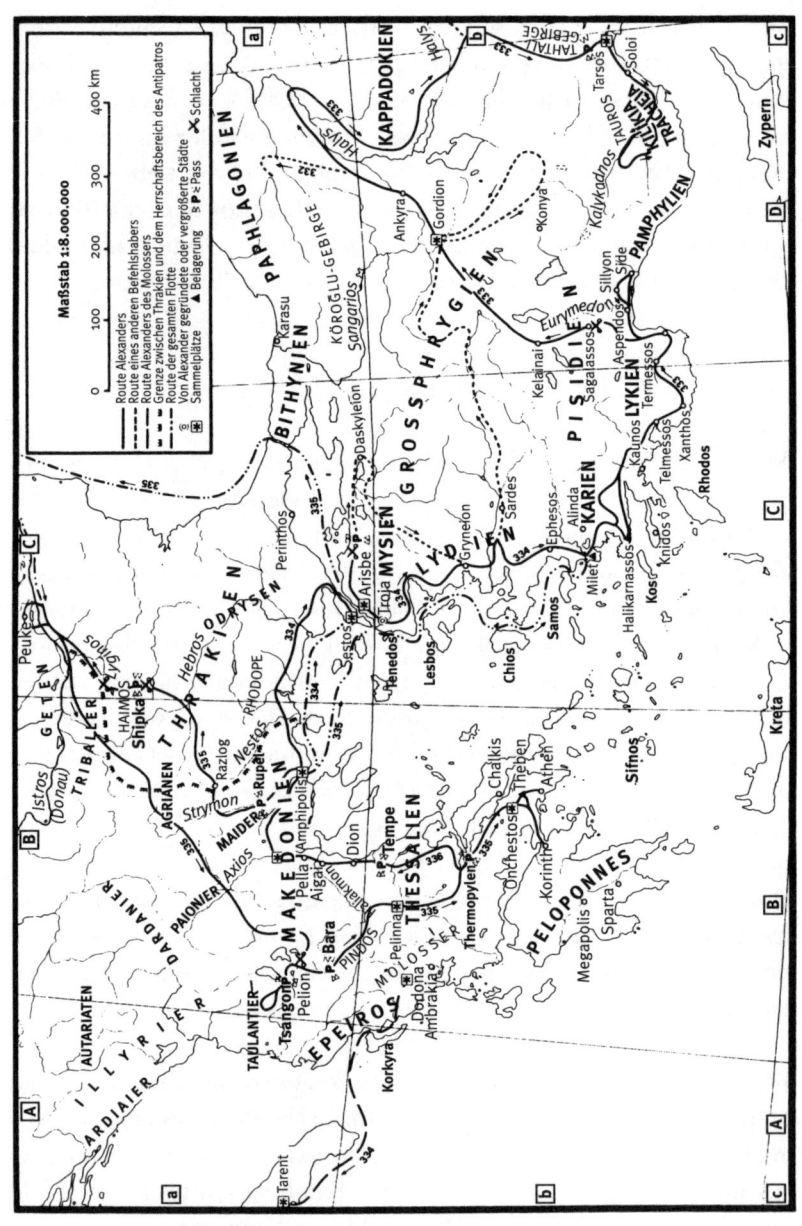

8. *Die Bewegungen von Alexanders Truppen*
in den Jahren 336 bis 333 v. Chr.

102

hatte, opferte er einen Stier und brachte aus einem goldenen Pokal Poseidon und den Nereiden Trankopfer dar. Bei seiner Ankunft war Alexander der Erste, der seinen Speer in den Boden schleuderte, worauf er mit den Worten an Land sprang: »Von den Göttern nehme ich das speergewonnene Asien entgegen.« Anschließend opferte er und betete, »diese Länder möchten ihn als ihren König nicht widerwillig annehmen«. Für seine wohlbehaltene Landung errichtete er sowohl in Elaios als auch im Hafen der Achaier Altäre zu Ehren des Zeus der Landungen, der Athene und des Herakles. Diese Berichte stammen von Ptolemaios, Aristobulos und anderen Autoren wie Kallisthenes und Onesikritos, die Alexander damals begleitet hatten.

Die Zeremonien in Sestos, während der Überfahrt von Elaios und nach der Landung lassen erkennen, welche Ziele Alexander in diesem Krieg verfolgte. Als Hegemon der Griechen wollte er Rache für persische Untaten nehmen, die Griechen in Asien von persischer Herrschaft befreien und ein besseres Regime errichten. Diese beschränkten Ziele hatte der Korinthische Bund schon zu Philipps Zeiten aufgestellt. Damals war nicht die Rede davon gewesen, dass Asien erobert und die befreiten Griechen in den Bund eingegliedert werden sollten. Doch Alexander verfolgte eigene Ziele: Er wollte König von Asien werden, das er von den Göttern entgegennahm und mit dem Speer zu gewinnen trachtete. Ihm ging es nicht nur darum, die persische Herrschaft zu stürzen und den Untertanen Persiens ein besseres Regime zu geben, sondern darum, Asien – den Kontinent, der im Osten vom Ozean begrenzt wurde – als sein eigenes Königreich zu gewinnen. Vom Augenblick der Landung an war Asien sein, und er betete darum, von den Asiaten als König akzeptiert zu werden. Denn das war der Wille der Götter.

Für Alexander berichtet seine geliebte *Ilias* von historischen Gestalten und Taten. So legte er einen Kranz auf das Grab des Achilles, und Hephaistion legte einen auf das des Patroklos, denn Hephaistion war Alexanders »vertrauter Freund«, genau wie Patroklos der vertraute Freund des Achill gewesen war. Sie und die anderen Getreuen veranstalteten dann nackt, wie es üblich war, einen Wettlauf zu Ehren des Achilles. Auf seinem Weg landeinwärts, vom Grab des Achilles nach Troja, opferte Alexander der trojanischen Athene, weihte seine Rüstung in ihrem Tempel und nahm aus ihm einige der Schilde mit, die noch aus dem Trojanischen Krieg erhalten geblieben waren. Er büßte für das Sakrileg, das sein Vorfahr Neoptolemos, der Sohn Achills, begangen hatte, als er Priamos, den König von Troja, am Altar des Zeus Herkeios (des hausbeschützenden Zeus) getötet hatte, indem er dort dem Priamos opferte und betete, dieser möge seinen Zorn nicht an den Nachkommen des Neoptolemos auslassen. Für Alexander war es offensichtlich wichtig, die trojanische Athene als Kriegsgöttin und den mächtigen Geist des Priamos auf seiner Seite zu haben. Wie es hieß, hielt er viel auf seine über Olympias verlaufende Verbindung zu Andromache, einer Enkelin des Priamos, die dem Neoptolemos einen Sohn gebar, Molossos, nach dem das molossische Königshaus benannt wurde. Darin äußerte sich Alexanders tiefer Glaube an seine Abstammung, an die Macht der Götter, wo immer sich ihre Schreine befinden mochten, und an die Macht, die ein König noch Jahrhunderte nach seinem Tod ausübte.

Ein unbekannter Künstler hat den Augenblick dargestellt, in dem Alexander seine Lanze (*sarissa*) in den Boden Asiens stieß. Das Gemälde, die Kopie eines hellenistischen Originals (Tafel 7), ist in Boscoreale unter der Lava des Vesuvs erhalten geblieben. Alexander ist als junger Mann dargestellt, der die traditionelle Mütze (*kausia*) trägt. Neben ihm sieht man einen makedonischen Schild mit einem Stern in der Mitte. Er steht am Hellespont und schaut mit durchdingendem Blick zum anderen Ufer hinüber, von wo ihm die Personifikation Asiens mit einwilligender Miene entgegenblickt. Aus der Ferne – von der linken Bildhälfte – verfolgt Aristoteles das Geschehen.

Die Schlacht am Granikos

Von Troja aus kehrte Alexander zur Hauptarmee zurück und ließ sie antreten und durchzählen. In den *Tagebüchern* wurde zwar eine Eintragung vorgenommen, aber man gab unterschiedliche Zahlen an, um den Feind zu täuschen. Der größte Teil der Angaben darüber stammt über Diodor von Ptolemaios. Alexander hatte unbehelligt übersetzen können, weil die von Philipp entsandte Vorhut die asiatische Küste des Hellespont kontrollierte und die persische Flotte noch nicht in die Ägäis eingelaufen war. Während der vorangegangenen anderthalb Jahre hatten Alexander und der Korinthische Bund die von den Persern unter Memnon zurückgedrängte Vorhut nicht verstärkt. In den griechischen Städten gab es Parteigänger beider Seiten. Parmenion versklavte die Bevölkerung von Gryneion, einer Stadt im Süden, die sich offensichtlich Memnon angeschlossen hatte, aber es gelang ihm nicht, Pitane durch Belagerung einzunehmen. An dieser Front erreichten die persischen Truppen Rhoiteion in der Troas. Im Norden konnten Memnon und seine Offiziere, indem sie makedonische Mützen aufsetzten, die Einwohner von Kyzikos beinah dazu bringen, ihre Stadttore zu öffnen. Als die List misslang, ließ Memnon ihr Land von fünftausend griechischen Söldnern verwüsten. Alexander traf gerade noch rechtzeitig ein, um die unter dem Oberbefehl von Kalas stehende Besatzungsmacht aus Makedonen, griechischen Söldnern und wahrscheinlich auch Truppen von Mitgliedern des Korinthischen Bundes zu retten.

Wie erwähnt, brauchte Alexander einen raschen Sieg, um an Lebensmittel zu kommen. Wahrscheinlich erkannte Memnon das, denn er befürwortete eine Strategie der verbrannten Erde. Doch die persischen Satrapen weigerten sich, ihre Länder zu opfern, und zogen ihre Truppen in der Nähe von Zeleia östlich von Abydos im Landesinnern zusammen. Ihre Absicht war es, entweder die Basis Alexanders in Abydos anzugreifen, falls er nach Süden vorrücken sollte, oder ihn nach Osten zu locken und sich ihm dort entgegenzustellen. Am Ostufer des Granikos richteten sie sich in einer starken Verteidigungsposition ein, indem sie ihre ausgezeichnete, zwanzigtausend Mann starke Reiterei auf dem ebenen Gelände am Fluss und ihre zwanzigtausend griechischen Söldner zu Fuß auf den Bergen über der Ebene aufstellten. Das war eine Stellung, die sich nicht umgehen ließ. Sie blockierte den Zugang zu den »Asiatischen Toren«, einem engen Pass, über den eine Straße nach Osten führte.

Alexander handelte wie üblich rasch und beherzt. Drei Tage nach Abschluss der Landung rückte er in die Granikos-Ebene vor, und zwar nicht mit seiner gesamten Armee, sondern nur mit den makedonischen Truppen, den Agrianen und der griechischen Reiterei. Es waren etwa dreizehntausend Fußsoldaten und fünftausendeinhundert Reiter. Von Kalas dürfte Alexander die Stärke der persischen Armee erfahren haben, und er war sich sicher, dass seine Elitetruppen den zahlenmäßig überlegenen Feind besiegen konnten. Es war nach der Mittagsstunde, als seine Späher über die persische Stellung auf der anderen Seite des Flusses Meldung erstatteten. Alexander machte Halt, um sich mit seinen Befehlshabern zu beratschlagen. Eine Schilderung der Diskussion blieb in den von Ptolemaios benutzten *Tagebüchern* erhalten, und diesem verdanken wir wahrscheinlich eine Zusammenfassung von Parmenions Ratschlägen. Parmenion war gegen einen Frontalangriff (wie ihn Alexander vermutlich vorgeschlagen hatte), weil der Fluss tief und das jenseitige Ufer steil und hoch war und weil die Truppen, denen es gelänge, sich auf das ebene Gelände vorzukämpfen, von der Übermacht der feindlichen Reiterei erdrückt werden würden. Er schlug vor, an Ort und Stelle zu lagern und am nächsten Tag zu entscheiden, wie die Überquerung bewerkstelligt werden sollte. Alexanders Antwort lautete: »Ich schäme mich, wo ich den Hellespont mühelos überschritten habe, bei dem Gedanken, dass uns dieser elende Bach dort hindern soll, hinüberzugehen.« Dann gab er seine Befehle, wobei er die Entwicklung der Schlacht berücksichtigen und taktische Bewegungen einbeziehen musste, denn er selbst würde als »kampfesgewaltiger Streiter« in den Kampf verwickelt sein.

Alexander stellte seine Truppen für den Frontalangriff folgendermaßen auf: Auf der Linken, die von Parmenion befehligt wurde, waren die Einheiten von links nach rechts die griechische Reiterei (1800 Thessalier und 600 Mann aus anderen Staaten), eine Schwadron thrakischer Reiterei (150) und drei Brigaden Phalanxsoldaten (4500). Auf der Rechten, die Alexander befehligte, waren die Einheiten von rechts nach links die Agrianen (500), die Bogenschützen (500), die Getreuenreiterei (1800), eine Schwadron paionischer Reiter (150), die Lanzenträger (600), die Hypaspisten (3000) sowie drei Brigaden Phalanxsoldaten (4500). Während die Zahl der Reiter auf beiden Seiten gleich war, war das Fußvolk auf dem rechten Flügel zahlreicher, und Bogenschützen und Agrianen bildeten eine Erweiterung auf der äußersten Rechten. Wenn die Reiter zehn Pferde tief und die Fußsoldaten acht Mann tief antraten, wie es normalerweise geschah, dann betrug die Länge der Front etwa zweieinhalb Kilometer. Sie entsprach der Länge der persischen Reiterfront mit einer Tiefe von etwa sechzehn Pferden, von denen die hinteren Reihen in dem ebenen Gelände über reichlich Raum zum Manövrieren verfügten.

Die persischen Fußtruppen blieben in der eingenommenen Stellung, über die man Alexander informiert hatte. Wären die makedonischen Fußsoldaten wie griechische Söldner mit sieben Fuß langen Speeren bewaffnet gewesen, hätten sie keine Chance gehabt, sich im Geschosshagel der persischen Reiterei und gegen das Gewicht der Pferde die Uferböschung hinaufzukämpfen. Doch die Reichweite der makedonischen Stoßlanze betrug zwölf Fuß, sodass ein Lanzenträger einem Pferd oder seinem Reiter von unten einen Stoß mit tödlicher Wirkung versetzen konnte, zumal er im Kampf nicht mehr so leicht von Geschossen getroffen werden konnte. Ferner zählte Alexander darauf, dass seine Fußsoldaten die gegnerische Reiterei binden würden, während er durch die Massierung seiner Reiterei an einem Punkt und die Verlängerung der Front auf der Rechten zwecks Umfassung der feindlichen Flanke einen Durchbruch versuchte. Er griff sofort an, um die Torheit der persischen Befehlshaber, die ihre griechischen Söldner immobilisiert hatten, auszunutzen.

Alexander war mit den weißen Federn, die er am Helm trug, an der Spitze der Königlichen Reiterei leicht auszumachen, und die persischen Befehlshaber zogen ihm mit ihrer besten Reiterei entgegen. Auf Befehl Alexanders bliesen die Trompeten, und die Armee stieg ins Flussbett hinunter. Den ersten Angriff führten links von Alexanders Stellung eine Schwadron der Getreuenreiterei, die paionischen Reiter, die Lanzenträger und die Königliche Brigade der Hypaspisten. Während der Angriff die gegnerische Reiterei band, griff Alexander nicht an, sondern verlängerte auf seiner Seite des Flussbetts den rechten Flügel seiner Linie, sodass Bogenschützen und Agrianen die gegnerische Flanke umfassten. Inzwischen wurde die Schwadron der Getreuenreiterei zurückgedrängt. In diesem Augenblick befahl Alexander den allgemeinen Angriff. An der Spitze der Königlichen Reiterschwadron stürzte er sich in die Gruppe der Feinde, welche die geschwächte Schwadron zurückgetrieben hatte.

In wilden Kämpfen Mann gegen Mann behielten Alexander und

die Seinen »dank ihrer Kraft und Kampferfahrung, aber auch deshalb, weil sie mit ihren Stoßlanzen aus Kornelkirschholz gegen Wurfspieße kämpften«, die Oberhand. Alexanders Lanze war zerbrochen; ebenso die seines Dieners. Deshalb gab Demaratos ihm seine eigene. Alexanders Truppe befand sich auf der Kuppe der Uferböschung, aber nicht in Formation, als ein Keil feindlicher Reiter unter der Führung des Mithridates angriff. Alexander ritt voraus, schlug Mithridates ins Gesicht und stieß ihn vom Pferd. In diesem Augenblick schlug Rhoisakes zu und zerschmetterte mit seinem Krummsäbel einen Teil von Alexanders Helm. Als Alexander dem Angreifer die Lanze in die Brust stieß, hob Spithridates den Krummsäbel, um den makedonischen König zu töten, doch Kleitos hackte ihm den Arm ab.

Die Perser verloren jetzt auf der ganzen Linie an Boden. Auf dem rechten Flügel griffen Bogenschützen und Agrianen die Reiter auf der Flanke an, mischten sich unter ihre eigene Reiterei und rollten den linken Flügel des Feindes auf, während die Schwadronen der Getreuenreiterei sich auf die Uferböschung hinaufkämpften. Links von Alexander setzten Hypaspisten und Phalanxsoldaten mit Erfolg ihre Lanzen ein. »Als aber das persische Zentrum zu weichen begann, wurden auch ihre Abteilungen zu beiden Seiten der Reiterei durchbrochen, und alles wandte sich zur Flucht.«

Alexander ordnete seine Männer neu und umringte die Phalanx der zwanzigtausend griechischen Söldner zu Fuß, die stehen geblieben waren, »mehr aus Schreck über das unfassbare Geschehen als infolge eines festen Entschlusses«. Sie stellten eine bedrohliche Streitmacht dar, denn es waren erfahrene Kämpfer, und sie waren Alexanders Phalanxsoldaten zahlenmäßig weit überlegen. Als sie sich aber, ohne sich zu wehren, umzingeln ließen, hatten sie kaum noch Überlebenschancen. Die makedonische Phalanx würde einen Frontalangriff führen, und Kavallerie und Fußsoldaten würden ihre ungeschützten Flanken und ihre Nachhut angreifen. Nach Plutarch, der hier wahrscheinlich Aristobulos folgt, bat der Anführer der Söldner um Rückzugsbedingungen, die Alexander jedoch verweigerte, weil er wusste, dass sie dann erneut in persischen Diensten kämpfen würden. Statt dessen ritt er selbst an der Spitze seiner Truppen in den Angriff, »mehr in der Hitze des Zorns als mit Überlegung«, und sein Pferd wurde unter ihm durch einen Schwerthieb getötet. Doch das Ergebnis war dasselbe wie bei der Heiligen Schar in Chaironeia: Die Lanzenträger in Formation zerschlugen die griechische Phalanx. Die Kapitulation von zweitausend Mann wurde angenommen.

Die Niederlage der Perser war auf das militärische Genie Alexanders zurückzuführen. Das rasche Erfassen der taktischen Lage, die Zusammenfassung aller Waffengattungen in einem koordinierten Angriff und die geschickte Verbindung des ersten Angriffs mit der Ausdehnung seiner Linie nach rechts waren brillant. Die Geschwindigkeit, mit der er überlegte und handelte, ließ den persischen Kommandeuren keine Chance, ihre Streitkräfte umzugruppieren, und ermöglichte es ihm, die Reiterei und danach das Fußvolk getrennt zu besiegen. Die Reiterschlacht erregte Aufsehen, denn die persische Reiterei war eine Elitetruppe, die im fernen Baktrien rekrutiert worden war und unter Führung von Mitgliedern der Familie und der Umgebung des Dareios stand, die als »die Verwandten« (*syngeneis*) bezeichnet wurden. »Der Lohn der Tapferkeit« (*aristeia*) ging an Alexander persönlich. Der »kampfesgewaltige Streiter« muss den Eindruck gehabt haben, er sei gegen den Tod gefeit.

Die zweitausend griechischen Söldner wurden nach Makedonien geschickt, wo sie lebenslang in Ketten arbeiten mussten (kürzlich sind in Chalkidike angekettete Leichen gefunden worden), weil sie, »obgleich sie Griechen waren, den gemeinsamen Beschlüssen der Griechen zuwider gegen Griechenland gekämpft hatten«. Die in der Schlacht gefallenen griechischen Söldner und persischen Offiziere erhielten ein ehrenvolles Begräbnis. Die Verluste der persischen Reiterei wurden auf tausend Mann geschätzt, denn es hatte keine Verfolgung gegeben. Auf Seiten der Makedonen galten die fünfundzwanzig Gefallenen der Getreuenschwadron, die den Angriff angeführt hatte, als Helden. Alexander gab Lysippos den Auftrag, Bronzestatuen von ihnen anzufertigen, die in Dion neben den Standbildern der temenidischen Könige aufgestellt werden sollten. Von den anderen Reitern waren sechzig und von den Fußsoldaten etwa dreißig gefallen. Alle wurden mit Waffen und Ausrüstung begraben, und ihren Eltern und Kindern wurde »Abgabenfreiheit von ihren Bodenerzeugnissen und Erlass etwaiger anderer Verpflichtungen« gewährt. Die Verwundeten erhielten Besuch von Alexander, der sich die Berichte von ihren Taten anhörte und sich ihre Wunden ansah. Die Siegesbeute wurde für Alexander gesammelt. Dreihundert persische Rüstungen schickte er nach Athen, wo sie auf der Akropolis mit der Inschrift »Alexander, des Philipps Sohn, und die Griechen mit Ausnahme der Lakedaimonier von den Barbaren Asiens« Athene geweiht werden sollten. Ähnliche Weihen mögen in anderen Staaten vorgenommen worden sein, denn Alexander »wollte die Griechen zu Teilhabern des Sieges machen«, und das zu Recht, denn die griechische Reiterei hatte auf dem linken Flügel den Sieg errungen, und die griechische Flotte hatte den Einmarsch in Asien organisiert. Der Hauptteil der Beute, vor allem Trinkgefäße und purpurne Gewänder, wurde an Olympias gesandt.

Diese Darstellung stützt sich auf Arrian, der seinerseits auf Ptolemaios zurückgreift. Einen weniger genauen Bericht, den des Aristobulos, benutzte Plutarch, der die Zahl der Gefallenen mit fünfundzwanzig Reitern und neun Fußsoldaten angab, und es war offensichtlich Aristobulos, der Alexander kritisierte, weil er »in der Hitze des Zorns« handelte, und Verständnis für seinen Wunsch hatte, die Griechen zu Teilhabern des Sieges zu machen. Eine völlig andere Darstellung gibt Diodor, der Kleitarchos benutzte. Sie ist voller Vorzeichen, nennt gewaltige Zahlen (hunderttausend persische Fußsoldaten, zwanzigtausend Gefangene), spricht von einer Überquerung im Morgengrauen des Folgetages, getrennten Kämpfen Kavallerie gegen Kavallerie, dann Infanterie gegen Infanterie, und erklärt, durch Zufall sei Alexander gegen die »Verwandten« angetreten. Dieser Bericht ist ebenso wertlos wie Diodors Schilderung der Einnahme Thebens. Eine interessante Schlussfolgerung ist, dass Aristobulos seine Darstellung der makedonischen Verluste vor dem Bericht des Ptolemaios veröffentlicht haben muss, der auf den *Tagebüchern* beruhte und offensichtlich korrekt war.

Die Eroberung Kleinasiens

Alexanders Eroberungspolitik und der Vormarsch nach Ephesos

Die Moral der Satrapen war erschüttert. Ihr Führer Arsites beging Selbstmord, die anderen flohen in ihre jeweiligen Satrapien, die große persische Reitertruppe löste sich auf, und Parmenion besetzte Daskylion, die Hauptstadt des hellespontinischen Phrygien, ohne auf Widerstand zu stoßen, da die Besatzung der Stadt geflohen war. Die Schwäche des persischen Herrschaftssystems im Westteil des Reichs war offenkundig. Jeder Satrap regierte seine Satrapie mit allen Machtbefugnissen und stellte eigene Streitkräfte auf, die sich vorwiegend aus den einheimischen Aristokraten als Reitern und griechischen Söldnern als Fußsoldaten zusammensetzten. Wo man das Fußvolk aus Einheimischen rekrutierte, war es von schlechter Qualität und zögerte, für die tyrannische Herrschaft Persiens zu kämpfen. So konnten die Satrapen in griechischen Städten selten auf Griechen zurückgreifen und mussten stattdessen Garnisonen unterhalten, um die Herrschaft der von Persien eingesetzten Diktatoren oder Juntas zu stützen. Außerdem waren sich die Satrapen oft nicht einig. Der in Susa im heutigen Iran residierende Großkönig regierte aus der Ferne, indem er Familienmitglieder oder Vertraute als Satrapen einsetzte oder ablöste. Über die Lage in den Satrapien wurde er von Agenten informiert, die als Augen des Königs bezeichnet wurden. Doch die Kontrolle des Großkönigs war nicht sehr streng, und als er Memnon zum Oberkommandierenden seiner Truppen im Kampf gegen die Makedonen ernannte, war dieser nicht in der Lage, den Satrapen seinen Willen aufzuzwingen. Nach der Niederlage am Granikos erhielt Memnon von den Satrapen kaum Unterstützung, sodass er sich auf die Garnisonen in den griechischen Städten stützen musste, um den Vormarsch der Makedonen zu verlangsamen.

Alexander machte bereits in diesen frühen Tagen seine politischen Zielsetzungen deutlich. Sie beinhalteten nicht das, was Isokrates und Aristoteles angeraten hatten, nämlich die Unterwerfung der Barbaren als Sklaven für ihre griechischen und makedonischen Herren. Als selbst ernannter König von Asien betrachtete er das Land als seinen Besitz und die Völker Asiens, ob Griechen oder Einheimische, als seine Untertanen. Er wollte die tyrannische Herrschaft der Perser stürzen und seine eigene Herrschaft errichten, unter der die einheimischen Völker geachtet und anständig behandelt werden würden. Als er nach der Landung seine Armee inspizierte, verbot er daher Plünderungen und Verwüstungen, denn »sein Eigentum sollte schonend behandelt werden«, und als Gebirgsbewohner in der Erwartung, versklavt zu werden, zu ihm kamen und sich ergaben, forderte er sie auf, »zu ihren Wohnsitzen zurückzukehren«. Die griechische Stadt Zeleia hatte als persischer Stützpunkt gedient, doch nach ihrer Eroberung sah Alexander davon ab, die Einwohner zur Strafe zu Sklaven zu machen, wie es Parmenion in Gryneion getan hatte. Er verzieh ihnen, weil »sie nur unter Zwang zusammen mit den Barbaren gegen ihn gekämpft hatten«. Den persischen Offizieren, die so nahe daran gewesen waren, ihn zu töten, bezeugte er Respekt, indem er den Gefallenen ein ehrenvolles Begräbnis zuteil werden ließ und alle persischen Reiter, die sich ihm anschließen wollten, in seine Dienste nahm. Unmittelbar nach der Schlacht brachte er der trojanischen Athene Weihegeschenke dar und erklärte Troja zur freien Stadt, womit sie von Tributzahlungen befreit war, denn die asiatische Göttin hatte ihn angenommen und unterstützt. Es hieß sogar, einer seiner Schilde, den er aus ihrem Tempel mitgenommen hatte, habe ihm im Nahkampf am Granikos das Leben gerettet.

Ebenso klug war sein Verhalten gegenüber der lydischen Satrapenhauptstadt Sardes. Dort »kamen zu ihm Mithrines, der Kommandant der Burg von Sardes, und die hervorragendsten Bürger, um die Stadt zu übergeben, während Mithrines die Burg und die Gelder auslieferte. ... Mithrines behielt er ehrenhalber in seinem Gefolge. Den Bürgern von Sardes und den übrigen Lydern erlaubte er, weiter nach den alten Bräuchen ihres Volkes zu leben, und gab allen die Freiheit« – die darin bestand, dass sie sich auf ihre Weise selbst regieren durften. Das Satrapensystem und die Tributzahlung, an welche die Asiaten gewöhnt waren, behielt er bei. Zum Satrapen des hellespontinischen Phrygien ernannte er den Makedonen Kalas. In Lydien und später auch an anderen Orten führte er eine wichtige Reform durch, indem er Pausanias mit der Führung einer Garnison von argivischen Truppen in Sardes betraute, Nikias die Aufgabe anvertraute, den Tribut festzusetzen und einzuziehen, und Asandros, »einstweilen« mit einigen Soldaten, die Verwaltung übertrug. Alle drei waren unmittelbar Alexander rechenschaftspflichtig. Ihre Namen werden von Arrian genannt. Die Trennung von Militär, Finanzen und Verwaltung sollte Rom erst in der Zeit des Augustus in Asien ergreifen. Eine weitere Neuerung, die zu diesem Zeitpunkt oder wenig später in Lydien eingeführt wurde, war die Ausbildung junger Lyder für den Dienst in den Streitkräften des Königs. Vier Jahre später schlossen sich dann lydische Einheiten der kämpfenden Truppe an.

Die Befreiung der griechischen Städte war das Werk einer Reihe von Sondereinheiten, die Alexander unter dem Kommando makedonischer Heerführer entsandte. Mit dem Rest der Armee marschierte er von Sardes nach Ephesos, wo er vier Tage später eintraf, die persienfreundliche Oligarchie stürzte, die Verbannten in die Stadt zurückbrachte und eine Demokratie errichtete. Er selbst hatte das Glück, keine politische Ideologie zu haben. Als jedoch die Demokraten begannen, ihre politischen Gegner umzubringen, machte Alexander dem ein Ende, da er »einsah, dass das Volk mit den Schuldigen auch manche Unschuldige, die einen aus Feindschaft, die anderen beim Plündern ihres Besitzes, umbringen würde, wenn er ihm freie Hand ließe«. Dass er gegen die Auswüchse des Parteienstreits (*stasis*) vorging, trug ihm damals viel Lob ein. Dieses Verhalten sollte für seinen ganzen Umgang mit griechischen Stadtstaaten charakteristisch sein.

Nach seinem Einschreiten in Ephesos erließ er den Befehl, alle befreiten griechischen Städte sollten die Oligarchie durch die Demokratie ersetzen, aber eine Amnestie aussprechen und ihre eigene Jurisdiktion wiederherstellen. Er befasste sich mit den griechischen Städten persönlich, und nicht über den örtlichen Satrapen, und gewährte ihnen im Königreich Asien einen bevorzugten Status, indem er ihnen die

Tributzahlungen erließ. Aber sie blieben der Oberhoheit des Königs unterworfen, und er verlangte zur Fortsetzung des Krieges einen finanziellen Beitrag (*syntaxis*) von ihnen. Nur von Ephesos forderte er keinen Beitrag, sondern die Zahlung des üblichen persischen Tributs an den Artemistempel, vielleicht aus Dankbarkeit dafür, dass dort eine Statue Philipps aufgestellt worden war. Sein Bemühen, die Gunst der griechischen Gottheiten zu gewinnen, war auch in Sardes erkennbar, wo er einen Zeustempel bauen wollte und ihm durch ein heftiges Gewitter von den Göttern offenbart wurde, wo er errichtet werden sollte. Während seine Politik in den befreiten Gebieten umgesetzt wurde, blieb Alexander in Ephesos, brachte Artemis ein Opfer dar und veranstaltete eine prächtige Prozession, bei der die Armee in Waffen wie zu einer Schlacht aufmarschierte. Er hatte allen Grund, den Göttern zu danken, denn seine Sorgen im Hinblick auf Finanzen und Lebensmittel gehörten der Vergangenheit an. Er beherrschte jetzt mehr als zwei Drittel der kleinasiatischen Westküste und hatte seinen neuen Untertanen seine Politik als König von Asien öffentlich kundgetan.

Die Ausschaltung der persischen Flotte und die Belagerung von Halikarnassos

Noch in Ephesos muss Alexander erfahren haben, dass eine persische Flotte dabei war, in die Gewässer der Ägäis einzulaufen. Das bedeutete, dass er vor demselben Problem stehen würde wie Agesilaos, der König von Sparta, im Jahr 396. Die Fehler des Agesilaos, die Xenophon in seinen *Hellenika* offen gelegt hatte, hatte er allerdings vermieden. Denn Agesilaos hatte die »befreiten« griechischen Städte mit übermäßigen Forderungen belastet, die einheimischen Völker als Feinde behandelt und bis weit ins Landesinnere hinein Beutezüge unternommen. Damals hatte die tyrannische Herrschaft Spartas auf dem griechischen Festland und auf den Inseln zu einem Aufstand von Staaten geführt, die auf persische Hilfe hofften. Sparta hatte daraufhin den größten Teil der Armee des Agesilaos zurückgerufen und es der griechischen Flotte unter spartanischem Kommando überlassen, den persischen Schiffen entgegenzutreten. Das Ergebnis war die Niederlage gewesen. Persien hatte den griechischen Aufstand gegen Sparta unterstützt, und 386 hatte Antalkidas einen Frieden geschlossen, durch den Persien die griechischen Städte in Asien erhielt, die Autonomie der anderen griechischen Stadtstaaten aber garantiert wurde. Im Jahr 334 war sich Alexander darüber im Klaren, dass die persische Flotte eine Bedrohung darstellte, denn Persien kontrollierte Ägypten, Zypern, Phönizien und die gesamte Küste bis nach Ephesos, und überall wurden jetzt Dreiruderer mit ausgebildeten einheimischen Besatzungen bemannt.

Am Tag nach der Prozession in Ephesos marschierte Alexander nach Milet, besetzte die Innenstadt und brachte die griechische Flotte von hundertsechzig Dreiruderern an die vor der Küste liegende Insel Lade, wo die Schiffe auf den Strand gezogen und von einer großen balkanischen Truppe geschützt wurden. Drei Tage später erschien eine persische Flotte von vierhundert Dreiruderern und segelte etwa fünfzehn Kilometer weiter nach Norden, um sich am Kap Mykale einen Stützpunkt einzurichten. Sollte sich die griechische Flotte zur Schlacht stellen? Alexander beriet sich mit seinem Stab. Nach Arrian war Parmenion für den Angriff. Er hielt einen griechischen Sieg für wahrscheinlich, zumal man am Ufer hinter der griechischen Flotte einen Adler gesichtet hatte, dessen Erscheinen seiner Ansicht nach ein Vorzeichen für einen von Zeus begünstigten Sieg war. Alexander war jedoch nicht zum Angriff bereit. Nach seiner Einschätzung waren die phönizischen und zyprischen Besatzungen besser ausgebildet als die der verschiedenen griechischen Kontingente. Bei einer Niederlage würde er die als Matrosen eingesetzten Makedonen verlieren und die Gefahr eines Aufstandes griechischer Staaten im Mutterland vergrößern. Das Omen interpretierte er anders. Dass sich der Adler an Land befand, sei »ein Zeichen dafür, dass er vom Lande aus die persische Flotte überwältigen werde«.

Ein führender Milesier erbot sich, die Stadt zu öffnen. Alexander erklärte ihm, er solle einen Angriff im Morgengrauen erwarten. Während der Belagerung blockierten griechische Dreiruderer die Einfahrt in den Hafen, sodass die Perser nicht eingreifen konnten. Die Stadt fiel mit beträchtlichen Verlusten unter den griechischen Söldner und den Einwohnern. Alexander verzieh den Milesiern und erklärte sie für frei in dem Sinne, dass sie sich selbst regieren durften. Dreihundert griechische Söldner nahm er in seine Dienste. Während der Belagerung wurden die Perser durch eine Abteilung von makedonischen Reitern und Fußsoldaten an der Landung in Mykale gehindert, und ihre Vorräte und ihr Wasser wurden so knapp, dass sie sich nach Samos zurückzogen. Bei ihrer Rückkehr konnten sie nur noch den Fall Milets, der stärksten Stadt der kleinasiatischen Westküste, feststellen.

Den Hauptteil der griechischen Flotte schickte Alexander nun in heimatliche Gewässer. Doch die Besatzungen sollten nicht demobilisiert werden, sondern sich für einen Rückruf bereithalten. Er wusste, dass die griechische Flotte der persischen nicht gewachsen war, und so konnte er die Bezahlung ihres Soldes von seiner Kasse in Asien auf die des Korinthischen Bundes verlagern. Sein Plan war jetzt, dem Hinweis zu folgen, den der Adler, der Vogel des Zeus, gegeben hatte, nämlich sämtliche Stützpunkte der persischen Flotte an der Mittelmeerküste einzunehmen, um sie an der Beschaffung von Ersatz für Mannschaften und Ausrüstung zu hindern und so zur Kapitulation zu zwingen. Dieser Plan war kühn, denn sein Erfolg hing von einer Reihe von Faktoren ab: von der Fähigkeit seiner Armee, die Stützpunkte einzunehmen, von der Fähigkeit der makedonischen Flotte, den Hellespont zu halten, und davon, dass die meisten Stadtstaaten, insbesondere Athen, den Korinthischen Bund nicht verließen, um gemeinsame Sache mit Persien zu machen. Vielen mag diese Kühnheit als Wagnis erschienen sein. Für Alexander war sie eine Sache präziser Berechnung und des Glaubens an den göttlichen Willen, wie er sich in dem Vorzeichen des Adlers ausdrückte.

Für den verbleibenden Teil der Segelsaison ernannte der persische Großkönig Memnon zum Oberbefehlshaber des südlichen Kleinasien und der gesamten Flotte. Man hätte erwarten können, dass er in der Hoffnung, in Griechenland einen Aufstand auszulösen, über die Ägäis segeln würde, wo kaum Widerstand zu erwarten war. Er zog es jedoch vor, mit der Elite seiner persischen Truppen, vielen griechischen Söldnern und einem Teil der Flotte, die im Hafen stationiert wurde, Halikarnassos (das heutige Bodrum) besetzt zu halten. Die Verteidigungsanlagen der Stadt waren außerordentlich stark: ein tiefer, breiter Graben, der den Zugang erschwerte, eine aus Steinen gefügte, sechs Fuß dicke Mauer, hohe steinerne Türme, Zinnen und Ausfalltore sowie zwei Zitadellen im Innern. Für Katapulte gab es einen großen Vorrat an Geschossen, und die Versorgung der Stadt ließ sich über das Meer aufrechterhalten. Sollte die Stadt widerstehen, hätte die persische Flotte eine uneinnehmbare Basis in der Ägäis, und der Vormarsch Alexanders könnte aufgehalten werden.

Auf dem Marsch von Milet gewann Alexander die Städte »durch seine freundliche Behandlung«, und er gewährte ihnen Selbstverwaltung und Freiheit von Tributzahlungen. Als Ada, die abgesetzte Herrscherin der Karer, zu ihm kam, um ihre Festung Alinda auszuliefern, willigte Alexander ein, ihr Adoptivsohn zu werden, und gab Alinda in ihre Obhut. Durch seine Großzügigkeit nahm er die karischen Städte für sich ein; sie schickten Gesandtschaften, um ihn mit goldenen Kränzen zu ehren, und sagten ihm ihre Unterstützung zu. Dies war von großer Bedeutung, denn die Karer waren ein kriegerisches Volk, das seine Freiheit in der Vergangenheit stets verteidigt hatte. Nun konnte er seine gesamten Streitkräfte bei Halikarnassos zusammenziehen. Während die persische Flotte untätig blieb, schaffte seine kleine Flotte unter Führung der athenischen Flottille von zwanzig Dreiruderern aus Milet Sturmleitern und Belagerungsmaschinen (Sturmböcke, Türme auf Rädern, Sturmdächer und Katapulte) heran, viele von ihnen in Einzelteilen, die erst noch zusammengesetzt werden mussten. Andere Schiffe brachten Lebensmittel für die Armee oder Hilfslieferungen befreundeter Städte. Nach einem fehlgeschlagenen Versuch, das in der Nähe gelegene Myndos einzunehmen, begann Alexander eine Belagerung, die langwierig und schwierig zu werden versprach.

Zwei Darstellungen der Belagerung sind erhalten, beide in einer gekürzten Fassung. Der Bericht des Diodor, der auf Kleitarchos zurückgreift, ist aus Sicht der Verteidiger geschrieben und vergrößert ihre Erfolge in epischer Manier. Er hat nur geringen Wert. Arrian, der sich auf Ptolemaios und Aristobulos stützt, schildert die Ereignisse dagegen hauptsächlich vom makedonischen Standpunkt aus und entnimmt einige Einzelheiten (beispielsweise die Zahlen der bei einem nächtlichen Ausfall der Verteidiger getöteten und verwundeten Makedonen) den *Tagebüchern*. Zwar werden auch Erfolge der Verteidi-

ger erwähnt, aber auf persischer Seite werden nur Memnon, Orontobates (der Satrap von Karien) und ein makedonischer Deserteur namentlich genannt, während eine ganze Reihe makedonischer Offiziere
als Kommandeure und Gefallene mit Namen aufgeführt werden,
wahrscheinlich in Anlehnung an die *Tagebücher*.

Hier genügt es, die letzte Phase der Belagerung zu beschreiben. Die
Belagerer hatten zwei hohe Türme und die zwischen ihnen liegende
Mauer zum Einsturz gebracht, aber die Verteidiger hatten hinter der
Bresche eine halbmondförmige Ziegelmauer errichtet und an deren
Enden zwei hohe Türme bemannt, von denen mit Katapulten auf die
Angreifer geschossen wurde. Als Alexander persönlich einen zweiten
Angriff auf diese Mauer führte, unternahm die gesamte Streitmacht
der Verteidiger zwei Ausfälle, die beinah zum Erfolg geführt hätten.
Doch dann wurden die Truppen unter großen Verlusten zurückgedrängt, und die Makedonen hätten möglicherweise einen Einmarsch
erzwingen können. Doch Alexander gebot seinen Truppen Halt, um
den Griechen von Halikarnassos die Schrecken von Straßenkämpfen
zu ersparen. In den Beschreibungen dieser Operation werden zum
ersten Mal Apparate, mit denen »große Steine« geschleudert wurden,
und stärkere, mit Bolzen versehene Katapulte erwähnt, die auf der
Spannung von gedrehtem Pferdehaar beruhten. Diese Geräte waren
von Diades und Charias, Schülern von Philipps thessalischem Exper-
ten Polyidos, erfunden worden. Die Steinwerfer konnten ein Ein-
gangstor oder eine Steinmauer zerschmettern, und die verbesserten
Katapulte konnten Verteidiger von Türmen und Brustwehren vertreiben.

Orontobates und Memnon kamen jetzt zu dem Schluss, dass sie
einem weiteren Angriff nicht widerstehen konnten. In der folgenden
Nacht setzten sie daher ihre Ausrüstung und die Häuser in der Nähe
der Mauern in Brand und zogen die Truppen in die beiden Zitadellen
zurück. Beim Einmarsch in die Stadt befahl Alexander, die Bürger von
Halikarnassos zu schonen und die Feuer zu löschen. Am nächsten Tag
beschloss er, die Zitadellen nicht zu belagern. Die Bevölkerung brachte er an einen anderen Ort, da er sie nicht schützen konnte, und die
Gebäude der Stadt machte er dem Erdboden gleich. Zur Satrapin von
Karien ernannte er Ada, von deren Loyalität er überzeugt war, und er

ließ einen makedonischen Offizier zurück, der zweihundert Reiter und dreitausend griechische Söldner befehligte. Sie sollten die Perser in Halikarnassos im Auge behalten, wofür sie viel zu wenige waren. Denn die Perser hielten den Hafen besetzt und konnten Verstärkungen heranbringen. Alexander muss gewusst haben, dass er ein gefährliches Widerstandszentrum und einen Stützpunkt für die persische Flotte in seinem Rücken beließ. Dennoch beschloss er, seine Pläne anderswo weiterzuverfolgen.

Die Aufteilung der Truppen und der Vormarsch nach Pamphylien

Im Herbst 334 konnte sich Alexander ungefähr vorstellen, was die Perser im folgenden Jahr vorhatten. Dass Orontobates und Memnon die Kontrolle über die Zitadellen und den Hafen von Halikarnassos behalten hatten, war ein deutlicher Hinweis darauf, dass die persische Flotte im Frühjahr Halikarnassos als Stützpunkt zu benutzen gedachte und durch die Ägäis vorrücken wollte, um auf der Peloponnes einen Aufstand auszulösen und/oder den Makedonen den Hellespont zu entreißen. Dies hatten sie 334 nicht einmal versucht, weil Memnon seine Truppen zur Verteidigung von Halikarnassos zusammengezogen hatte. Und an Land zeigte sich dann überraschenderweise, dass Dareios nach der Niederlage am Granikos keine Abteilungen seiner Reichsarmee aus Persien nach Kleinasien entsandt hatte, um Alexanders Verbindungswege anzugreifen oder ihm in einer Schlacht entgegenzutreten. Das war nur so zu erklären, dass Dareios dies im Frühjahr oder Sommer 333 mit einem sehr großen Heer nachholen wollte. Vermutlich plante er, auf der Königsstraße durch die Mitte Kleinasiens zur Küste vorzurücken oder Alexander in Kilikien oder Syrien in offener Feldschlacht zu stellen. In beiden Fällen wäre er in einer sehr starken Position, wenn es ihm gelänge, zu seiner Flotte zu stoßen und eine koordinierte Offensive zu unternehmen.

Aus den Erfahrungen Philipps in Makedonien und Thrakien wusste Alexander, dass der Besitz eines Küstenstreifens eine heikle Sache war, wenn man das Hinterland nicht kontrollierte. Dies galt besonders für

Kleinasien, denn die Täler der großen Flüsse (Kaïkos, Hermos, Kaÿstros und Maiandros) boten leichte Zugänge zur Küste, und Alexander verfügte nicht über genügend Truppen, um die Täler abzuriegeln. Die beste Verteidigung bestand daher darin, das ausgedehnte anatolische Hochland, in dem diese Flüsse entsprangen, zu besetzen. Das Hochland war für die Reiterei außerordentlich geeignet und verfügte über enorme Ressourcen an Getreide und Viehfutter, mit denen die Armee über den Winter kommen konnte. Gleichzeitig hatte Alexander die Absicht, bei seiner Taktik, »der persischen Flotte vom Lande her Herr zu werden«, zu bleiben und die Häfen an der Südküste Kleinasiens zu erobern – ein gewagtes Unterfangen, denn das gebirgige Gelände eignete sich nur für Infanterie, und die Völker, die dort wohnten, waren kriegerisch. Wollte er beide Zielsetzungen verfolgen, musste er seine Armee aufteilen und seine Truppenstärke möglichst erhöhen.

Nach der Bestattung der Männer, die in der letzten Nacht in Halikarnassos gefallen waren, schickte Alexander diejenigen Makedonen, die vor kurzem geheiratet hatten, in die Heimat, damit sie den Winter bei ihren Frauen verbringen konnten, was ihm große Popularität eintrug. Die Offiziere erhielten den Befehl, »wenn sie selbst zurückgekehrt wären und die mit ihnen Beurlaubten nach Hause gebracht hätten, möglichst viele Reiter und Fußsoldaten aus dem Land auszusuchen« und sie bei ihrer Rückkehr mitzubringen. Ein Offizier wurde auf die Peloponnes geschickt, um mit Geld, das Alexander jetzt aus der in Asien gemachten Beute erübrigen konnte, Söldner anzuheuern. Die thessalische und die übrige griechische Reiterei, »eine Reiterabteilung der Getreuen« (vielleicht die Hälfte der Schwadronen mit Ausnahme der Königlichen Schwadron), die griechische Infanterie sowie der Belagerungs- und Gepäcktross wurden unter Parmenion über Sardes ausgesandt, um den nördlichen Teil der anatolischen Hochebene, den man als »Großphrygien« bezeichnete, einzunehmen. Wie dies geschah, ist nicht bekannt, da Parmenions Aktivitäten nicht in den *Tagebüchern* aufgezeichnet wurden und Ptolemaios, auf dessen Darstellung sich Arrian zum größten Teil stützt, daher nichts über sie wusste. Mit dem Rest der Armee trat Alexander »den Marsch auf Lykien und Pamphylien an, um die Kontrolle über die Küstenregion zu erringen«.

Die Lykier waren sowohl zu Lande als auch zur See ein kriegerisches Volk. Wie wir aus einer in Xanthos gefundenen zweisprachigen Inschrift von 337/36 wissen, waren sie teilweise gräzisiert und hatten unter der Herrschaft des Satrapen von Karien gestanden. Die Armee Alexanders eroberte beim ersten Angriff die Stadt Hyparna, wo Alexander die Söldnergarnison der Akropolis unter bestimmten Bedingungen abziehen ließ. Alle Städte des südwestlichen Lykien gingen »durch Übereinkunft« oder »durch Kapitulation« zu Alexander über. Er unternahm Angriffe gegen die Gebirgsbewohner des Inlands, wahrscheinlich zum Nutzen der Küstenstädte, und die Küstenstädte des südöstlichen Lykien schickten Gesandte, um ihm ihre Freundschaft anzubieten. Alexander befahl ihnen, sich in die Hände seiner Vertreter zu begeben, was sie taten. Darüber hinaus erwies er ihnen und insbesondere der griechischen Stadt Phaselis einen Gefallen, indem er mit ihnen zusammen im Landesinnern eine Festung zerstörte, von der aus die Pisidier Überfälle auf die Küstenvölker unternommen hatten. Gleichzeitig wurden Vorkehrungen getroffen, um junge Lykier in makedonischer Manier ausbilden zu können. Das erste Aufgebot von ihnen erreichte Alexander im Jahr 329.

Auf dem Vormarsch nach Pamphylien benutzte ein Teil der Armee eine von der thrakischen Infanterie angelegte Gebirgsstraße, während der andere Teil der Küste folgte, die nur bei Nordwind passierbar war. Alexander befand sich bei der zweiten Gruppe. Als er näher kam, legte sich der Südwind, und ein starker Nordwind setzte ein, sodass der Marsch »leicht und rasch« vonstatten ging, »nicht ohne göttliche Einwirkung, wie Alexander und seine Begleiter zu erklären pflegten«. Der Glaube, dass die Götter auf seiner Seite stünden, kam Alexander zupass. Er selbst erhob in seinen Briefen zwar keinen derartigen Anspruch, aber er gestattete es Kallisthenes als seinem offiziellen Historiker zu behaupten, das Meer habe sich vor ihm »verbeugt«.

In Pamphylien machte er das griechische Perge zu seinem Stützpunkt. Dort suchten ihn Gesandte aus Aspendos auf, um ihm ihre Stadt zu übergeben, baten aber darum, dort keine Garnison zu stationieren. Alexander willigte ein, forderte jedoch als Tribut einen Betrag von fünfzig Talenten für das Expeditionsheer sowie die Auslieferung der Pferde, die sie für den Großkönig züchteten. Die Gesandten akzeptierten diese Bedingungen. Alexander marschierte an der Küste weiter nach Side, einer ursprünglich griechischen Stadt mit einer gemischten Bevölkerung, wie aus zweisprachigen Inschriften hervorgeht. Dort ließ er eine Garnison zurück und zog weiter nach Syllion, einer stark befestigten Stadt mit einer Besatzung von Söldnern und Pamphyliern. Er kehrte jedoch um, als er erfuhr, Aspendos habe seinen Gesandten das Betreten der Stadt verweigert und bereite sich darauf vor, einer Belagerung zu widerstehen.

Das an der Mündung des Eurymedon gelegene Aspendos war für eine persische Flotte eine ideale Basis. Alexander fand die Bevölkerung in der stark befestigten Akropolis vor, und da er nicht über die Ausrüstung für eine Belagerung verfügte, nahm er Verhandlungen auf. Die Bewohner von Aspendos boten an, die ihnen bereits gewährten Bedingungen erneut zu akzeptieren, wodurch ihnen die Besatzung erspart bleiben würde. Alexanders Forderungen, die angenommen wurden, lauteten: Zahlung von hundert Talenten, Bereitstellung der Pferde, Auslieferung der führenden Bürger als Geiseln, jährliche Zahlung eines Tributs an die »Makedonen«, Anerkennung eines Schiedsspruches über ein umstrittenes Gebiet sowie Gefolgschaft gegenüber einem von Alexander ernannten Satrapen.

Diese Bedingungen wurden zweifellos in den *Tagebüchern* aufgezeichnet, denen Arrian sie auf dem Umweg über das Geschichtswerk des Ptolemaios entnahm. Vergleicht man diese Bedingungen mit denen, die der Stadt vorher auferlegt worden waren, wird deutlich, dass von einem befreiten griechischen Stadtstaat in Asien zwar ein Sonderbeitrag zur Unterstützung der Armee, aber kein jährlicher Tribut verlangt wurde. Zudem wurde in der Stadt normalerweise keine Garnison stationiert, und sie unterstand nicht der Befehlsgewalt eines Satrapen, sondern verhandelte direkt mit Alexander. Aspendos' Strafe bestand darin, dass es einen doppelten Beitrag leisten musste, einen jährlichen Tribut an die »Makedonen« zu entrichten hatte, einem Satrapen unterstellt wurde, sich dem Schiedsspruch einer fremden Körperschaft beugen musste und als Sicherheit für künftiges Wohlverhalten Geiseln zu stellen hatte. Und zweifellos ließ Alexander in der Stadt eine Garnison zurück, um den Hafen unter Kontrolle zu halten.

Interessant ist der Tribut an die »Makedonen«. Alexander forderte das Geld nicht für sich selbst, sei es als König von Makedonien oder als König von Asien, denn er wollte nicht, dass man die Eroberung als ein persönliches Unternehmen ansah: aus ähnlichen Gründen hatte Philipp von den Thrakern eine Abgabe an die Makedonen erhoben. Außerdem wollte Alexander als König von Asien nicht von seiner Praxis beim Umgang mit den griechischen Stadtstaaten abgehen. Aspendos wurde daher als Sonderfall behandelt, indem es in Finanzangelegenheiten der Versammlung der Makedonen und hinsichtlich der lokalen Verwaltung dem Satrapen Alexanders unterstellt wurde.

Von Aspendos und Perge begab sich Alexander ins Landesinnere. Vorher ist jedoch noch eine Verschwörung gegen ihn zu behandeln. Als er sich in der Nähe von Phaselis aufhielt, nahm Parmenion (der zu der Zeit in Phrygien einmarschierte), einen persischen Agenten namens Sisines gefangen und überstellte ihn Alexander. Seiner Aussage zufolge war er von Dareios ausgesandt worden, um sich angeblich mit dem persischen Satrapen von Phrygien zu treffen. In Wirklichkeit hatte er Kontakt zu Alexander Lynkestes aufnehmen sollen, der damals zusammen mit Parmenion die thessalische Reiterei befehligte. Alexander Lynkestes hatte über Amyntas, einen makedonischen Deserteur, einen Brief an Dareios geschickt, und in Beantwortung dieses Briefes hatte Sisines Alexander Lynkestes ausrichten sollen, Dareios würde ihn zum König von Makedonien machen und dazu noch tausend Goldtalente zahlen, wenn er den makedonischen König ermordete. Doch Sisines war verhaftet worden, bevor er mit Alexander Lynkestes sprechen konnte.

Alexander rief seine Freunde zusammen, um ihren Rat einzuholen. Auf der Grundlage der Aussage des persischen Agenten kamen sie zu dem Schluss, dass Alexander Lynkestes des Verrats schuldig sei. Hinzu kam ein Vorzeichen, denn bei der Belagerung von Halikarnassos hatte sich während Alexanders Mittagsruhe eine Schwalbe auf seinem Bett niedergelassen. Sie hatte sich durch nichts verscheuchen lassen und Alexander schließlich aufgeweckt, indem sie sich auf seinen Kopf setzte. Alexanders Wahrsager Aristandros hatte erklärt, das Zeichen deute auf eine Verschwörung durch einen von Alexanders Freunden hin, der jedoch entdeckt werden würde. Hiervon berichtete Alexander jetzt seinen Freunden. Sie rieten ihm, Alexander Lynkestes »schleunigst zu beseitigen«, bevor er bei den thessalischen Reitern noch beliebter werde und sie zum Aufruhr anstachle. Daraufhin begab sich ein von führenden Einwohnern Perges begleiteter makedonischer Offizier zu Parmenion und überbrachte ihm den mündlichen Befehl zur Festnahme von Alexander Lynkestes. Alexander Lynkestes sollte vier Jahre in Gewahrsam bleiben.

Der hier zusammengefasste Bericht Arrians beruht auf den Darstellungen von Ptolemaios und Aristobulos, indirekt also auf den *Tagebüchern*. In der Forschung ist aus dem Beinamen »Lynkestes« im Allgemeinen der Schluss gezogen worden, dieser Alexander sei ein Mitglied des abgesetzten Königshauses von Lynkos gewesen. Der Beiname war jedoch nur ein Hinweis darauf, dass er aus Lynkos stammte. Alles deutet darauf hin, dass er ein Mitglied des temenidischen Königshauses war. Er war der Erste, der sich 336 für Alexander aussprach; von ihm hieß es, er habe nach dem vermuteten Tod Alexanders im Jahr 335 dessen Nachfolge als Oberbefehlshaber angetreten; er wurde von Alexander in hohe Ämter berufen, und er war für Dareios ein passender Anwärter auf den makedonischen Thron. Sein Vater Aëropos war wahrscheinlich der Enkel von Aëropos II., der etwa von 398 bis 395 König gewesen war. Warum klagte Alexander den Gefangenen nicht vor der Versammlung der Makedonen des Verrats an? Die Beweise, welche die Freunde überzeugt hatten, hätten gewiss auch die Männer des Königs überzeugt. Es mag sein, dass Alexander eine Zuneigung zu seinem Cousin hatte. Möglicherweise hatte er aber auch einen politischen Grund für sein Vorgehen. Alexander setzte häufig sein Leben aufs Spiel, und wer sollte seine Nachfolge antreten, falls er getötet wurde? Arrhidaios war schwachsinnig. Aber Alexander Lynkestes wäre als begabter und beliebter Befehlshaber ein geeigneter Nachfolger gewesen.

Anatolien und Gordion

Als sich Alexander von Perge aus ins Landesinnere begab, um durch das Land der als Kämpfer berühmten Pisidier auf die anatolische Hochebene zu gelangen, war der Winter schon weit fortgeschritten.

Die erste Stadt, die sich ihm entgegenstellte, war Termessos. Als er sich einem abschüssigen Hohlweg näherte, den die Termessier besetzt hatten, schlug Alexander ein Lager auf, um den Eindruck zu erwecken, er werde nicht angreifen. Wie er vorhergesehen hatte, gingen die meisten Feinde nach Hause, und nur einige Wachen hielten die Stellung. Daraufhin unternahm Alexander mit einer leicht bewaffneten Truppe einen raschen Angriff, nahm den Hohlweg und schlug in der Nähe der Stadt sein Lager auf. Selge, eine mit Termessos rivalisierende Stadt, ersuchte Alexander um Freundschaft, die ihr auch gewährt wurde, zusammen mit der Anweisung, Termessos in Schach zu halten. So konnte Alexander weiterziehen und einen Angriff auf Salagassos unternehmen, das in dem Ruf stand, die gefährlichste Stadt der Pisidier zu sein.

Die Salagassier und einige Termessier besetzten einen steilen Berg vor der Stadt. Alexander führte mit siebentausendfünfhundert Phalanxsoldaten, deren Flanken zur Rechten von Leichtbewaffneten, Bogenschützen und Agrianen und zur Linken von thrakischen Wurfspießkämpfern geschützt wurden, einen Frontalangriff. Da die Leichtbewaffneten vorrückten, erlitten insbesondere die Bogenschützen einige Verluste, aber dann gingen die Phalanxsoldaten vor und machten die Feinde, die keine Schutzpanzer hatten, mit ihren Lanzen nieder. Etwa fünfhundert Mann fielen in der Schlacht; der Rest floh, sodass Alexander die Stadt im Sturm nehmen konnte. Seine eigenen Verluste beliefen sich auf etwa zwanzig Mann. Den Rest der Pisidier bezwang er, indem er einige Festungen eroberte und von anderen die Kapitulation annahm. Damit hatte er seine Herrschaft durchgesetzt, aber er nahm keine Ernennungen vor und zog weiter nach Phrygien hinein. »Am vierten Tage« erreichte er Kelainai (das heutige Dinar), einen Verkehrsknotenpunkt in Anatolien.

Der Satrap von Phrygien war von Parmenion besiegt und nach Süden abgedrängt worden. Er war aus der Satrapie geflohen, hatte aber hundert griechische Söldner und tausend karische Soldaten mit dem Befehl zurückgelassen, die uneinnehmbare Zitadelle von Kelainai zu halten. Zu einem bestimmten Zeitpunkt sollten sie Verstärkung erhalten. Als Alexander eintraf, boten sie an, die Zitadelle noch am selben Tag zu übergeben, falls sie keine Verstärkung bekommen sollten. Alexander nahm das Angebot an, ließ tausendfünfhundert Mann zurück, um die Zugangswege zu überwachen, und zum vereinbarten Zeitpunkt wurde ihm die Zitadelle ausgeliefert.

Zehn Tage verbrachte er im südlichen Phrygien, wo die Armee eine wohlverdiente Ruhepause einlegte und er seine administrativen Vorkehrungen traf. Zum Satrapen von Phrygien ernannte er Antigonos Monophthalmos (»Einauge«). Dann führte er seine Armee nach Gordion (in der Nähe des heutigen Ankara), wo die Truppen unter dem Kommando Parmenions sowie die Verstärkungen und die Makedonen, die den Winter in der Heimat verbracht hatten, zu ihm stießen. Bei den Verstärkungen handelte es sich um 300 makedonische Reiter, 3000 makedonische Fußsoldaten sowie 200 thessalische und 150 eleische Reiter. Dadurch wurden die Verluste, die es in den vorangegangenen zwölf Monaten in Schlachten und durch Krankheit gegeben hatte, wahrscheinlich mehr als wettgemacht.

Die Leistungen der Armee Alexanders in dem einen Jahr, seit sie im April 334 Makedonien verlassen hatte, sind nahezu unglaublich. Sie hatte ein Gebiet unter ihre Kontrolle gebracht, das größer war und über reichere Ressourcen verfügte als Thrakien. Durch ihre Geschicklichkeit und Kühnheit bei der Belagerung hatte sie die persische Flotte unwirksam gemacht. Jeder Bewegung der persischen Reichsarmee nach Anatolien hinein war sie durch schnelle eigene Vorstöße zuvorgekommen. Das größte Verdienst gebührte den Männern des Königs und der griechischen Reiterei. Doch deren Leistungen in der Schlacht waren nur durch die der Unterstützungskräfte möglich gewesen, also der griechischen Flotte, der griechischen und balkanischen Infanterie, der Ingenieure des Belagerungstrosses und der Organisatoren des Gepäcktrosses. Da Alexander Verwüstungen und Plünderungen verbot, geschah es nur selten, dass er »vom Lande des Feindes« lebte, wie er es beispielsweise in Pisidien tat, als sich der Gepäcktross bei Parmenion befand. Sonst verließ er sich auf die Eroberung feindlicher Lager sowie auf Kontributionen oder den Kauf von Lebensmitteln. Seine meisterhafte Logistik war es, die es der Speerspitze des Heeres gestattete, mit derartigem Tempo vorzurücken.

Als Feldherr besaß Alexander die Fähigkeit, seine Männer durch seine eigene Tapferkeit mitzureißen. Seine kühne Strategie wurde durch ihren Erfolg gerechtfertigt. Mit seiner Politik, die griechischen Städte zu befreien und bevorzugt zu behandeln, gewann er deren Mitarbeit. Als König von Asien befreite er einheimische Völker von persischer Unterdrückung und gewann so beispielsweise die Unterstützung Lydiens, Kariens und Lykiens. Wenn er, wie etwa in Pisidien, auf Widerstand stieß, bewies er seine militärische Überlegenheit, aber er stationierte keine Garnisonen und forderte keine Wiedergutmachung. Staat dessen übernahm er die bestehende Form der Satrapenregierung, verbesserte sie und begann mit der Ausbildung junger Männer in makedonischer Art.

Die Schlacht bei Issos und die Eroberung der Mittelmeerküste

Der Seekrieg und der Vormarsch auf Tarsos

Auf der Akropolis in Gordion stand ein Wagen, den angeblich der phrygische König Midas Zeus dem König geweiht hatte. Man erzählte Alexander von der örtlichen Überlieferung, wonach derjenige, welcher den Knoten löste, der das Joch mit der Deichsel verknüpfte, »über Asien herrschen müsse«. Vergeblich versuchte es Alexander, doch dann nahm er den Holzpflock heraus, der Joch und Deichsel verband, und löste so beide voneinander. In jener Nacht zeigten Donner und Blitz die Zustimmung des Zeus, und am folgenden Tage opferte Alexander »den Göttern, die ihm die Lösung des Knotens offenbart und das Zeichen in der Nacht gegeben« hatten. So die Darstellung des Aristobulos, der zufolge Alexander, als er den Knoten löste, von einer »Sehnsucht« (*pothos*) getrieben wurde. Andere Autoren behaupten, er habe die Beherrschung verloren und den Knoten mit dem Schwert durchgehauen. Da Aristobulos Augenzeuge gewesen sein könnte und für Zeitgenossen schrieb, ist seine Version vorzuziehen. Der Vorfall war insofern wichtig, als nun die Worte, die Alexander am Hellespont gesprochen hatte – »Ich nehme Asien von den Göttern entgegen« –, von den Gottheiten bekräftigt worden waren. Er wusste ohne jeden Zweifel, dass er der Herrscher über Asien sein würde.

Zwischen April und August dehnte Alexander seine Herrschaft bis zum Schwarzen Meer aus. Paphlagonien unterwarf sich ihm, stellte Geiseln und wurde der Satrapie des hellespontinischen Phrygien zugeschlagen. Es wurde von der Tributzahlung befreit, und die griechischen Städte an seiner Küste erhielten den Befehl, Demokratien zu schaffen, wie es für Amisos östlich von Sinope belegt ist. Dann führte

Alexander die Rekruten aus Makedonien in das östlich von Paphlagonien gelegene Kappadokien, das den Zugang von Armenien nach Kleinasien kontrollierte, brachte einen großen Teil der Region auf seine Seite und ernannte einen Makedonen zum Satrapen. Aus strategischen Gründen verlängerte er seinen Aufenthalt in Anatolien. Von dort konnte er leicht zum Hellespont, an die Westküste oder südwärts nach Kilikien ziehen, wobei seine Entscheidung vom Ausgang des Seekrieges abhing.

Im März 333 segelte Memnon, ohne auf Widerstand zu stoßen, mit dreihundert Dreiruderern und einer großen Menge Geld in die Ägäis. Er verfügte über eine starke Truppe aus griechischen Söldnern, welche die Anhänger Alexanders auf Chios und Lesbos überwältigten, abgesehen von Mytilene, wo von Alexander entsandte griechische Söldner den Widerstand stärkten. Von Ende April bis Juni hielt Memnon eine Seeblockade gegen Mytilene aufrecht und verlor dadurch die Initiative. Unterdessen hatte Alexander der makedonischen Flotte im Hellespont befohlen, in die Offensive zu gehen. Antipatros sollte Schiffsbesatzungen rekrutieren und die westliche Ägäis halten, während der Korinthische Bund »entsprechend seinen vertraglichen Bündnisverpflichtungen« die griechische Flotte mobilisieren und den Hellespont verteidigen sollte. Den makedonischen Befehlshabern und Antipatros schickte er tausendeinhundert Talente, und an Athen, das mit seiner Flotte von etwa dreihundertfünfzig Dreiruderern das Gleichgewicht auf See hielt, sandte er einen Brief. Der Korinthische Bund blieb loyal, und in Athen setzten sich zwar einige für die Ablehnung ein, aber Phokion und andere behielten die Oberhand. Alexanders früheres Vertrauen auf »die Griechen« erwies sich als berechtigt. Die Flotten waren unterwegs, als im Juni Memnon starb. Danach standen die Perser vor Mytilene unter dem Kommando von Pharnabazos, dessen Ernennung jedoch von Dareios erst nach einem Monat bestätigt wurde.

Im Juli erfuhr Alexander von Memnons Tod, und bald darauf hörte er, dass Memnons Streitmacht auf Befehl des Dareios nach Syrien abgezogen war. Alexander war davon überzeugt, dass die griechische und makedonische Flotte den Hellespont und die westliche Ägäis halten würde. Daher entschloss er sich, in Kilikien einzumarschieren und

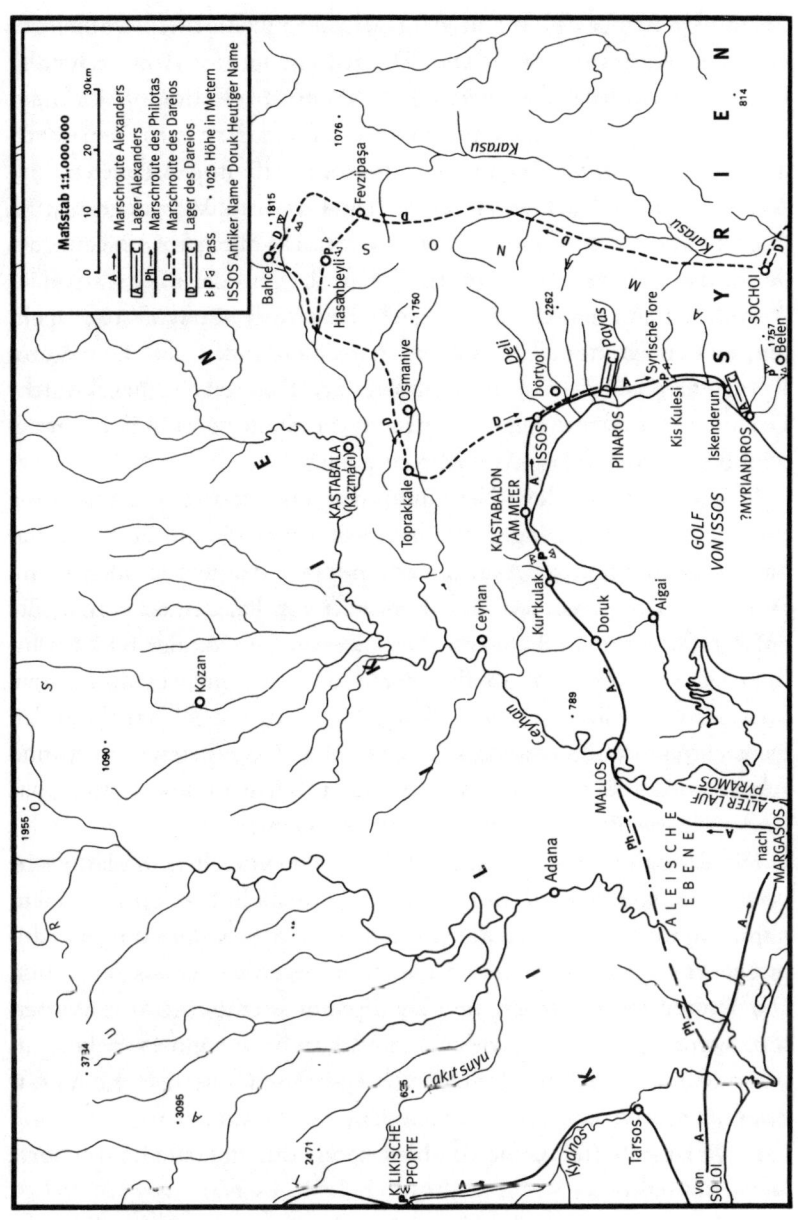

9. *Kilikien*

der großen Armee des Dareios entgegenzutreten, die offensichtlich zur syrischen Küste unterwegs war. Die Kilikische Pforte, ein schmaler Felsenpass, wurde von persischen Truppen gehalten. Alexander schlug in einiger Entfernung sein Lager auf und unternahm persönlich an der Spitze einer Truppe aus Hypaspisten, Bogenschützen und Agrianen einen Nachtmarsch, um den Feind im Morgengrauen zu überraschen. Zwar waren die Perser wachsam, aber als sie sahen, dass Alexander den Angriff anführte, flohen sie, und der Pass war offen. Als die Reiterei und das übrige leicht bewaffnete Fußvolk nachrückten, ließ Alexander sie so schnell marschieren, dass sie die neunzig Kilometer nach Tarsos vor Einbruch der Dunkelheit zurücklegten. Der persische Satrap hatte vorgehabt, die Stadt zu plündern, ergriff aber die Flucht, sodass sie unversehrt blieb.

In Tarsos brach Alexander zusammen, entweder aus Erschöpfung oder nach einem Sprung in den eisigen Kydnos. Die Ärzte gaben ihn auf, ausgenommen der Akarnanier Philippos, der gerade einen Trank zubereitete, als Alexander eine Botschaft von Parmenion erhielt, der zufolge Philippos im Sold des Dareios stand. Alexander reichte Philippos die Botschaft und nahm den Trank, wodurch er ihm zeigte, »dass er ihm wie auch den anderen Männern seiner Umgebung ein treuer Freund sei ... und dass er selber dem Tode gelassen ins Antlitz sehe«. So der Bericht des Arrian, der auf Aristobulos zurückgeht. Andere Darstellungen waren noch spektakulärer.

Die Krankheit dauerte vom Juli bis in den Oktober. In dieser Zeit verstärkte Pharnabazos die persischen Truppen in Halikarnassos und nahm Mytilene, Tenedos und Samothrake ein, womit er die makedonische Herrschaft über den Hellespont bedrohte. Persische Schiffe segelten zu den Kykladen, und bei Siphnos wurde eine Vorausabteilung von zehn Dreiruderern im Morgengrauen von einem makedonischen Kommandeur mit fünfzehn Kriegsschiffen überrascht, und nur zwei der feindlichen Schiffe entkamen. Als Alexander wieder gesundete, war die Verteidigung des Hellespont und der westlichen Ägäis weiterhin intakt.

Anfang Oktober erfuhr Alexander, dass Dareios auf dem Weg zur Küste war. Er entsandte Parmenion, der die thessalische Reiterei, griechische und balkanische Fußsoldaten sowie einige griechische Söldner befehligte, und beauftragte ihn, die Truppen des Satrapen im Süden bis zu den Syrischen Toren, wo ein schmaler Pass Kilikien mit Syrien verband, von der Küste zu vertreiben. Er selbst führte den Rest seiner Armee westwärts nach Kilikia Tracheia (das Raue Kilikien), wo es eine gewisse Unterstützung für Persien gab. Der griechischen Stadt Soloi erlegte er aus diesem Grund eine Geldbuße auf und ließ dort eine Garnison zurück. Dann eilte er mit einer schnellen Kolonne in die Berge, wo er einige Gemeinden für sich gewann und andere vertrieb – alles innerhalb einer Woche.

Indem er Parmenion so weit fort schickte und selbst Kilikia Tracheia angriff, wollte Alexander die Flotte des Pharnabazos und die Armee des Dareios daran hindern, gemeinsam an der Mittelmeerküste zu operieren. Wäre es dazu gekommen, hätten sie in seinem Rücken Truppen landen und seine Verbindungs- und Nachschubwege abschneiden können. Doch nach den von ihm und Parmenion errungenen Erfolgen stand den persischen Kriegsschiffen südlich von Halikarnassos und Kaunos kein Anlaufhafen mehr zur Verfügung.

Nach Alexanders Rückkehr nach Soloi traf die Nachricht ein, dass die Satrapen von Lydien und Karien in der Nähe von Halikarnassos einen Sieg über die persischen Streitkräfte des Orontobates errungen hatten. Alexander feierte nun, wie er es 335 getan hatte, die makedonischen Staatsfestspiele zu Ehren des olympischen Zeus und der Musen mit einem Aufmarsch der gesamten Armee, einem Fackellauf und Wettkämpfen. Dem Asklepios, der ihm die Gesundheit wiedergegeben hatte, brachte er ein Opfer dar.

Dann brach er auf, um zu Parmenion zu stoßen. In der griechischen Stadt Mallos machte er Halt und beendete eine Auseinandersetzung unter den Bürgern. Er hielt sich immer noch dort auf, als die Nachricht eintraf, dass Dareios bei Sochoi in Syrien sein Lager aufgeschlagen hatte, etwa zwei Tagesmärsche landeinwärts der von Parmenions Truppe besetzten Syrischen Tore. Offenbar hatte die Strategie Alexanders Erfolg, denn er hatte gehofft, die Armee des Dareios im Landesinnern stellen zu können, wo sie für die persische Flotte unerreichbar war (siehe Tafel 10).

Issos

Alexander beriet sich mit seinen Vertrauten, die ihn drängten, sie sogleich in die Schlacht zu führen. Er dankte ihnen, traf unterwegs auf Parmenion, ließ den Gepäcktross und seine Kranken in Issos zurück, zog durch die Syrischen Tore und schlug bei Myriandros an der Küste (in der Nähe des heutigen Iskenderun) sein Lager auf. Eine stürmische Nacht veranlasste ihn dazu, am nächsten Tag im Lager zu bleiben und seiner Armee eine Ruhepause zu gönnen. Am folgenden Morgen wurde ihm gemeldet, Dareios stehe hinter ihm jenseits der Syrischen Tore. Alexander wollte es nicht glauben und sandte einige Gefährten auf einem Dreißigruderer aus, die zurückfuhren, durch die Mündung des Pinaros (heute Payas) in die Bucht einliefen und Alexander aktuelle Informationen über die Stellung des Dareios brachten. Es stimmte: Die Perser hatten Alexander den Nachschubweg abgeschnitten, und wenn sie ihre Stellung halten konnten, würden sie Alexanders Armee aushungern.

Wie war es dazu gekommen? Dareios hatte viele Tage in Sochoi gewartet, wo er auf einer weiten Ebene seine zahlenmäßige Überlegenheit hätte ausspielen können und seine Reiterei ausgezeichnete Kampfbedingungen gehabt hätte. Er wusste, dass sich Alexanders Armee geteilt hatte, und aus dem Zögern des Makedonen schloss er, dass er in Tarsos bleiben werde. Deshalb marschierte er mit seiner Armee nach Norden, überquerte das Amanosgebirge auf dem Bahcepass und erreichte bei Issos die Küste. Wäre seine Annahme richtig gewesen, hätte er sein Lager zwischen den beiden feindlichen Truppenteilen aufschlagen und sich, womöglich mit Unterstützung der Flotte, mit jeder von ihnen einzeln auseinandersetzen können. Es war reiner Zufall, dass Alexander in den Tagen, als Dareios sich auf dem Weg über den Bahcepass befand, von Tarsos nach Myriandros marschiert war. Als Dareios in Issos eintraf, verstümmelte er die makedonischen Kranken und tötete sie dann. Danach bezog er mit seiner riesigen Armee – die mehrere Male so groß war wie die Alexanders – eine defensive Stellung am rechten Ufer des Pinaros.

Als der Dreißigruderer mit seinen Spähern zurückkehrte, rief Alexander seine Befehlshaber zusammen und vergewisserte sich ihrer Unterstützung. Dann schickte er einige Reiter und Bogenschützen aus, die erkunden sollten, ob der sechs Kilometer entfernte Pass an den Syrischen Toren vom Feind besetzt war. Zu seiner Erleichterung war er es nicht, denn der Weg führte über einen schmalen Uferstreifen, der bei ungünstigem Wind überflutet war und auf der Landseite von Felsen überragt wurde. Nach dem Nachtmahl marschierte das Heer zu dem Pass, den es um Mitternacht erreichte. Auf den Felskuppen wurden Wachen aufgestellt; alle anderen konnten ein paar Stunden schlafen. Alexander brachte den Göttern des Meeres (Poseidon, Thetis, Nereus und den Nereiden) ein Dankopfer dar, weil der Strand nicht überflutet war. Im Morgengrauen begann der Marsch zum sechs Kilometer entfernten Pinaros, und während die Armee sich von der Kolonne zur Schlachtlinie entfaltete und in tieferes Gelände hinabzusteigen begann, erteilte Alexander den Kommandeuren seine Befehle.

Die Armee bestand aus fünftausend dreihundert Reitern und sechsundzwanzigtausend Fußsoldaten. Parmenion sollte den linken Teil der Schlachtreihe befehligen, der, von links nach rechts, aus den Schwadronen der griechischen Reiter (mit Ausnahme der Thessalier), den kretischen Bogenschützen und den thrakischen Wurfspießkämpfern sowie drei Brigaden von Phalanxsoldaten bestand, letztere unter dem Kommando des Krateros. Parmenion sollte sich nahe an der Küste halten, damit er nicht umgangen werden konnte. Alexander befehligte den rechten Flügel, auf dem von rechts nach links Lanzenträger und paionische Reiter, makedonische Bogenschützen und Agrianen, thessalische Reiter, Getreuenreiterei, Königliche Infanteriegarde, Hypaspisten und drei Brigaden der Phalanx Aufstellung nahmen. Hinter der Phalanx bildeten balkanische und griechische Fußsoldaten sowie griechische Söldner eine zweite, kürzere Linie.

Während des langsamen Abstiegs nahm Alexander einige Änderungen vor. So verlegte er die thessalische Reiterei auf den linken Flügel, und da seine Rechte von einer persischen Truppe auf einem Gebirgsvorsprung umfasst wurde (siehe Abbildung 10), ordnete er dreihundert Reiter ab, die sie in Schach halten sollten. Zudem verlängerte er seine Linie weiter nach rechts, indem er griechische Söldner aus dem zweiten Glied nach vorn schickte. Als diese Aufstellungen abgeschlossen waren, ließ er die vier Kilometer lange Schlachtreihe Halt machen,

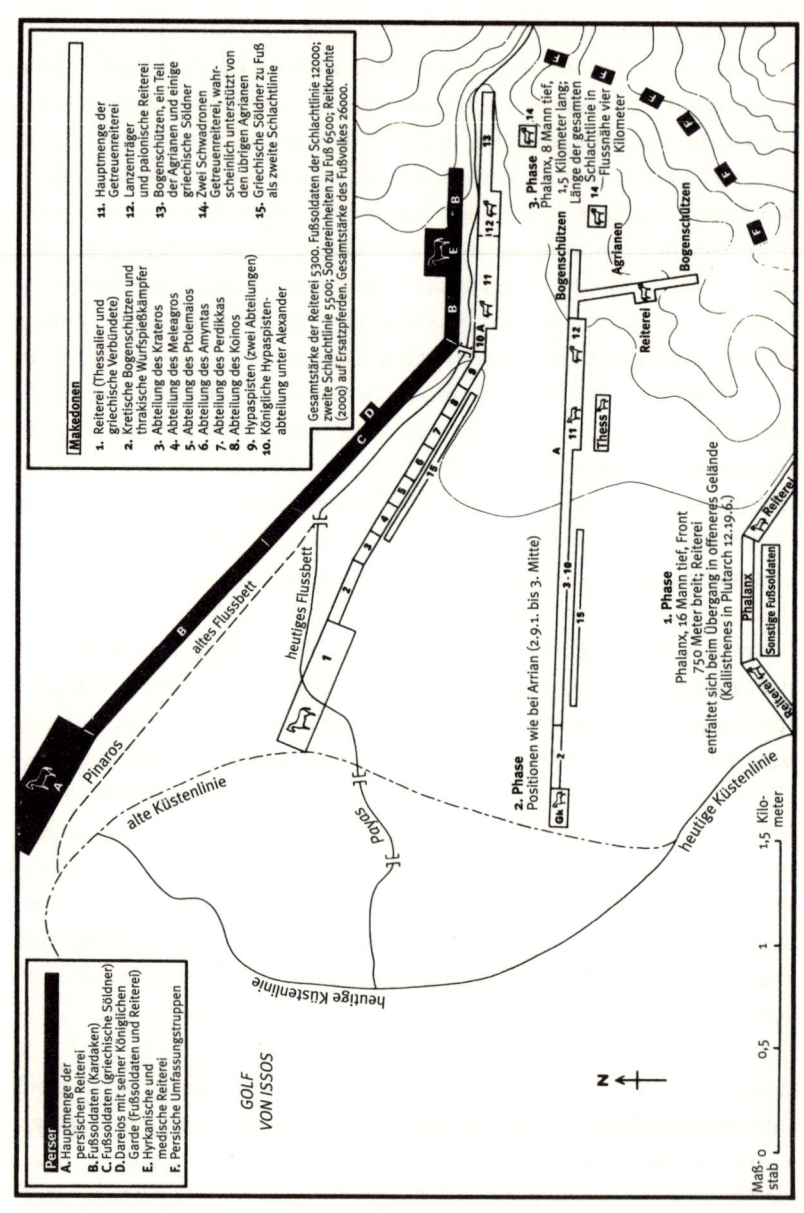

10. *Die Schlacht bei Issos*

ritt an ihr entlang und feuerte die Männer an. Dann kehrte er zu seiner Stellung an der Spitze der Königlichen Infanteriegarde zurück und befahl, in perfekter Linie »Schritt für Schritt« vorzurücken.

Obwohl die Armee des Dareios wesentlich größer war, standen in vorderster Linie nicht mehr Männer als auf Alexanders Seite, sodass die zahlenmäßige Überlegenheit der Perser nicht zum Tragen kam. Doch die von Dareios ausgewählte Stellung war außerordentlich stark. Dort, wo der heutige Payas zwischen den steilen Bergen hervorkommt, hat er ein etwa fünfunddreißig Meter breites, von großen Steinen übersätes Bett und sanft abfallende Ufer, die manchmal vom Hochwasser überflutet werden. Etwas unterhalb der ersten Brücke (Abbildung 10) fließt der Fluss in einen Kanal, der vor langer Zeit durch die Felsen gehauen wurde. In diesem Abschnitt hat er ein kliffartiges, etwa drei bis sieben Meter hohes Ufer mit gelegentlichen Durchbrüchen. Unterhalb der zweiten Brücke fließt der Fluss durch Kies und Sand und hat flache Ufer. In der Antike verlief er hier anders, aber das Gelände war dasselbe.

Dareios stellte seine besten Fußsoldaten oben auf dem Ufer auf, zwischen den Punkten, an denen die beiden modernen Brücken liegen, und verstärkte verbleibende Lücken mit Palisaden. Die Fußsoldaten waren griechische Söldner, die auf beiden Seiten von persischen Kardakes flankiert waren, welche ebenso ausgerüstet waren wie die Söldner, aber zusätzlich über Pfeile und Bogen verfügten. Sie waren in einer ungewöhnlich tief gestaffelten Phalanx aufgestellt. Hinter ihnen stand Dareios mit seiner dreitausend Mann starken Königlichen Reitergarde. Dieser Teil der Front war nur für die Verteidigung bestimmt. Zwischen der zweiten Brücke und der Küste postierte Dareios hinter den Kardakes eine große Zahl von Reitern, die, wie er hoffte, die Reihen des Feindes durchbrechen und ihn von der Flanke und von hinten angreifen würden. Oberhalb der ersten Brücke standen die Kardakes und eine verhältnismäßig kleine Reitertruppe, und auf einem Gebirgsvorsprung vor ihnen befand sich eine gemischte Truppe, die Alexander, wie schon erwähnt, bei seinem Vormarsch abschneiden konnte. Der Plan war vernünftig, sofern die Verteidigungsstellung bis zur zweiten Brücke standhaft blieb und die Reiterei einen Durchbruch erzielen konnte.

Während des Abstiegs aus höher gelegenem Gelände konnte Alexander die Aufstellung des Feindes deutlich erkennen. Als der rechte Teil seiner Front etwa achtzig Meter vom Feind entfernt war, führte er die Königliche Infanteriegarde »im Schnellschritt« direkt oberhalb der ersten Brücke durchs Flussbett, griff die Kardakes an und durchbrach ihre Formation. Zu seiner Linken stiegen die Hypaspisten und Phalanxbrigaden in den Kanal und stürzten sich auf den Feind. Zu seiner Rechten durchquerten die Getreuenreiterei und das Fußvolk das Flussbett, umfassten die feindliche Stellung und durchbrachen sie. Nun stieß Alexander zur Königlichen Reitergarde und attackierte mit den siegreichen Truppen seines rechten Flügels Flanke und Nachhut erst der Kardakes und dann der griechischen Söldner (Tafel 3[b]). Währenddessen erlitten die gegen die Verteidigungsstellung der Söldner und Kardakes anstürmenden Phalanxsoldaten beträchtliche Verluste, hielten aber den Druck aufrecht. Auf der Linken griff die persische Reiterei immer wieder an. Doch den thessalischen und den übrigen griechischen Reitern gelang es, die Stellung zu halten.

Die Entscheidung brachte der stürmische Vorstoß Alexanders zum Standort des Dareios (Tafel 12). Als die Fußsoldaten des rechten Flügels die Flanke der griechischen Söldner angriffen und sich hinter ihnen Alexander und die Reitergarde den Weg zu Dareios bahnten, kehrte der König mit seinem Kampfwagen um und ergriff, von seiner Reitergarde gefolgt, die Flucht. Alexander stürmte weiter auf seinen linken Flügel zu, wo sich die persischen Reiter der allgemeinen ungeordneten Flucht anschlossen. Erst jetzt befahl er die Verfolgung durch seine Reiterei, die bis zum Einbruch der Dunkelheit eine Strecke von siebenunddreißig Kilometern zurücklegte und der persischen Kavallerie schwere Verluste zufügte. Die überlebenden griechischen Söldner flohen in die Berge, und einige von ihnen schlossen sich später wieder Dareios an. Alexanders Verluste beliefen sich auf hundertfünfzig Reiter und dreihundert Fußsoldaten, und er selbst war einer von viertausendfünfhundert Verwundeten. Der Sieg und die geringe Zahl der Gefallenen waren auf Alexanders Planung zurückzuführen, auf überlegene Waffen und Rüstungen sowie auf den Kampf in Formation. Die Perser hatten eine vollkommene Niederlage erlitten. In den offiziellen Berichten des Kallisthenes wurde die Zahl der Gegner und ihrer Verluste (die üblicherweise mit hundertzehntausend Mann angegeben wurden) zweifellos übertrieben. Wie die richtigen Zahlen auch lauten mögen, an den Ufern des Pinaros war die Militärmacht des Persischen Reiches vernichtend geschlagen worden. Alexander brachte den Göttern seinen Dank dar, indem er an Ort und Stelle Altäre für Zeus, Herakles und Athene errichtete.

Bei den besiegten Truppen gab es eine erhebliche Zahl von Versprengten. Eine große Gruppe unter Führung persischer Offiziere entkam nach Kleinasien, wo sie einige kappadokische und paphlagonische Truppen rekrutierte und dann in Lydien einmarschierte. Alexander verfolgte sie nicht. Er verließ sich auf den Satrapen von Phrygien, Antigonos Monophthalmos, der die Perser in drei Schlachten besiegte. Eine weitere Gruppe von viertausend griechischen Söldnern, die von dem makedonischen Deserteur Amyntas, dem Sohn des Antiochos, befehligt wurde, floh südwärts nach Tripolis, von wo sie nach Zypern und weiter nach Ägypten segelte. Dort behauptete Amyntas, er sei der von Dareios eingesetzte neue Satrap. Seine Söldner besiegten die persische Garnison in Memphis, wurden dann aber vernichtet, als sie sich zerstreuten und auf Plünderungszüge gingen. Eine dritte Gruppe von achttausend griechischen Söldnern gelangte bis Tainaron auf der Peloponnes.

Die Eroberung der Küste und die Belagerung von Tyros

Nach dem Sieg bei Issos mag es verlockend gewesen sein, Susa zu erobern und Dareios zu verfolgen, bevor er die Chance hatte, eine neue Reichsarmee aufzustellen. Doch Alexander hielt an der Strategie fest, der persischen Flotte von Land aus Herr zu werden und die Mittelmeerküste unter seine Kontrolle zu bringen, auch wenn er Dareios dadurch die Möglichkeit gab, eine noch größere Reichsarmee zu rekrutieren. Seine Entscheidung sollte Epoche machend sein.

Dareios floh so überstürzt, dass er seine Mutter, seine Ehefrau und Kinder sowie einige Hofdamen, die sich alle in seinem vorgeschobenen Lager befunden hatten, zurückließ. Als Alexander von ihrer Gefangennahme und ihrer Trauer um Dareios – den sie für tot hielten –

erfuhr, schickte er Leonnatos mit der Nachricht zu ihnen, Dareios sei am Leben und ihnen werde von Alexander der Rang zuerkannt, der ihrer königlichen Stellung entsprach, »da er den Krieg keineswegs aus persönlicher Feindschaft geführt habe, sondern der Krieg von ihm um die Herrschaft über ganz Asien rechtmäßig zu Ende geführt sei«. So lautete Arrian zufolge die Darstellung von Ptolemaios und Aristobulos, die zweifellos der Wahrheit entspricht. Wahrscheinlich von Kleitarchos stammt die Anekdote, dass am nächsten Tage, als Alexander und Hephaistion der Familie des persischen Großkönigs einen Besuch abstatteten, die Mutter des Dareios irrtümlich Hephaistion zu Füßen fiel und in ihrer Verlegenheit von Alexander mit den Worten getröstet wurde: »Auch Hephaistion ist Alexander.« Ob wahr oder nicht, dieser Ausspruch inspirierte Paolo Veronese zu einem prachtvollen Bild (Tafel 11). Einige Wochen später sandte Dareios eine Botschaft, in der er die Rückführung der königlichen Familie forderte. Aus Alexanders Antwort, die wie der Brief des Dareios von Ptolemaios nach den *Tagebüchern* wiedergegeben und anschließend von Arrian zitiert worden sind, geht hervor, weshalb er die Angehörigen des Dareios als königliche Hoheiten behandelte.

Dareios warf Philipp und Alexander zwar unprovozierte Aggression vor, bot aber seine Freundschaft und ein Bündnis an, dessen Bedingungen in Verhandlungen festgelegt werden sollten. In seiner Antwort beschuldigte Alexander Persien der Aggression in der Vergangenheit »gegen Makedonien und das übrige Griechenland« und führte die Perserkriege, die Einmischung in Perinthos und den Einmarsch des Artaxerxes Ochos in Thrakien an. Dann warf er Persien vor, die Ermordung Philipps organisiert zu haben und die Griechen dazu zu drängen, Makedonien anzugreifen und »den Frieden, den ich ihnen gegeben habe«, zu zerstören. Gewiss hatte Alexander die stärkeren Argumente. Offensichtlich hielt er es für wichtig, sein Handeln vor Menschen und Göttern zu rechtfertigen. In seinem Brief stellte er sich als legitimen König von Makedonien dar, als Herrscher von Thrakien und Hegemon der Griechen, während er Dareios beschuldigte, er sei für die Ermordung seines Vorgängers Arses verantwortlich gewesen und habe sich den Thron »nicht auf Grund des Rechtes und nicht nach persischem Brauch« angeeignet.

»Nun habe ich dank den Göttern auch dein Land in Besitz. Und für alle, die mit dir ins Feld gezogen, aber nicht in der Schlacht geblieben, sondern zu mir geflohen sind, sorge ich. Da ich nun Herr von Asien bin, komme du gefälligst zu mir. ... Fordere deine Mutter und Gattin nebst Kindern und was du sonst wünscht von mir, und du wirst es erhalten.« Damit wiederholte Alexander den Anspruch, den er bei seiner Landung in Asien erhoben hatte, dass er Asien als Geschenk der Götter entgegennehme, und forderte Dareios auf, ihn als Herrn von ganz Asien anzuerkennen. Wenn er erklärte, er werde seine Familie königlich behandeln, und ihm anbot, ihm jeden Wunsch zu erfüllen, dann sagte er damit, dass die Familie die Königsfamilie der Meder und Perser mit Dareios deren König bleiben sollte, sofern er und seine Familie Alexander als Oberherrn und König von Asien anerkannten. »Wenn du mir aber die Königsherrschaft streitig machst, dann erwarte mich noch einmal zum Kampf um sie.« Der Brief blieb ohne Antwort.

Unterdessen hatte Alexander alle finanziellen Schwierigkeiten überwunden. Denn in dem vorgeschobenen Lager des Dareios hatte er dreitausend Talente erbeutet und sich im persischen Stützpunkt in Damaskus eine noch viel größere Menge Gold angeeignet. Nun begann er, zahlreiche Münzen in Silber und Gold nach attischem Standard zu prägen, die vorwiegend zum Umlauf in Asien bestimmt waren. Auf der silbernen Tetradrachme war der Kopf eines jugendlichen Herakles abgebildet; auf der Rückseite war ein Bild des Zeus zu sehen, der auf einem Thron saß, auf seiner Rechten einen Adler und in seiner Linken ein Szepter hielt. Für die Makedonen war Herakles der Vorfahr des Königshauses, dessen Jugendlichkeit sich mit derjenigen Alexanders in Verbindung bringen ließ, und den Asiaten war Herakles, wenn auch unter anderen Namen, ebenfalls vertraut. Zeus der König herrschte weit und breit, und sein Adler hatte Alexander bei der Entscheidung geleitet, die persische Flotte von Land aus zu besiegen. Für die Asiaten war die sitzende Gestalt Baal, so wie er auf den in Tarsos geprägten persischen Münzen dargestellt war. Nun wurde Baal als Förderer Alexanders dargestellt. An den Sieg bei Issos erinnerten Goldmünzen mit dem Haupt der Athene, auf deren Rückseite Nike dargestellt ist, die einen Siegeskranz und eine *stylis* hält (wie sie auf Kriegsschiffen als Ausguck verwendet wurde). Athene war als Göttin des Krieges abgebildet, als Athene Alkidemos für die Makedonen und trojanische Athene für die Asiaten, und die *stylis* der Nike erinnerte an die Kühnheit der Getreuen, die bis zur Mündung des Pinaros segelten, um die Aufstellungen des Dareios zu erkunden.

Der Erfolg von Alexanders Propaganda zeigte sich, als er die Küste entlang vorrückte. Die Machthaber in Arados, Byblos und Sidon akzeptierten seine Herrschaft, und hinfort prägten sie und ihre Nachfolger nur noch die Münzen des Königs von Asien mit einem Monogramm des Herrschers oder der Stadt in Aramäisch. Aus Tyros kamen Gesandte, die ihm die Entscheidung der Tyrier mitteilten, »alles zu tun, was Alexander anordnen sollte«. Alexander begrüßte dies und sagte, er wünsche in Tyros einzuziehen, wo er dem Herakles opfern wolle (der von den Tyriern als »Melkart« verehrt wurde). Die Tyrier antworteten, sie würden Alexanders übrigen Befehlen gehorchen, aber weder Perser noch Makedonen in ihre Stadt einlassen. Alexanders Forderung war die Nagelprobe auf die Unterwerfung der Stadt, und er hatte sie mit Bedacht vorgenommen, da Tyros die führende Seemacht in Phönizien war und in der Flotte des Pharnabazos die stärkste Flottille stellte. Zudem hielten die Tyrier ihre auf einer Insel gelegene, stark befestigte Stadt für uneinnehmbar; ihre Flotte konnte Nachschub herbeischaffen; und sie konnten mit Hilfe aus Karthago rechnen. Alexander berief eine Versammlung aus Getreuen und Befehlshabern ein und hielt eine Rede, von der Arrian nach Ptolemaios berichtet.

In Alexanders Argumentation ging es um Strategie. Dareios bis nach Mesopotamien zu verfolgen, während man die persische Flotte mit Tyros, Zypern und Ägypten als Stützpunkten im Rücken habe, wäre ein Akt des Wahnsinns, erklärte er. Mit Verstärkungen und der Unterstützung Spartas – und angesichts der schwankendem Haltung Athens – würde diese Flotte »den Krieg nach Griechenland tragen«, von der Rückeroberung von Häfen an der kleinasiatischen Mittelmeerküste ganz zu schweigen. Ebenso unvernünftig wäre es, nach Ägypten vorzurücken, solange die persische Flotte und Tyros die Verbindungswege gefährdeten. Daher sei es unbedingt notwendig, zunächst Tyros einzunehmen. Dies würde aufgrund phönizischer Unzufriedenheit und des freiwilligen oder erzwungenen Frontwechsels von Zypern zur Auflösung der persischen Flotte führen. Anschließend könnte man dann ohne große Schwierigkeiten in Ägypten einmarschieren, und die makedonische Flotte könnte mit Unterstützung der phönizischen, zyprischen und ägyptischen Flotte die vollständige Seeherrschaft über das östliche Mittelmeer erlangen.

Das überzeugte die Versammlung. Alexander war umso zuversichtlicher, als er in jener Nacht träumte, von Herakles nach Tyros geleitet zu werden. Aristandros deutete den Traum so, dass Alexander Erfolg haben werde, aber erst nach herkulischen Anstrengungen. Die Belagerung begann im Januar 332 und endete im Juli. In der ersten Phase errichteten Alexanders Männer einen etwa achthundert Meter in die Bucht hineinreichenden Damm. Als das Ende des Damms in Reichweite der fünfundvierzig Meter hohen Stadtmauer kam, fügten tyrische Katapult- und Bogenschützen, die von der Brustwehr und von Dreiruderern aus schossen, der Truppe Verluste zu und brachten die Arbeit zum Erliegen. Daraufhin ließ Alexander zweirädrige Türme von fünfundvierzig Metern Höhe anfertigen, die ans Dammende gezogen wurden. Jetzt konnten die Verteidiger auf der Stadtmauer und auf den Dreiruderern mit Katapulten beschossen werden, während der Damm weitergebaut wurde. Doch die Tyrier konterten, indem sie ein riesiges Feuerschiff zum Dammende schleppten und bei günstigem Wind in Brand setzten. Beide Belagerungstürme verbrannten, während tyrische Truppen landeten und die gesamte Belagerungsausrüstung einäscherten. Alexander befahl, den Damm zu verbreitern, und ließ seine Ingenieure unter der Führung des Thessaliers Diades neue Türme und Belagerungsausrüstung bauen. Dann zog er fort, um so viele Dreiruderer wie möglich zusammenzuziehen, »denn es stellte sich heraus, dass die Belagerung undurchführbar war, solange die Tyrier Herren der See waren«.

Die Lage auf See änderte sich völlig. Im Herbst 333 hatte die persische Flotte von Basen in Halikarnassos, Kos und Chios aus die Ägäis beherrscht, vorgeschobene Stellungen in Siphnos und Andros gehalten und sogar in Kallipolis im Hellespont einen Stützpunkt eingerichtet. Die Zeit schien reif dafür, dass sich abtrünnige Staaten im griechischen Mutterland Persien anschlossen. Pharnabazos brachte seine

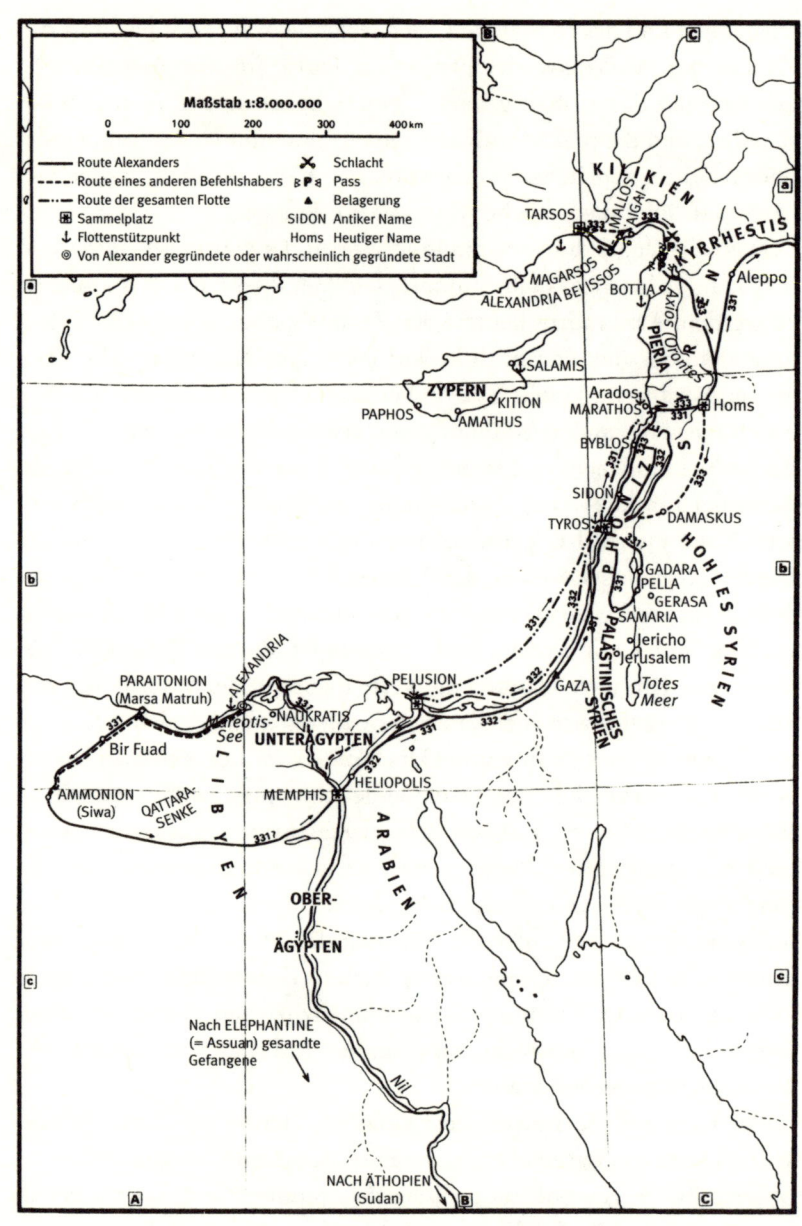

Maßstab 1:8.000.000

| 0 | 100 | 200 | 300 | 400 km |

—— Route Alexanders
------ Route eines anderen Befehlshabers
—·—·— Route der gesamten Flotte
⊞ Sammelplatz
↓ Flottenstützpunkt
◎ Von Alexander gegründete oder wahrscheinlich gegründete Stadt

✗ Schlacht
ℙ Pass
▲ Belagerung
SIDON Antiker Name
Homs Heutiger Name

11. Die Bewegungen von Alexanders Truppen
in den Jahren 333 bis 331 v. Chr.

beste Flottille von hundert Dreiruderern nach Siphnos. Doch lediglich Agis, der König von Sparta, stieß mit einem einzigen Dreiruderer zu ihm, und das auch nur, weil er Männer, Geld und Schiffe haben wollte, um einen Aufstand auf der Peloponnes anzuzetteln.

Während ihrer Verhandlungen traf die Nachricht ein, dass Dareios (im November) bei Issos vernichtend geschlagen worden war. Pharnabazos machte mit seiner Flotte kehrt, um sich mit einem möglichen Aufstand auf Chios auseinanderzusetzen. Agis erhielt dreißig Talente Silber und zehn Dreiruderer, aber er entschloss sich nun, nicht auf der Peloponnes tätig zu werden, sondern auf Kreta. Im Hellespont nahm eine von griechischen Schiffen unterstützte makedonische Flotte Kallipolis ein und vernichtete die dortige persische Garnison (wahrscheinlich im Dezember). In den verbleibenden Wintermonaten hörten die Operationen auf, während die phönizischen und zyprischen Besatzungen erfuhren, dass ihre Städte mit Ausnahme von Tyros in Alexanders Händen waren und großzügig behandelt wurden. Mit Beginn der Segelsaison des Jahres 332 begann sich die persische Flotte aufzulösen. Im Sommer unterwarfen sich etwa achtzig phönizische und hundertzwanzig zyprische Kriegsschiffe Alexander, und dieser »ließ das Vergangene auf sich beruhen«.

So konnte Alexander in Sidon eine große Flotte zusammenziehen, zu der auch je zehn Dreiruderer aus Rhodos und Lykien gehörten. Während die Schiffe für den Kampf ausgerüstet wurden, unternahm er einen Feldzug landeinwärts zum Antilibanon, um den Holznachschub vom Libanon sicherzustellen. Dann eröffnete er die zweite Phase der Belagerung von Tyros, indem er seine Flotte heranführte und die tyrischen Schiffe in ihren Häfen einschloss, denn die Zyprer und Phönizier, die unter Tyros zu leiden gehabt hatten, dürsteten nach Rache. Große Anstrengungen wurden unternommen, um eine Bresche in die Mauer gegenüber dem Damm zu schlagen, aber die Tyrier hatten am Fuß der Mauer Felsen ins Meer geworfen, und Alexanders Schiffe konnten sich ihr nicht nähern. Nachdem man die Felsen weggeschleppt hatte, griffen Schiffe mit Belagerungsmaschinen die Mauer an. Die Tyrier unternahmen einen erfolgreichen Ausfall gegen die zyprische Flotte, die vor einem der Häfen lag, aber Alexander fing die tyrischen Schiffe ab und zerstörte die meisten von ihnen. Nachdem er über die vollständige Kontrolle zur See verfügte, prüfte Alexander verschiedene Teile der Umfassungsmauer und plante für einen Tag mit ruhigem Wetter den Sturmangriff.

Es wurden drei Angriffe gleichzeitig vorgetragen. Die Phönizier durchbrachen die Sperren vor einem der Häfen und vernichteten die tyrischen Schiffe, während die Zyprer einen weiteren Hafen eroberten und in die Stadt eindrangen. Die Makedonen führten Schiffe mit Belagerungsmaschinen und Türmen heran, und als Breschen in die Mauer geschlagen waren, machten sie Schiffen mit Hypaspisten und einer Brigade Phalanxsoldaten Platz. Auf die eingestürzte Mauer wurden Laufplanken heruntergelassen, und der Sturmangriff begann. Admetos, der erste Mann, der an Land ging, wurde getötet, doch Alexander und seine Getreuen drängten den Feind zurück, sicherten die Landungsstelle und stießen in die Stadt selbst vor. Dort verbanden sich die Tyrier, die sich vor dem Angriff der Zyprer zurückgezogen hatten, mit den anderen Truppen und stellten sich den Makedonen entgegen. Doch ihre Lage war aussichtslos. Sie waren von allen Seiten umzingelt. »Die Makedonen wüteten gegen alles, was ihnen in die Hände fiel; waren sie doch infolge der langen Dauer der Belagerung erbittert, vor allem aber, weil die Tyrier einige von ihnen, die von Sidon heransegelten, gefangen und, damit es vom makedonischen Lager aus gesehen werden konnte, auf die Stadtmauer geschleppt, dort abgeschlachtet und ins Meer geworfen hatten.« Schätzungen zufolge waren im Lauf der Belagerung achttausend Tyrier getötet worden, und von den Überlebenden wurden dreißigtausend in die Sklaverei verkauft. Einige wurden jedoch von Phöniziern hinausgeschmuggelt. Der tyrische König, seine Adligen und einige karthagische Gesandte, die in einer heiligen Mission unterwegs waren, erhielten als Schutzflehende am Altar des Herakles Verzeihung. Die Zahl der makedonischen Toten wird von Arrian mit etwa vierhundert angegeben, die der Verwundeten lag wahrscheinlich bei über dreitausend.

Alexander erwies nun Herakles seine Verehrung. Die Armee marschierte in Waffen auf, die Flotte sammelte sich zur Musterung, und es folgten Spiele und ein Fackellauf im Bezirk des Herakles. Eine erfolgreiche Belagerungsmaschine und das heilige Schiff der Tyrier weihte Alexander dem Herakles. So hatte sich die Traumdeutung des

Aristandros bestätigt, und Alexanders Glaube an diese Deutung und die Gunst des Herakles hatte sich als berechtigt erwiesen.

Der Vormarsch nach Ägypten und die Etablierung der Seeherrschaft

Der Weg nach Ägypten wurde von Gaza blockiert. Alexanders Ingenieure erklärten, es sei unmöglich, die befestigte Stadt im Sturm zu nehmen. Gaza lag auf einem fünfundsiebzig Meter hohen Hügel und hatte eine starke Umfassungsmauer. Doch Alexander ließ sich von seinem Ziel nicht abbringen. Er setzte die gesamte Armee und die örtliche Bevölkerung ein, um rings um die Stadt eine ebenso hohe Anhöhe zu errichten. Als diese die Höhe des Punktes in der Umfassungsmauer erreicht hatte, welcher der schwächste zu sein schien, ließ Alexander seine Belagerungsmaschinen heranschaffen und brachte ein Opfer dar.

In diesem Augenblick »flog ein Raubvogel über den Altar hinweg und ließ einen Stein, den er in den Fängen hielt, auf den Kopf des Königs fallen«. Aristandros' Deutung lautete: »O König, die Stadt wirst du erobern; aber du musst an dem Tage auf der Hut sein.« Deshalb hielt sich Alexander zunächst außer Schussweite. Als aber die erste Welle des Sturmangriffs erfolglos blieb, führte er die Hypaspisten in die Schlacht und wurde von einem Katapultgeschoss getroffen, das durch Schild und Harnisch hindurch in seine Schulter drang. Er verlor viel Blut und konnte nur mit Mühe geheilt werden, tröstete sich aber mit der Gewissheit, dass sich auch der erste Teil der Weissagung erfüllen würde.

Batis, der Herrscher von Gaza, hatte arabische Söldner angeheuert, die mit Todesverachtung kämpften. Alexanders Belagerungsmaschinen wurden auf dem Seeweg aus Tyros herbeigebracht, über den sandigen Boden geschleppt und auf dem Hügel aufgestellt. Mit Katapulten, die Steine schleuderten, und Sturmböcken wurde die Mauer zerschmettert und zugleich von Gräben unterminiert, bis sie an mehreren Stellen in sich zusammenfiel. Drei Sturmangriffe scheiterten. Dann, als ein großes Stück der Mauer einstürzte, kamen die Phalanxtruppen auf Laufplanken hinüber. »Die Gazäer fielen alle im Kampf an dem Platz, wo ein jeder hingestellt war.« Frauen und Kinder wurden in die Sklaverei verkauft, und die Stadt wurde mit Menschen aus der Umgebung neu bevölkert. Soweit Arrian, der sich auf Ptolemaios und Aristobulos stützt. Bei Curtius Rufus dagegen wird Batis gefangen genommen, von Alexander verspottet und an seinem Wagen um die Mauern geschleift, nach dem Vorbild des Achilles, der Hektor um die Mauern Trojas schleifte – ein Finale, das wahrscheinlich auf die Darstellung von Kleitarchos zurückgeht. Diese Version ist zu verwerfen, denn Alexander respektierte immer die Tapferen.

Im Dezember 332 rückten Flotte und Armee gemeinsam innerhalb von sieben Tagen von Gaza nach Ägypten vor, wobei sie täglich durchschnittlich dreißig Kilometer zurücklegten. Ohne auf Widerstand zu stoßen, lief die Flotte in Pelusion (dem heutigen Port Said) ein, die Armee wurde von Priestern und Bevölkerung willkommen geheißen, und in Memphis kapitulierte der persische Kommandeur vor Alexander. Die Flotte befuhr den Nil, und im neu gegründeten Alexandria wurde eine Flottenbasis errichtet. Mittlerweile war die persische Flotte in der Tat »zu Lande besiegt«. Bei Alexander trafen Berichte ein, denen zufolge die makedonische und griechische Flotte, durch Aufstände auf den Inseln unterstützt, die Überreste der persischen Truppen und ihre Helfer auf See, »die Piraten«, von den Ägäischen Inseln vertrieben hatten und nur noch auf Kreta gekämpft wurde.

Bald darauf war die in Tyros ins Auge gefasste makedonische Seeherrschaft errungen. Die phönizischen Städte und die zyprischen Könige unterstellten ihre Flotten dem Befehl Alexanders und wurden von ihm mit gebührendem Respekt behandelt. Im Sommer 331, als sich auf der Peloponnes Unruhen zusammenbrauten, wurde eine dorthin entsandte makedonische Flotte durch hundert phönizische und zyprische Schiffe verstärkt, während die aus hundertsechzig Dreiruderern bestehende griechische Flotte vorwiegend in der Ägäis operierte. Die Einheiten der Vielvölkerflotte unter der Kontrolle von Alexander als König von Makedonien, Hegemon der Griechen und König von Asien wurden alle von makedonischen Offizieren kommandiert, und deren Befehle für 331 lauteten, Kreta zu befreien und »vor allem die Meere von den Piratenflotten zu säubern«.

Im Jahr 331 wurde damit erstmals in der Geschichte eine Seeherrschaft errichtet, die sich vom Schwarzen Meer bis zu den Küsten Ägyptens erstreckte. Nach Alexanders Wunsch sollte sie zur Grundlage eines florierenden Seehandels zwischen den Kontinenten werden, der allen Küstenvölkern der Region beispiellosen Wohlstand bringen würde. Dieser Plan wurde verwirklicht, auch wenn später die makedonische Welt in einander bekämpfende Reiche aufgeteilt wurde. Diese Leistung Alexanders ist ebenso hoch einzustufen wie seine Organisation des Königreichs Asien. Sie sollte sogar noch länger nachwirken und die Grundlage für den Wohlstand des Römischen und später des Byzantinischen Reichs bilden.

Der Vormarsch nach Osten und die Schlacht bei Gaugamela

Ägypten Anfang 331

Nach der Öffnung der Seewege zwischen Griechenland und der südöstlichen Mittelmeerküste begaben sich fünfzehn Abgesandte des Korinthischen Bundes zu Alexander. Während der Fahrt den Nil hinauf
mögen sie sich an den Versuch Athens und seiner Verbündeten erinnert haben, die Kontrolle über Ägypten zu erlangen, der zu der Katastrophe des Jahres 454 geführt hatte. Nun schenkten sie Alexander in
Anerkennung dessen, was er als Hegemon »für die Sicherheit und
Freiheit Griechenlands« erreicht hatte, eine goldene Krone.

Auf den Ägäischen Inseln waren jetzt die Parteigänger Alexanders
und der Griechen an der Macht. Sie nahmen einige persienfreundliche
Führer gefangen und schickten sie nach Ägypten zu Alexander, der sie
zur Aburteilung durch ihre Landsleute in ihre Heimat zurückschickte.
Ausgenommen waren nur die Männer von der Insel Chios, die zum
Korinthischen Bund gehörte; ihnen sollte vor dem Bundesrat der Prozess gemacht werden. Mytilene belohnte er für den unbeugsamen Widerstand gegen Persien mit einem Gebiet an der kleinasiatischen Küste, das er »mit dem Speer gewonnen« hatte. Außerdem erfüllte er die
Bitten einiger Gesandtschaften aus dem griechischen Mutterland, darunter die Bitte um Freilassung von Athenern, die in der Schlacht am
Granikos gefangengenommen worden waren. Sein Ziel war es, die
Einhaltung des Allgemeinen Friedens zu sichern und den Widerstand
gegen das an der Seite Persiens kämpfende Sparta zu stärken.

Für die Ägypter war Alexander der Pharao. Aus Hieroglyphenin-
schriften geht hervor, dass sie ihm die höchsten Titel gaben: »Sohn des
Ra« (des höchsten Gottes) sowie »König von Oberägypten und König
von Unterägypten, Geliebter des Ammon und Erwählter des Ra«. Als

Pharao opferte er »den Göttern [Ägyptens] und insbesondere dem Apis«, an dem Kambyses und Artaxerxes Ochos ein großes Sakrileg begangen hatten. So bezeigte Alexander seine Achtung für die Ägypter und seine Anerkennung für ihre religiösen Überzeugungen. Gleichzeitig opferte er nach makedonischem Brauch und veranstaltete sportliche und musikalische Wettbewerbe, zu denen Athleten und Künstler aus dem griechischen Mutterland kamen. Darin lag kein Widerspruch, denn im Glauben des Polytheisten gab es unzählige Götter.

Von Memphis aus segelte er mit einer ausgesuchten Truppe den westlichen Arm des Nils hinab. Dort beschloss er, auf einer Landenge zwischen dem Meer und dem Mareotissee eine Stadt zu erbauen. Durch einen Kanal ließ sich der See mit dem Nil verbinden, sodass die Stadt zwei Häfen erhielt. Ihn ergriff eine Sehnsucht (*pothos*), sogleich mit dem Werk zu beginnen. So markierte er – wahrscheinlich am 20. Januar 331 – die fünfzehn Kilometer lange Umfassungsmauer, das Stadtzentrum und die Bauplätze von Tempeln für Isis (die der Demeter entspricht) und für griechische Götter. Diese waren dem Unternehmen hold, denn ein Opfer erwies sich als günstig, und die Gerste, mit der Alexander den Boden markierte, wurde von Schwärmen von Vögeln verschlungen. Aristandros sagte, das deute auf »Gedeihen insbesondere der Früchte der Erde«. Die Stadt sollte den Namen Alexandria tragen.

Vom Beginn seines Feldzugs war sich Alexander darüber im Klaren gewesen, wie wichtig in seinem Königreich Asien die Städte sein würden, ganz gleich, wie ihre Bevölkerung sich zusammensetzte. Nach der ersten Schlacht erklärte er Troja, das damals ein einheimisches Dorf war, zu einer Stadt, die »von der Zahlung von Tribut frei und ledig« sein sollte, und gab Anweisungen für die Bauten, die dort errichtet werden sollten. Denselben Status erhielten die befreiten griechischen Städte, und auch beim Bau von Priene an der Mündung des Maiandros spielte er eine wichtige Rolle. Die südlichsten griechischen Städte waren Magarsos, wo er der Stadtgöttin Athene opferte, und Mallos, dessen Gründer Amphilochos von ihm ein Opfer als Heros erhielt. In Mallos beendete er eine innere Auseinandersetzung, wie er es in Ephesos getan hatte. Danach gründete er Städte mit gemischter Bevölkerung: Aigai und Alexandria an der Küste des Golfs von Issos,

1 a Goldmedaillons von Olympias und Philipp

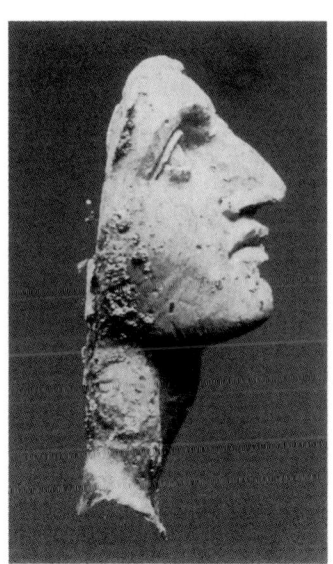

1 b Elfenbeinporträts von Olympias (links) und Alexander

2 Fresko einer königlichen Jagd an der Außenfassade von Philipps Grab, Rekonstruktion

3 a Phalanx von Lanzenträgern

3 b Alexander in der Schlacht von Issos, Ausschnitt aus dem in Pompeji gefundenen Alexander-Mosaik

4 a Silberner Weinkrug
mit dem Kopf eines Silens
aus dem Grab Philipps

4 b Herakleskopf,
der die Züge Alexanders
trägt, auf einer Silber-
amphore aus dem Grab
Philipps

5 a Goldene Urne aus
dem Grab Philipps,
die dessen sterbliche
Überreste enthielt

5 b Goldener Eichenlaub-Kranz aus dem Grab Philipps

6 a Mosaik einer Löwenjagd aus einem Haus im makedonischen Pella

6 b Mosaik des Dionysos, der auf einem Panther reitet, ebenfalls aus Pella

7 Alexander (links) rammt seine Lanze über den Hellespont
hinweg in den asiatischen Boden,
Ausschnitt aus einem in Boscoreale am Vesuv gefundenen Fresko
(römische Reproduktion eines makedonischen Originals)

8 a Satellitenaufnahme der Gegend um das illyrische Pelion

8 b Ebene bei Pelion

9 Der kämpfende Alexander,
Marmorgruppe von einem in Sidon gefundenen Alexander-Sarkophag

10 Satellitenaufnahme von Kilikien,
der antiken Landschaft im südöstlichen Kleinasien, mit dem Golf von Issos

11 Die Familie des Dareios zu Füßen Alexanders, Gemälde des italienischen Renaissance-Malers Paolo Veronese

12 Das Alexander-Mosaik der siegreichen Schlacht bei Issos gegen den Perserkönig Dareios

13 Das Poros-Medaillon (links) zeigt den Angriff eines makedonischen Reiters
auf den auf einem Kriegselefanten reitenden indischen Herrscher Poros.
Auf dem rechten Medaillon ein indischer Bogenschütze und ein unbewehrter Elefant

14 Krater (Weinkrug) aus dem makedonischen Derveni mit dionysischen Motiven

15 Der junge Alexander auf seinem Pferd Bukephalos,
Ausschnitt aus dem Fresko am Grab Philipps (siehe Abb. 2)

16 Idealisierter Alexanderkopf aus Marmor,
gefunden im makedonischen Pella

Bottia am Orontes, das im Landesinneren gelegene Arethusa in Syrien sowie Gadara, Pella und Gerasa im östlichen Palästina und in Jordanien. In diesen Städten siedelte er Makedonen an, die für den aktiven Heeresdienst nicht mehr tauglich waren, sowie Griechen und Einheimische. Seine einzige Gründung in Ägypten war Alexandria.

Diesen Städten war eine wirtschaftliche Rolle zugedacht: Die an der Küste gelegenen sollten als Endpunkte des Handels aus dem Inland und Umschlaghäfen von Gütern ins östliche Mittelmeer dienen und die im Landesinneren Schlüsselstellungen an Karawanenstraßen bilden. So sollte Alexandria der Ausfuhrhafen für die Produkte Ägyptens, der Küsten des Roten Meeres und Äthiopiens (des Sudan) sowie ein Zentrum des Austauschs mit Kyrene (Libyen) und den Ländern des östlichen Mittelmeerraums sein. Gerasa war als Markt für die Gewürze und Wohlgerüche Arabiens vorgesehen. Wäre Alexander westlich des Euphrat geblieben, wie ihm Parmenion angeblich riet, hätte er schon im Jahr 331 für einen rasch wachsenden Wohlstand in den von ihm beherrschten Gebieten in Asien, auf dem Balkan, am Schwarzen Meer und in der Ägäis gesorgt. Dies war das Ergebnis von drei Jahren vorausschauender Planung, das jetzt durch die Etablierung der Seeherrschaft gesichert wurde. Die Städte verbreiteten außer griechischen Fertigkeiten in der Landwirtschaft, bei der Urbarmachung sowie in Handel und Gewerbe auch das Griechische, das in allen Städten die Amtssprache war. Diese als *koine* bezeichnete Sprache beruhte auf dem attischen Dialekt und wurde von Alexander und seinem Stab weiterentwickelt.

Die Städte waren Zentren von Kultur und Bildung. Jede von ihnen besaß für die Aufführung von Theater- und Musikstücken ein Theater und ein Odeion. Alexander las die Schriften Homers, Pindars und der Tragödiendichter und hatte ein ausgeprägtes Interesse an Philosophie, die auch Gedanken über Kunst und Naturwissenschaft umfasste. Die Form der Bildung in den gemischten Städten war makedonisch. Der Lehrplan ähnelte dem der königlichen Pagenschule, und der Unterricht dauerte vom fünfzehnten bis zum Ende des siebzehnten Lebensjahrs. Es war eine Frühform staatlicher Erziehung, die Alexander als König von Asien organisierte und finanzierte. Der Unterricht im Griechischen und die militärischen Übungen fanden im so genannten Gymnasion statt (wie man beispielsweise in Priene eines ausgegraben hat). In Ägypten hat man Lehrbücher für den Unterricht des Griechischen als Fremdsprache sowie für griechische Literatur und Philosophie gefunden. So legte Alexander die Fundamente für den Prozess, den man als Hellenisierung bezeichnet. Sie war jedoch makedonisch geprägt, denn die Schüler wurden auch im Jagen und Reiten sowie als Lanzenträger in der Phalanx ausgebildet, sodass sie nach dem Abschluss der Schule in die Streitkräfte des Königs eintreten konnten. Eine gewisse Vorstellung von den Zahlen gibt uns eine Aussage, wonach sich »in Ägypten sechstausend Knaben des Königs auf Befehl Alexanders des Makedonen gründlich in den Kriegskünsten übten«. Neu aufgenommen wurden mindestens tausendfünfhundert Knaben pro Jahr. Diesen Befehl hatte Alexander zweifellos Anfang 331 in Ägypten gegeben. Zum Ort der Ausbildung bestimmte er Alexandria.

Vorbild der Städte in Asien war die makedonische Stadt, und nicht der griechische Stadtstaat. Die befreiten griechischen Städte erließen zwar Verfügungen, als ob sie freie Demokratien mit eigenen Beamten, Rat und Versammlung wären, und verhandelten direkt mit dem König, und nicht mit seinem Satrapen. Aber sie hatten die Außenpolitik und die Befehle des Königs von Asien zu akzeptieren. Dieser Souveränitätsverlust wurde durch gewisse Vorteile aufgewogen: Sie waren von der Tributzahlung befreit, hatten keine Kosten für die Verteidigung, stellten keine Truppen für die Streitkräfte des Königs und konnten ihre Kräfte dem wirtschaftlichen Fortschritt widmen. Gewalttätige Auseinandersetzungen waren verboten. Dem Gesetz musste dem Allgemeinen Frieden entsprechend Achtung verschafft werden. Die Städte südlich von Magarsos und Mallos ähnelten denen, die Philipp in Thrakien gegründet hatte, insofern ihre Bevölkerung gemischt war und sie in direktem Kontakt zum König standen.

Die Organisation einer gemischten Stadt ist am besten für Alexandria bekannt. Die Stadt war in Bezirke (»deme«) eingeteilt. Die Bewohner waren griechischsprachig und entweder von Alexander angeworbene Soldaten oder griechische Siedler. Erstere trugen Waffen, hielten Recht und Ordnung aufrecht und waren Mitglieder der *deme*. In Verwaltung, Volksversammlung und Rat waren beide Gruppen vertreten. Die Ägypter unterstanden den Gesetzen der Stadt, behielten aber ihre eigenen Bräuche bei, praktizierten ihre Religion und standen unter dem ägyptischen Gesetz, das von ägyptischen Richtern angewendet wurde. In der Verwaltung der Stadt hatten sie nichts zu sagen. Falls sie aber Griechisch lernten und sich hellenisierten, wie die sechstausend Knaben des Königs, konnten sie in die Reihen der Bürger aufgenommen werden. So war die Grenze zwischen Bürger und Nichtbürger nicht so starr wie in den griechischen Stadtstaaten.

Für die Verwaltung Ägyptens traf Alexander folgende Vorkehrungen: Ein makedonischer Admiral mit einer Flotte von dreißig Dreiruderern, zwei makedonische Generäle, die viertausend Mann befehligten, und die Befehlshaber von Garnisonen in Pelusion und Memphis waren unmittelbar Alexander verantwortlich. Zwei von ihm ernannte Ägypter sollten Ober- und Unterägypten nach dem traditionellen System verwalten und dort auch die Steuern einziehen. Alle Abgaben wurden an Alexanders Finanzbeauftragten, einen Griechen namens Kleomenes, gesandt. Die beiden Grenzregionen »Arabien« (Suez) und »Libyen« (das Gebiet, das im Westen an die Wüste angrenzte) wurden von einem Griechen mit zivilen Befugnissen verwaltet. Diese Beamten waren direkt Alexander unterstellt. Der Alltag der Ägypter wurde nur von ihren eigenen Zivilgouverneuren geregelt, und es stand ihnen frei, nach ihren angestammten Traditionen zu leben.

Auch wenn Alexander nicht durch die ägyptische Religion beeinflusst war, führte er eine ausgewählte Truppe von Alexandria über Marsa Matruh zur Orakelstätte des Zeus Ammon in der Oase Siwa. Die Götter betrachteten die Reise offenbar mit Wohlwollen, da sie zuerst Regen fallen ließen und danach zwei Krähen sandten, die den Trupp leiteten, als er in Staubstürmen vom Weg abgekommen war. Alexander wollte es seinen Vorfahren Perseus und Herakles gleichtun, die das Orakel aufgesucht hatten. Der Priester begrüßte ihn als »Sohn des Ra«, das heißt als den herrschenden Pharao (was man mit »Sohn des Zeus« übersetzte). Alexander betrat den Tempel allein, und die Aussprüche des Gottes wurden nicht bekannt gemacht. So weit die von Alexander gebilligte offizielle Darstellung des Kallisthenes. In einem Brief an Olympias schrieb Alexander, er habe von dem Gott »geheime Weissagungen« empfangen, die er ihr und nur ihr mitteilen werde, wenn er wieder in Makedonien sei. Über ihren Inhalt ist viel spekuliert worden. Ptolemaios und Aristobulos meinten, »er habe bis zu einem gewissen Grade versucht, seine Herkunft auf Ammon zurückzuführen«, und führten seine Äußerung an, er habe gehört, »was ihm nach seinem Herzen war«. Andere Autoren, angeführt von Kleitarchos, erfanden Fragen und Antworten, um ihre Leser zu erfreuen.

Für Alexander war Zeus Ammon ein griechischer Gott, der in Aphytis in Chalkidike einen Tempel besaß und in Dodona Verehrung genoss, und er glaubte fest daran, dass die »geheimen Weissagungen« sich bewahrheiten würden. Eine von ihnen war wahrscheinlich eingetroffen, als Alexander zu Beginn der Fahrt den Hydaspes hinab dem Ammon ein Opfer darbrachte, und als er später im Mündungsgebiet des Indus den Göttern opferte, tat er es, seiner eigenen Aussage zufolge, auf Anordnung des Ammon. Wahrscheinlich hatte eine der Weissagungen Alexander verheißen, dass er die Grenzen Asiens erreichen werde. Aber was immer der Ammonpriester gesagt haben mochte, bei den einfachen Makedonen verbreitete sich die Vorstellung, dass Alexander dazu ermutigt worden war, Ammon als seinen Vater zu betrachten. Während er sich noch in Ägypten aufhielt, wurde berichtet, dass Apollon von Didyma, dessen Orakel seit der Eroberung durch Persien geschwiegen hatte, Alexander zu einem Nachfahren des Zeus erklärt und die Sibylle von Erythrai von seiner »hohen Geburt« (*eugeneia*) gesprochen hatte. Diese Berichte wurden mit Billigung Alexanders von Kallisthenes veröffentlicht. Daraus ist nicht notwendig zu schließen, Alexander selbst habe sich für einen Nachfahren des Zeus gehalten. Möglicherweise hat er diese Idee nur zu Propagandazwecken gefördert.

Etwa vier Monate lang erholte sich die Armee in Ägypten vom Kampf. Sie war nicht untätig, sondern beschäftigte sich damit, Alexandria zu erbauen, Expeditionen zu unternehmen und zu exerzieren. Eine der Expeditionen ging nilaufwärts. Alexander selbst hatte eine »Sehnsucht« (*cupido*), bis nach Äthiopien, »fast über die Grenzen der Sonne hinaus«, zu gelangen, aber er wurde von Kallisthenes vertreten, der berichtete, die Überschwemmung des Nil sei auf gewaltige Regenfälle zurückzuführen. Die Expedition wurde durch »die glühend heiße Zone des ausgedörrten Himmels« gestoppt.

Im Jahr zuvor waren die Truppen des Königs durch Verstärkungen von 300 Reitern und 3000 Fußsoldaten aus Makedonien aufgefüllt worden. Jetzt, Ende 332, schickte Alexander aus Gaza einen Offizier nach Makedonien, »um für den Feldzug geeignete junge Männer anzuwerben«. Ein Jahr sollte vergehen, bis sie in der Nähe von Susa Alexanders Heer erreichten. Im Jahr 333 hatte er 350 griechische Reiter erhalten, aber er verließ sich hauptsächlich auf die Anwerbung von griechischen Söldnern, von denen 3300 in persischen Diensten gestanden hatten und 4400 aus Griechenland gekommen waren. In Memphis stießen 500 thrakische Reiter zu ihm.

Als der Frühling näherrückte, veranstaltete Alexander Festspiele zu Ehren von Zeus dem König, die den Xandika in der Heimat entsprachen. Die Armee marschierte in Waffen auf, es fanden Wettkämpfe von Sportlern und Künstlern statt, und es wurden verschwenderische Opfer dargebracht. Für den Abmarsch der Armee hatte man über den Nil bei Memphis und über die Kanäle Brücken errichtet. Bei Frühlingsanfang zogen die Flotte und die Armee ab. In Tyros sollten sie sich wieder vereinen.

Der Feldzug und die Schlacht bei Gaugamela

Tyros war mit einer phönizischen Bevölkerung neu gegründet worden und bereitete dem für diese Region zuständigen makedonischen Kommandeur keine Schwierigkeiten. Alexander hatte dort prachtvolle Festspiele mit Opfern für Herakles, Sportwettkämpfen und künstlerischen Wettbewerben geplant, um die Erringung der Seeherrschaft zu feiern. Die Könige von Zypern rüsteten die Chöre für die Theaterstücke aus, aus Athen kamen Schauspieler, und führende makedonische Generäle traten als Preisrichter des dramatischen Wettbewerbs auf. Als ein Schauspieler, dem Alexander zugetan war, nicht den ersten Preis erhielt, sagte der König, er hätte einen Teil seines Reichs für ein anderes Ergebnis hergegeben, aber er akzeptierte das Urteil. Die Klänge der Lyra rührten ihn tief; als ein beliebter Spieler neben ihm in einer Schlacht fiel, weihte er in Delphi eine Bronzestatue des Mannes mit Leier und Speer in den Händen. Die Staatsschiffe Athens und wahr-

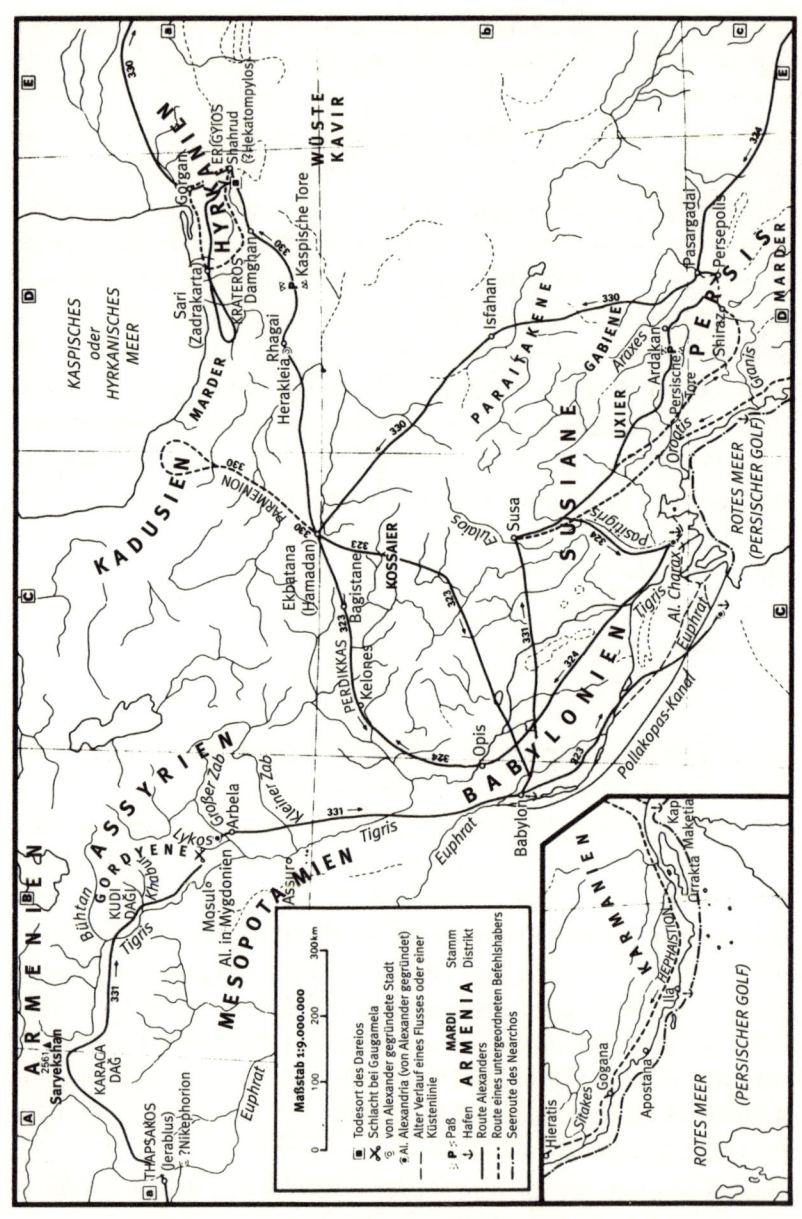

12. *Die zentralen Satrapien*

scheinlich auch anderer Staaten des Mutterlandes kamen zu den Festspielen, sowohl um den Hegemon zu beglückwünschen als auch um ihre Bitten vorzutragen.

Alexander blieb mindestens drei Monate in Phönizien und Syrien. In dieser Zeit nahm er einige Veränderungen in der Verwaltung vor. So wurde der Satrap von Syrien abgelöst, weil er die erforderlichen Lebensmittel nicht eingezogen hatte. Als die Juden von Samaria rebellierten und den makedonischen Satrapen der Region bei lebendigem Leib verbrannten, ließ Alexander die Verantwortlichen hinrichten, vertrieb die Bevölkerung und machte Samaria zu einer gemischten Stadt wie Gerasa. Er hoffte vielleicht, dass Dareios seine Armee zu einer Entscheidungsschlacht über den Euphrat führen würde. In diesem Fall hätte Alexander seine Vorräte gleich bei der Hand gehabt. Als deutlich wurde, dass Dareios in Mesopotamien kämpfen wollte, entschloss sich Alexander Ende Juli 331 zum Vormarsch. Etwa um dieselbe Zeit setzte Antipatros in Makedonien die angeforderten Verstärkungen in Marsch, und Alexander befahl einer Flotte aus makedonischen, griechischen, zyprischen und phönizischen Kriegsschiffen, zur Peloponnes zu segeln, von wo gemeldet wurde, dass Aufstände zur Unterstützung Spartas drohten.

Am anderen Ufer des Euphrat hielt der persische Befehlshaber Mazaios mit dreitausend Reitern, zweitausend griechischen Söldnern und weiteren Fußsoldaten eine Verteidigungsstellung. Beim Herannahen Alexanders zog er sich jedoch auf der persischen Hauptstraße den Euphrat abwärts zurück. Wahrscheinlich hoffte er, dass Alexanders Truppen ihn verfolgen und ihnen dabei die Vorräte ausgehen würden. Alexander lies zwei Brücken über den Fluss bauen und seine Soldaten und den Nachschubtross hinübermarschieren. Dann wartete er einige Tage ab, womit er Mazaios möglicherweise über seine Absichten täuschte. Schließlich rückte er nordostwärts entlang der armenischen Vorberge vor, um Weidegras für seine Pferde zu finden, den Bedarf an Nachschub zu decken und der großen Hitze zu entgehen. Rund siebenundvierzigtausend Mann und vielleicht zwanzigtausend Pferde und Maultiere waren zu versorgen.

Etwa sechs Wochen waren die beiden Armeen ohne jeden Kontakt zueinander. In dieser Zeit unternahmen die Makedonen Einfälle nach

Armenien, wobei Alexander einige Gegner gefangen nahm, die ihm offenbarten, dass Dareios plane, den Tigris zu halten. »Auf diese Nachricht rückte Alexander in Eilmärschen zum Tigris« und überquerte den reißenden Fluss an einer unverteidigten Stelle. So weit flussaufwärts hatte Dareios ihn nicht erwartet. Während die Armee auf den Nachschubtross wartete, trat am Abend des 20. September 331 eine Mondfinsternis ein. Alexander stellte die Moral der Truppe wieder her, indem er den Göttern, welche die Finsternis verursacht hatten – Mond, Sonne und Erde –, Opfer brachte, und Aristandros prophezeite, die Finsternis kündige den Sieg über Persien noch im selben Monat an. Nun wandte sich Alexander nach Süden. Von gefangen genommenen persischen Reitern erfuhr er, dass Dareios sich nicht weit von seinem Standort bereithielt. Daraufhin machte Alexander vier Tage Halt, um »sein Heer von dem langen Marsch ausruhen« zu lassen.

Seine Späher meldeten, die Armee des Dareios befinde sich in elf Kilometern Entfernung auf der anderen Seite einer Hügelkette. Um der Hitze zu entgehen, marschierte Alexander in der Nacht los, überschritt die Berge und ließ die Truppen im Morgengrauen Halt machen. Ungefähr fünf Kilometer weiter hatte der Feind in der Ebene zur Schlacht Aufstellung genommen. Alexander hatte sein Vorgehen bereits mit einigen Befehlshabern erörtert, und nun beriet er sich mit allen Kommandeuren. Die Mehrheit riet ihm, sofort anzugreifen, aber Parmenion setzte sich mit seiner Forderung nach einer gründlichen Aufklärung durch. Danach rief Alexander seine Kommandeure noch einmal zusammen, wies darauf hin, dass es »um die Herrschaft über ganz Asien« gehe, und schärfte ihnen ein, dass Befehle umgehend, präzise und schweigend zu befolgen seien. Für die Lasttiere, die so unentbehrliche Güter wie Gerste für die Kavalleriepferde trugen, wurde ein Lager eingerichtet. Die Armee nahm ihr Abendessen ein, und die Einheiten schliefen in der Anordnung, die sie in der Schlacht einnehmen sollten. Gegen Mittag begann Alexander mit dem Marsch in die Ebene.

Dareios hatte, nach Völkerschaften geordnet, die besten Reiter seines von Kappadokien bis Pakistan reichenden Imperiums und außerdem die Saken von jenseits seiner Grenzen aufgeboten. Einige Einheiten waren mit Lanzen und Schwertern bewaffnet, doch die meisten würden in ihrer gewohnten Art mit Pfeil und Bogen, Wurfspießen und Krummsäbeln kämpfen. Nach Arrian, betrug ihre Zahl insgesamt »angeblich« vierzigtausend Mann. Hinzu kamen fünfzehn indische Elefanten, die Dareios aber im Lager zurückließ, wahrscheinlich weil nur die indischen Pferde dafür ausgebildet waren, mit Elefanten zusammen zu agieren. Die Elite-Infanterie bestand aus etwa sechstausend griechischen Söldnern und tausend persischen Gardisten. Weitere Fußsoldaten unterstützten die Reitereinheiten oder bildeten eine allgemeine Reserve. Die niedrigste Schätzung für die Infanterie lag bei vierhunderttausend Mann, was zweifellos übertrieben war. Außerdem verfügte Dareios über eine neue Waffe, den Sichelwagen, an dessen Rädern, Rahmen und Deichsel scharfe Klingen angebracht waren. Er war der Meinung, ein Angriff von etwa zweihundert derartigen, von zwei oder vier Pferden gezogenen Wagen werde die Phalanxformation durchbrechen und die Lanzenträger in Nahkämpfe verwikkeln, in denen die Lanze eher ein Hindernis als eine Hilfe darstellte.

Dareios war der Erste, der das von ihm ausgewählte Schlachtfeld erreichte, einen Streifen von ebenem Weide- und Ackerland. Er schlug drei Schneisen für die Sichelwagen, und an manchen Stellen legte er Fußangeln (Dornen) für die Pferde des Feindes. Als er erfuhr, dass Alexander in der Nacht (am 29. September) von seinem Basislager aufgebrochen war, ließ er seine Armee aufmarschieren und hielt sie in Alarmbereitschaft, falls Alexander im Morgengrauen oder kurz danach angreifen sollte. Bis zum Mittag des 1. Oktober blieb die riesige persische Armee in den Gefechtsstellungen, während sich die makedonische Armee einen Tag ausruhte und eine Nacht im Lager schlief.

Der mittlere Teil der persischen Schlachtreihe bestand von vorn nach hinten aus fünfzig Sichelwagen, vier nach Völkerschaften geordneten Einheiten (zwei Reiterabteilungen und zwei Abteilungen, die wahrscheinlich aus Fußsoldaten bestanden) und der Königlichen Reitergarde. Dahinter befand sich Dareios in seinem Kampfwagen inmitten der Elite-Infanterie, und den Abschluss bildete eine zweite Linie von Fußsoldaten. Auf dem rechten Flügel hatten vorn ebenfalls fünfzig Sichelwagen Aufstellung genommen, gefolgt von neun nach Völkerschaften geordneten Einheiten von Reitern, von denen einige

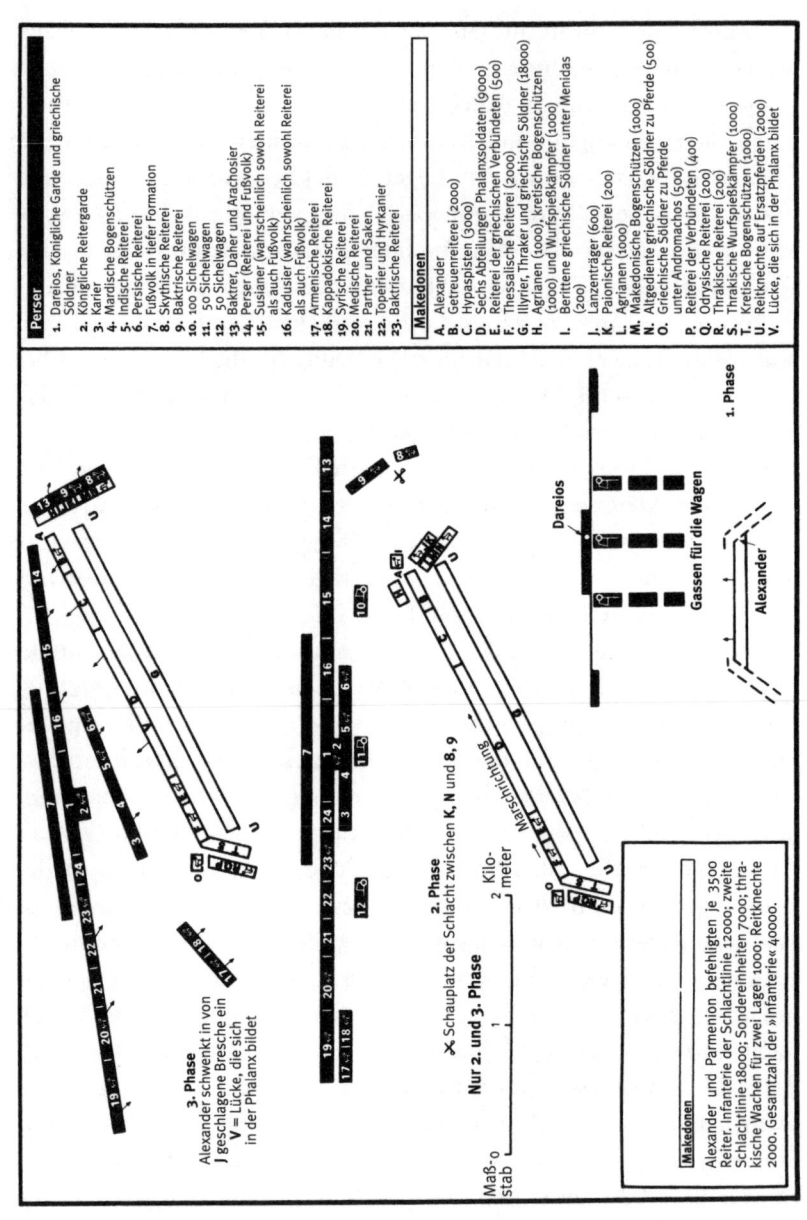

13. Die Phasen der Schlacht bei Gaugamela

durch Fußsoldaten des jeweiligen Volks unterstützt wurden, und im Hintergrund befand sich ein Teil der zweiten Infanterielinie. Auf der äußersten Rechten stand eine vorgeschobene Gruppe von zwei Reitereinheiten. Zum linken Teil der Front gehörten hundert Sichelwagen, fünf Reitereinheiten mit unterstützenden Fußsoldaten des jeweiligen Volks und auf der äußersten Linken eine vorgeschobene Gruppe von zwei Reitereinheiten (Baktrer und Skythen). Dahinter stand eine zweite Infanterielinie.

Dareios hoffte darauf, dass Alexander wie bei Issos einen Frontalangriff mit einer Linie unternehmen würde, die parallel zu seiner eigenen verlief. Dann könnten die angreifenden Kampfwagen die Phalanx der Fußsoldaten durchbrechen und die zahlenmäßig stark überlegenen Reiter nicht nur Alexanders kürzere Front umfassen, sondern auch durch die von den Sichelwagen geschlagenen Breschen angreifen. Es war ein guter Plan, allerdings nur dann, wenn Alexander seinen Angriff so führte, wie Dareios es erwartete.

Die Armee Alexanders rückte wie auf einem Exerzierplatz auf die Ebene vor. Zuerst verlief die Front noch parallel zu der des Dareios, genauer gesagt zu seinem rechten Flügel und einem Teil des Zentrums. Doch dann machte sie einen Schwenk und bewegte sich in schiefer Formation, der rechte Flügel vorgezogen und der linke nachhinkend (siehe Abbildung 13), auf den rechten Flügel der Perser zu. Als Dareios sah, dass sich Alexanders Armee von den für die Wagen vorbereiteten Schneisen entfernte, befahl er den Baktrern und den Skythen, Alexanders rechte Flanke anzugreifen und die Bewegung aufzuhalten. Doch Alexander unternahm mit einer Schwadron nach der anderen, jeweils in keilförmiger Formation, Gegenangriffe und rückte zugleich weiter in Richtung auf Dareios' rechten Flügel vor. Der persische Großkönig schickte seine Sichelwagen in den Angriff, bevor es zu spät war. Aber sie erwiesen sich als wirkungslos, denn die Makedonen öffneten befehlsgemäß ihre Reihen, um sie passieren zu lassen, Agrianen und thrakische Wurfspießkämpfer schlugen mit ihren Wurfspießen auf Fahrer und Pferde ein, und die Truppen machten einen Heidenlärm, der die Wagenpferde scheuen und ausbrechen ließ.

An diesem Punkt wird die Aufstellung von Alexanders Truppen wichtig. Vor seiner vorgeschobenen Rechten und an ihrer Flanke befanden sich die Agrianen, die thrakischen Wurfspießkämpfer, makedonische Bogenschützen und »ein Fußvolk aus altgedienten griechischen Söldnern« – von denen sich einige mit den Sichelwagen befassten – sowie Reiterschwadronen aus griechischen Söldnern, Paionen und Lanzenträger; diese sollten die erwähnten Gegenangriffe durchführen. Die fortlaufende Linie bestand, von rechts nach links, aus Alexander als Anführer der Schwadronen der Getreuenreiterei, der Hypaspistengarde, den übrigen Hypaspisten, den sechs Brigaden der Phalanxsoldaten und der griechischen Reiterei, bei der die Thessalier den Flügel hielten. Auf der Linken kam vorneweg ein Flankenschutz aus berittenen griechischen Söldnern; darauf folgten einige griechische Reiter, die odrysische und thrakische Reiterei sowie zu ihrer Unterstützung thrakische Wurfspießkämpfer und kretische Bogenschützen. Hinter der Hauptphalanx marschierte eine zweite Phalanx derselben Länge, die aus griechischen Söldnern zu Fuß sowie illyrischen und thrakischen Fußsoldaten bestand. Diese zweite Phalanx sollte kehrtmachen, falls die persische Reiterei sie von hinten angriffe.

Während die Sichelwagen in die Schlacht fuhren, befahl Dareios einen allgemeinen Vormarsch und schickte gleichzeitig einige persische Reiter vor, die den besiegten Baktrern und Skythen zu Hilfe kommen sollten. Alexander befahl der letzten Einheit seines Flankenschutzes, den sechshundert Lanzenträgern, die persische Reiterei an dem Punkt anzugreifen, an dem sie die persische Hauptfront verließ. Als die Lanzenträger einen Durchbruch erzielt hatten, ließ Alexander seine Linie im rechten Winkel nach links schwenken, bildete »einen Keil aus der Getreuenreiterei und der dortigen Infanterie« (den Hypaspisten), stürmte mit tosenden Schlachtrufen durch die Lücke und machte einen Schwenk nach links, »zu Dareios selbst hin«. In erbitterten Kämpfen behielten die langen Lanzen der Getreuenreiterei und die starrenden Stoßlanzen der Hypaspisten die Oberhand, und als sie näherrückten, geriet Dareios in Panik und floh.

Der stürmische Angriff von Alexanders Keil war in dem Moment geführt worden, in dem die angreifende Reiterei der persischen Rechten den linken Teil der makedonischen Phalanx zum Stehen brachte. Zwangsläufig entstand eine Lücke zwischen diesem Teil der Phalanx und den Brigaden, die auf einer Linie mit Alexanders Keil vorrückten. Diese Lücke wurde von indischen und persischen Reitern ausgenutzt. Doch statt einen Schwenk zu machen und anzugreifen, ritten sie zu dem Lager, das nur von einer kleinen Truppe von Thrakern bewacht wurde. Daraufhin machte ein Teil der zweiten Linie der zum Stillstand gebrachten Phalanx kehrt, »wie es ihnen von Alexander befohlen war«, und besiegte den Feind im Lager.

Unterdessen geriet der linke Flügel, der unter dem Kommando Parmenions stand, durch Angriffe von allen Seiten in erhebliche Bedrängnis. Ein Hilfeersuchen erreichte Alexander. Obwohl er versucht gewesen sein muss, den nunmehr flüchtigen Dareios zu verfolgen, ließ Alexander die Schwadronen der Getreuenreiterei nach links schwenken und kämpfte sich den Weg durch die Reiter des persischen rechten Zentrums frei. Sechzig Getreue fielen. »Aber auch mit diesem Feinde wurde Alexander fertig.« Er war gerade dabei, die Reiterei auf der äußersten Rechten anzugreifen, als sie unter den brillanten Angriffen der thessalischen Schwadronen einbrach und floh. Damit befand sich die gesamte riesige Armee auf der Flucht.

Alexander und die Getreuen setzten sich an die Spitze der Verfolger, und die Truppen Parmenions schlossen sich ihnen an. Als der Abend hereinbrach, legte Alexander bis Mitternacht eine Ruhepause ein, während Parmenion das persische Lager eroberte. Danach trug Alexander die Verfolgung bis nach Arbela, wo er den Schatz und die Besitztümer des Dareios erbeutete. Die Verfolgung über hundertzehn Kilometer kostete hundert Mann und tausend Pferde das Leben, aber die Verluste des Feindes hatten zur Folge, dass Dareios nie wieder eine Reichsarmee aufstellte. In Arbela brachte Alexander den Göttern Dankopfer dar und verteilte Belohnungen. Von den Makedonen, die im Siegestaumel versprachen, ganz Asien für ihn zu erobern, wurde er zum »König von Asien« ausgerufen. Er selbst verkündete seinen Triumph in einer Weiheinschrift für Athene von Lindos auf Rhodos, welche in seinen eigenen Worten folgendermaßen lautet: »Nachdem König Alexander im Kampf den Dareios bezwungen hatte und zum Herrn von Asien geworden war, opferte er der Athene Lindia einem Orakel gemäß.« Für ihn war die Niederlage Persiens das Vorspiel zur Eroberung ganz Asiens.

Die Einnahme von Persepolis und die Lage in Griechenland

Babylon, Susa und die militärische Reorganisation

Gaugamela war ebenso ein Sieg der Griechen wie er einer der Makedonen war. Während des Vormarschs in die Ebene hatte sich Alexander an die Griechen auf seinem linken Flügel gewandt und, indem er die Rechte bittend zu den Göttern erhob, Kallisthenes zufolge gebetet: »Wenn ich wirklich von Zeus abstamme (*Diothen gegonos*), dann schützt und stärkt die Griechen.« Damit bezog er sich auf die beiden Orakel, die Kallisthenes bekannt gemacht hatte, und er sprach von Griechen, nicht von Makedonen. Jetzt berichtete er »den Griechen« (des Allgemeinen Friedens), dass die Befreiung (von Persien) vollkommen sei und die befreiten Städte autonom seien. Besonderen Tribut zollte er Plataia und Kroton für ihren Anteil an den Perserkriegen. Seine Bemühung um die Griechen kam angesichts der Aufstandsgefahr auf der Peloponnes zum rechten Zeitpunkt. Doch die Nachrichtenverbindungen waren langsam. Um von Pella nach Susa zu gelangen, brauchte ein Kurier zwei Monate; Truppen brauchten für diese Strecke ein Vierteljahr oder noch länger. So sollte die Nachricht von Aufständen in Thrakien und auf der Peloponnes Alexander erst Ende November oder Anfang Dezember 331 erreichen.

Die Erstlingsfrucht des Sieges war Babylonien, die reichste Satrapie des Persischen Reichs. Der Satrap Mazaios, der in Gaugamela den rechten Flügel der Perser befehligt und sich im Kampf ausgezeichnet hatte, suchte Alexander auf und lieferte ihm Babylon aus. Als Alexander an der Spitze der Armee nahte, begrüßten ihn die Priester und die übrigen Einwohner mit Geschenken und streuten Blumen auf seinen Weg. Für die Babylonier war dies das Ende einer zweihundertjährigen persischen Besetzung, in der ihre Tempel beispielsweise von Xerxes entweiht worden waren. Alexander ging ebenso vor wie in Ägypten. Unter der Leitung der Priester opferte er ihrem obersten Gott Belos (Baal), folgte ihren Empfehlungen hinsichtlich der Tempel der Stadt und befahl der Bevölkerung, die von Xerxes angerichteten Schäden zu beseitigen. Von den Babyloniern wurde er als Befreier und als von Belos anerkannter König akzeptiert.

Wiederum übertrug er die militärische, finanzielle und zivile Verwaltung Babyloniens verschiedenen Beamten. Fürs erste befehligte Apollodoros siebenhundert Makedonen und etwa tausenddreihundert griechische Söldner, während Asklepiodoros für das Einziehen des Tributs zuständig war. Zum Zivilgouverneur (Satrapen) ernannte Alexander den persischen Amtsinhaber Mazaios. Das muss die Makedonen verblüfft haben; immerhin befanden sie sich im Krieg mit Persien. Was war Alexanders Motiv? Er hatte immer Hochachtung für Perser gehabt, die aus freien Stücken in seine Dienste traten – diesen Punkt hatte er auch in seinem Briefwechsel mit Dareios betont –, und er hatte sie »so behandelt, wie es ihrem Rang entsprach«, woraus hervorgeht, dass es sich bei ihnen um Perser eines gewissen Ranges handelte. Ein Beispiel war Mithrenes, der Sardes ausgeliefert hatte. Nun ernannte Alexander ihn zum Satrapen von Armenien und gab damit zu erkennen, dass Mazaios keine Ausnahme darstellte. Diese Politik führte zur friedlichen Einnahme von Susa, denn auf seinem Marsch zu dieser Stadt kam ihm Abulites, ein Sohn des persischen Satrapen von Susiane, entgegen und bot ihm die Kapitulation an. Das war kein geringer Gewinn: In Susa übernahm Alexander einen Schatz, der fünfzigtausend Talente Silber wert war. Er beließ Abulites in seiner Stellung als Satrap. Umgekehrt müssen Mazaios, Mithrenes und Abulites die Herrschaft Alexanders als König von Asien anerkannt haben. Zu dieser Zeit wurden die gefangenen Frauen der persischen Königsfamilie weiterhin als Mitglieder eines Königshauses behandelt. Die Bedeutung dieses Umstands wird weiter unten erörtert.

Während sich die Armee einen Monat lang in Winterquartieren bei Babylon erholte, verteilte Alexander Belohnungen: sechshundert Drachmen pro Kopf an makedonische Reiter, fünfhundert an griechische Reiter, zweihundert an makedonische Fußsoldaten, den doppelten monatlichen Sold an griechische Söldner sowie entsprechende

Zahlungen an balkanische Reiter und an griechische und balkanische Fußsoldaten. Als er die Armee auf den langen Marsch nach Susa führte, stieß Amyntas mit den erwarteten Verstärkungen zu ihm. Sie bestanden aus 500 makedonischen Reitern, 6000 makedonischen Fußsoldaten, 600 thrakischen Reitern, 3500 thrakischen Fußsoldaten sowie 380 berittenen griechischen Söldnern »von der Peloponnes« und 4000 griechischen Söldnern zu Fuß. Die Gesamtzahl von etwa 15000 Mann kann man mit der Zahl derer vergleichen, die 334 den Hellespont überquerten – etwa 37000 Mann.

Die Zahl der makedonischen Fußsoldaten ist von besonderem Interesse. Zu Philipps Vorhut in Asien hatten höchstens 3000 von ihnen in zwei Brigaden gehört. Alexander war mit 12000 in Asien einmarschiert, und in Gordion waren 3000 hinzugekommen. Mit den jetzt eingetroffenen 6000 Mann konnte er seine Einheiten auf die Sollstärke von 12000 Mann (in drei Hypaspistenbrigaden und sechs Phalanxbrigaden) auffüllen und eine neue Phalanxbrigade von 1500 Mann aufstellen. Damit betrug die Zahl der Abgänge aus der kämpfenden Truppe 4500. Die in der Schlacht Getöteten zählten eher nach Hunderten als nach Tausenden. Ein großer Teil der 4500 Mann war in den neuen Städten von Aigai bis Alexandria stationiert worden. Gelegentlich kommandierte man aktive Makedonen zu einer Garnison ab, um sie im Notfall wieder zum aktiven Dienst einzuberufen. Als Alexander seine letzte Verstärkung erhielt, war er in der Lage, 1000 ältere Makedonen (*aetate graves*) als Garnison in der Zitadelle von Susa zu postieren. Für die Getreuenreiterei betragen die entsprechenden Zahlen, wenn wir annehmen, dass es in Philipps Vorhut nur eine Schwadron gab, 200, 1800, 300 und 500, insgesamt 2800. Ausgeschieden waren hier etwa 1000 Mann.

Hatte Alexander zu viele Soldaten aus Makedonien mitgenommen? Diese Frage muss er sich gestellt haben, als ihn in Susa die Nachricht erreichte, dass Agis, der König von Sparta, mit seiner Armee und etwa zehntausend mit persischem Gold gekauften Söldnern eine makedonische Streitmacht auf der Peloponnes besiegt und die Unterstützung von Elis sowie des größten Teils von Arkadien und Achaia gewonnen hatte. Auch in Thrakien hatte es einen Aufstand gegeben, für den Memnon, der General in Thrakien, verantwortlich gemacht wurde, aber Antipatros bot all seine Truppen auf und bewegte ihn so zu einer Vereinbarung. Alexander konnte im Dezember 331 in Susa nicht mehr tun, als dreitausend Talente zu senden, die Antipatros allerdings frühestens Ende Februar erreichen würden, und die Athener wissen zu lassen, dass er ihnen die von Xerxes geraubten Statuen von Harmodios und Aristogeiton schicken werde. Antipatros verfügte wahrscheinlich immer noch über die Armee von zwölftausend Phalanxsoldaten und tausendfünfhundert Reitern, die ihm Alexander 334 dagelassen hatte. Denn Alexander hatte keinen von Antipatros' Soldaten als Verstärkung angefordert, sondern ausdrücklich »junge Männer«, das heißt Angehörige der Miliz verlangt.

In Susa veranstaltete Alexander für seine Makedonen traditionelle Festspiele mit einem Opfer, einem Fackellauf und Sportwettkämpfen. Die Mutter des Dareios, seine Töchter und seinen Sohn, die weiterhin als Angehörige des Königshauses behandelt wurden, ließ er in Susa zurück und gab ihnen Lehrer, die ihnen Griechisch beibringen sollten. Die in Persis und Medien bevorstehenden Kämpfe würden Gebirgsscharmützel und keine konventionellen Schlachten sein. Aus diesem Grund und wegen der Versetzung von tausend älteren Makedonen in den Garnisonsdienst nahm Alexander Beförderungen von Männern vor, die sich bei Mutproben ausgezeichnet hatten, und bildete neue Einheiten, bei denen es sich um Alternativen zu den traditionellen Einheiten und nicht um Ersatz für sie handelte: Kompanien der Getreuenreiterei von fünfundsiebzig bis hundert Reitern sowie acht Infanteriekommandos mit je tausend Mann (die aber nicht aus den Reihen der Königlichen Garde und der Hypaspisten rekrutiert wurden), die im Gebrauch der für den Gebirgskrieg geeigneten Waffen und entsprechenden Taktiken ausgebildet wurden. Die Kommandos wurden erstmals gegen die Uxier im Südosten von Susa eingesetzt und erzielten so verheerende Wirkungen, dass der persische Befehlshaber Medates kapitulierte und die Uxier sich unterwarfen. Medates wurde Gnade gewährt, und die Uxier mussten als jährlichen Tribut sechshundert Pferde und Maultiere sowie dreißigtausend Rinder, Ziegen und Schafe übergeben. Was die Reiterei anging, wurden die paionischen und thrakischen Schwadronen, die ursprünglich aus je hundertfünfzig Mann bestanden hatten, offenbar aufgelöst und die Männer den Lanzenträgern zugeteilt, die in der Schlacht von Gaugamela schwere Verluste erlitten haben müssen.

Zusammen mit den Verstärkungen hatte Antipatros Alexander »fünfzig Söhne von Freunden des Königs als Leibwächter« geschickt, das heißt einen Jahrgang der Königlichen Pagen. Sie sollten ihr letztes Jahr am Hof von Kallisthenes und anderen Philosophen unterwiesen werden und dem König zu Diensten sein. Alexander ließ wahrscheinlich bekannt machen, dass auch ihre Nachfolger Jahr für Jahr an seinen Hof kommen würden. Für die Makedonen warf dies die wichtige Frage auf, wo sich das Zentrum ihrer Gesellschaft befinden sollte, in Pella oder an einem reisenden Hof in Asien. Es gab bereits eine Dichotomie, da Alexander zugleich König der Makedonen und König von Asien war. Außerdem war seine Rolle als König der Makedonen insofern aufgeteilt, als sein Stellvertreter in Makedonien und er selbst in Asien, wo immer er sich gerade befand, als Staatsoberhaupt auftrat. Die Versetzung von Königlichen Pagen nach Asien muss als Verschiebung des Gleichgewichts erschienen sein, zumal sie nach ihrer Ausbildung ihre Karriere nicht in Makedonien, sondern in Asien beginnen sollten. Warum nahm Alexander die Versetzung vor? Vermutlich empfand er das Bedürfnis, seine konstitutionelle Position in Asien als König der Makedonen zu stärken und Einfluss auf diejenigen zu gewinnen, die für hohe Posten in seinem Reich bestimmt waren. Doch damit gefährdete er seine engen Beziehungen zu den Makedonen in Asien, insbesondere zu den Freunden und Getreuen.

Persepolis und die Zukunft Persiens

Die direkte Route nach Persepolis war durch eine große persische Streitmacht versperrt, welche die Persischen Tore, eine enge, zehn Kilometer lange Schlucht zwischen hohen Bergen, besetzt hielt. Ein Frontalangriff scheiterte unter einigen Verlusten. Alexander zog seine Truppe, die aus der Getreuenreiterei, den Lanzenträgern, der Mehrheit des makedonischen Fußvolks, den Agrianen und den Bogenschützen – also der Elite der Armee – bestand, zurück und unternahm eine überaus kühne nächtliche Operation. Krateros blieb mit einer kleinen

Truppe im Lager und täuschte den Feind, indem er zahlreiche Lagerfeuer anzündete, während Alexander die Hauptstreitmacht auf einem Umweg durch bewaldetes Gelände führte. Um Mitternacht teilte er sie in zwei Abteilungen auf: Die eine, die aus dem größten Teil der Reiterei und einem Teil des Fußvolks bestand, sollte zwischen der persischen Stellung und Persepolis eine Brücke über den Araxes (den heutigen Pulvar) schlagen, und die andere unter dem Kommando Alexanders vor Tagesanbruch die persische Stellung erreichen. Alles hing vom Überraschungseffekt ab. Nachdem er drei persische Wachen ausgeschaltet hatte, fiel er, ohne bemerkt zu werden, in das persische Lager ein und rief mit einem Trompetenstoß die Truppe des Krateros herbei, die, wie zuvor verabredet, einen Frontalangriff unternahm. In völliger Auflösung wurde die persische Truppe zwischen beiden Abteilungen zerrieben. Anschließend gelang es Alexander und seiner Getreuenreiterei, vor den Überlebenden der persischen Streitmacht in Persepolis einzumarschieren und die Zitadelle sowie die Schatzkammer unversehrt zu übernehmen.

Nach der Besetzung von Persepolis entsandte Alexander einen Trupp, der die Schatzkammer in der alten Hauptstadt Pasargadai erobern sollte. Zum Satrapen von Persis ernannte er einen Perser. Dann rief er einige Freunde und Befehlshaber zusammen, um zu erörtern, wie er mit Persepolis verfahren sollte. Arrian, der den Darstellungen von Ptolemaios und Aristobulos folgt, berichtet von einer Meinungsverschiedenheit zwischen Alexander und seinem führenden Freund Parmenion. Alexander schlug vor, den Palast des Dareios und des Xerxes zur Vergeltung für ihre frevlerischen Handlungen gegen die griechischen Götter (ein Motiv, das auch Strabon erwähnt) niederzubrennen. Dies wäre ein Fanal für den Triumph »der Griechen« gewesen, das die loyalen griechischen Staaten ermutigt hätte, gegenüber Sparta und den Rebellen auf der Peloponnes standhaft zu bleiben. Parmenion widersprach dem Vorschlag. Er war der Ansicht, ein solches Vorgehen werde die Perser vor den Kopf stoßen, welche die Makedonen dann lediglich als Eroberer und Plünderer betrachten würden.

Alexander setzte seinen Vorschlag in die Tat um. Nachdem der Schatz abtransportiert worden war, belohnte er die Makedonen für ihre Tapferkeit, indem er Palast, Thronsaal und Schatzkammer zur Plünderung freigab. Danach legte er den Palast in Schutt und Asche. Bei Ausgrabungen ist festgestellt worden, dass die Plünderung in großer Eile geschah, denn zahlreiche kleine Gegenstände aus Gold und Edelsteinen blieben zurück und wurden unter den Trümmern des Palasts begraben. Als die griechischen Truppen eintrafen, war alles vorbei. Kleitarchos erfand zur Unterhaltung der Griechen eine Sensationsgeschichte, der zufolge eine athenische Prostituierte namens Thais auf einem Trinkgelage die Brandstiftung vorgeschlagen und in Begleitung des berauschten Alexander selbst die Fackel an das Gebäude gehalten hatte. Die Ausgrabungen haben jedoch gezeigt, dass der Brand kein unbedachter Akt war.

Die Hauptarmee ruhte sich etwa vier Monate in Persepolis aus (die Stadt war durch die Brandschatzung des Palasts nicht in Mitleidenschaft gezogen worden), aber im März führte Alexander eine ausgewählte Truppe in die Berge südlich von Persepolis, wo er die Marder und andere Stämme unterwarf. Der Feldzug dauerte einen Monat. Den persischen Satrapen von Karmanien, der nach dem Feldzug gegen die Marder seine Autorität anerkannte, beließ Alexander im Amt.

Als er im Mai seine Armee nach Norden führte, ließ er eine Garnison von nur dreitausend Makedonen in Persepolis zurück. Offenbar rechnete er damit, dass sich die Perser nicht erheben und keine zweite Front errichten würden, während Dareios in Medien, wohin sich Alexander jetzt begab, über eine Armee verfügte. Die Gründe für sein Vertrauen in die Perser verdienen Beachtung. Seit der Eroberung von Sardes hatte Alexander jeden persischen Satrapen und Gouverneur willkommen geheißen, der sich ihm ergab und seine Herrschaft anerkannte. Ihnen selbst und ihrem Gefolge wurde der Rang zugestanden, den sie unter persischer Herrschaft gehabt hatten, ob als Reiter, Höflinge oder Beamte. Als die Ehefrau des Dareios im Jahr 332 starb, ließ Alexander ein prunkvolles Begräbnis nach persischem Brauch ausrichten. Seine Beziehungen zu Sisygambis, der Mutter des Dareios, waren von besonderer Hochachtung gekennzeichnet; es hieß sogar, dass er die Uxier auf ihre Bitte hin nachsichtig behandelt habe. Wenn er der Familie des Dareios königlichen Rang zugestand, dann, weil er in ihr das Königshaus von Persien sah, und wenn er Ochos, dem achtjährigen Sohn des Dareios, eine Ausbildung zukommen ließ, dann, weil er ihn als den Anwärter auf den persischen Thron betrachtete. Darüber hinaus ließ er das Grab des persischen Nationalhelden Kyros' des Großen in Pasargadai wiederherstellen.

Dies alles zeigte, dass Alexander nicht die Absicht hatte, die königliche Familie und die führenden Staatsmänner von Persien abzusetzen, und indem er Perser zu Satrapen der besiegten Regionen Susiane und Persis ernannte, demonstrierte er, dass Persien sich im Rahmen des Königreichs Asien ebenso wie Ägypten und Babylon selbst regieren sollte. Noch bemerkenswerter war, dass er Perser zu Satrapen von Babylonien, Armenien und Karmanien ernannte, nachdem diese Gebiete von persischer Herrschaft befreit worden waren. Denn das konnte nur bedeuten, dass Perser an der Verwaltung seines Königreichs teilhaben sollten. Überdies verfolgte er diese Politik, als Dareios noch Krieg gegen ihn führte und in Medien eine Armee befehligte. Das einzige Beispiel für eine aufgeklärte Politik gegenüber einem besiegten Gegner in der vorangegangenen Geschichte war die Haltung Philipps nach der Schlacht von Chaironeia. In der nachfolgenden Geschichte, ob in Europa oder Asien, gibt es dazu kein Analogon.

Die Lage in Griechenland

Während Alexander in Persepolis den Winter verbrachte, erfuhr er, dass nur Arkadien und Elis vom Korinthischen Bund abgefallen, ihre Truppen unter dem Kommando Spartas aber nicht nach Mittelgriechenland vorgerückt waren, sondern Megalopolis in Arkadien belagerten. Für die Haltung des Korinthischen Bundes war Athen ausschlaggebend. Blieb es dem Allgemeinen Frieden treu, war es mit seiner Flotte in der Lage, die Seeherrschaft Makedoniens in der Ägäis zu stärken, und seine Armee konnte jedes Heer von der Flanke angreifen, das vom Isthmos nach Mittelgriechenland marschierte, wo sich Sparta auf die Unterstützung einiger Staaten verlassen konnte. Schloss sich die Stadt dagegen Sparta an, konnte sie durch die Ausrüstung von zweihundert Kriegsschiffen und die Bereitstellung von Schiffen für etwaige Verbündete der makedonischen Flotte den Kampf ansagen, wie sie es nach dem Tod Alexanders auch tun sollte, und die athenische Armee konnte sich der spartanischen Koalition anschließen und in Makedonien einmarschieren. In der Volksversammlung sprachen sich Aischines und Demades für Loyalität aus. Demosthenes dagegen wollte sich Sparta anschließen und die Flotte in Bewegung setzen. Hätte er sich durchgesetzt, wäre Alexander möglicherweise gezwungen gewesen, seine Kampagne in Persien zu stoppen und Verstärkungen aus seiner Armee nach Makedonien zu schicken. Doch wie Alexander erwartet hatte, beschloss die Versammlung, nicht tätig zu werden, denn »er hatte Athen mehr Gunst erwiesen als allen anderen griechischen Staaten«. Als Antipatros von Athens Beschluss erfuhr, versicherte er Alexander, dass angesichts der gewaltigen Summe, die bei ihm eingetroffen sei, nur noch Truppen in ausreichender Zahl angeworben werden müssten, um Sparta und dessen Verbündete niederzuschlagen. Diese beruhigende Auskunft mag Alexander in Persepolis erreicht und ihn dazu ermutigt haben, im Mai nach Medien vorzurücken.

Ohne dass Alexander zum damaligen Zeitpunkt davon wusste, marschierte Antipatros Ende April oder im Mai auf die Peloponnes, ohne auf Widerstand zu stoßen. Zu seiner Armee, deren Größe mit 40 000 Mann angegeben wird, gehörten mindestens 1 500 makedonische Reiter und 12 000 makedonische Fußsoldaten, Kontingente der Staaten, die aktiv den Allgemeinen Frieden unterstützten (ohne Athen), sowie Balkantruppen und vermutlich auch Söldner. Agis, der König von Sparta, gebot über 2000 Reiter, 20 000 Bürgerhopliten und 10 000 griechische Söldner, die mit persischem Gold angeheuert worden waren. Die entscheidende Schlacht wurde in der Nähe von Megalopolis geschlagen. In einem Bericht werden die Verluste Spartas und seiner Verbündeten mit 5 300 Mann angegeben und die des Antipatros mit über 1000 Mann sowie zahlreichen Verwundeten.

Die Verluste Makedoniens sollen Alexander zu dem Kommentar veranlasst haben, dies sei ein »Mäusekrieg« gewesen, denn seine eigenen Schlachten hatten nur wenige Makedonen das Leben gekostet. Doch Antipatros hatte seine Kräfte gut eingeteilt. Die Feinde kapitulierten bedingungslos. Würden sie in die Sklaverei geführt werden wie

335 die Thebaner? Da Antipatros die gemeinsamen Streitkräfte als stellvertretender Hegemon »der Griechen« befehligt hatte, bat er den »Bundesrat der Griechen«, über die Bedingungen zu entscheiden, handelte also wie Alexander im Jahr 335. Der Rat erlegte Arkadien und Elis eine Buße von hundertzwanzig Talenten auf, die an Megalopolis gezahlt werden sollte, und setzte ihre Führer gefangen, weil sie gegen die Satzung des Allgemeinen Friedens verstoßen hatten. Ohne Zweifel wurden sie später vor Gericht gestellt. Es ist ein Zeichen für die Unabhängigkeit des Rates, dass er so maßvolle Bedingungen beschloss, ohne die Stellungnahme des Hegemon abzuwarten.

Sparta hatte sich nicht dem Allgemeinen Frieden angeschlossen. Es hatte sich durchgängig gegen Makedonien gestellt und bei dieser Gelegenheit versucht, im Sinne des so genannten Peloponnesischen Bundes eine Koalition unter seiner Führung zustande zu bringen. Der Rat des Allgemeinen Friedens hatte daher recht, wenn er die Entscheidung über das Schicksal Spartas Makedonien übertrug. Antipatros hatte bereits fünfzig führende Spartaner als Geiseln genommen, und jetzt, im Sommer 330, sandte er sie zusammen mit einer spartanischen Delegation zu Alexander. Bis Alexanders Entscheidung in Griechenland eintreffen konnte, würden vier Monate vergehen.

Währenddessen wählte die Athener Volksversammlung Phokion zum General und sprach sich auf Antrag von Demades für die Anerkennung des Allgemeinen Friedens und das Bündnis mit Makedonien aus. Doch zwei Gerichtsurteile zeigten, dass sich das Volk nach den Tagen der unbeschränkten Souveränität zurücksehnte, was den Rückzug aus dem Korinthischen Bund voraussetzte. Der eine Fall war der des Leokrates, der nach der Niederlage in Chaironeia Athen verlassen hatte und deshalb von Lykurgos angeklagt wurde, der die Todesstrafe forderte. Die Abstimmung der Geschworenen ergab Stimmengleichheit. Der zweite Fall betraf Ktesiphon, der Anfang 336 vorgeschlagen hatte, Demosthenes für die Athen erwiesenen Dienste mit einem goldenen Kranz zu ehren. Darauf hatte Aischines, der den Antrag für verfassungswidrig hielt, einen Prozess angestrengt, der jedoch damals nicht stattgefunden hatte. Jetzt sah er die Gelegenheit gekommen, den Fall erneut aufzurollen. »In wenigen Tagen«, sagte er, »wird der Rat der Griechen zusammentreten, ... und wenn ihr Demosthenes mit einem Kranz ehrt, dann wird sichtbar werden, dass ihr der gleichen Meinung seid wie diejenigen, die dem Allgemeinen Frieden zuwiderhandeln.« Doch Demosthenes verteidigte in seiner Rede »Über den Kranz« erfolgreich seine politischen Aktivitäten, und Aischines konnte nicht einmal ein Fünftel der Stimmen der Geschworenen für sich gewinnen. Daraufhin verließ er Athen für immer.

Wahrscheinlich bald nach diesem Prozess kehrten Truppen des Korinthischen Bundes, die Persien besiegt hatten, nach Hause zurück und brüsteten sich mit ihren Siegen sowie dem reichlichen Sold und der Belohnung, die sie von Alexander erhalten hatten. Sie machten auch die Chancen publik, die sich Griechen in den von Alexander gegründeten Städten boten. So wurde die Kluft zwischen der Heimat und dem, was Aischines »die Enden der Welt« nannte, geschlossen. Wahrscheinlich haben die heimkehrenden Krieger die Unterstützung für den Korinthischen Bund in ihren jeweiligen Staaten gestärkt. Alexander konnte darauf hoffen, dass der Rat des Korinthischen Bundes die Lage im griechischen Mutterland in den kommenden Jahren unter Kontrolle halten würde.

Der Tod des Dareios und der Entschluss zum Vormarsch nach Osten

Der Vormarsch nach Ekbatana und die Verfolgung des Dareios

Sieben Monate hatte sich Dareios unbehelligt in Medien aufgehalten, das einen beträchtlichen Teil des persischen Kernlandes darstellte, und in Verbindung zu seinen Untertanen vom östlichen Armenien bis nach Baktrien gestanden. Doch es war ihm nicht gelungen, eine ähnlich gewaltige Armee aufzustellen wie jene, die bei Gaugamela gekämpft hatte. Zum einen hatte die Niederlage seine Autorität untergraben, und zum anderen stellte Alexanders liberale Politik beispielsweise für Babylonien und Persis eine akzeptable Alternative zur persischen Oberherrschaft dar.

Als Alexander im Mai mit seiner gesamten Armee von Persis aus vorrückte, wusste er jedoch nichts von Dareios' Schwierigkeiten. Den Widerstand in Paraitakene überwand er und setzte einen Perser als Satrapen ein. Als er zwölf Tagesmärsche von der Grenze Mediens entfernt war, erreichte ihn die Meldung, dass sich Dareios nach Verstärkung seiner Armee durch skythische und kadusische Verbündete entschlossen habe, sich zum Kampf zu stellen. Alexander hielt seine Truppen beim Vorrücken in Alarmbereitschaft, während die Wagen des Gepäck- und Nachschubtrosses mit ihrer Bewachung nachfolgten. Doch der Bericht erwies sich als unzutreffend. Die Verbündeten des Dareios waren nicht eingetroffen, und er zog sich aus Medien zurück. »Mit umso größerer Energie eilte Alexander daher vorwärts« in Richtung auf die Hauptstadt Ekbatana (das heutige Hamadan). Unterwegs kam ihm Bisthanes, ein Sohn des Artaxerxes Ochos (des Vorgängers des Dareios auf dem persischen Thron), entgegen. Seine Unterwerfung war ein Hinweis darauf, dass die persischen Aristokraten die Herrschaft Alexanders als König von Asien akzeptierten. Außerdem berichtete er, Dareios sei mit siebentausend Talenten und einer Armee von nur dreitausend Reitern und sechstausend Fußsoldaten geflohen.

Alexander wusste jetzt, dass er in naher Zukunft nicht gezwungen sein würde, seine gesamte Armee in eine offene Feldschlacht zu führen. Nach seinem Einzug in Ekbatana, der Letzten der drei persischen Hauptstädte, erklärte Alexander als Hegemon den Krieg des Korinthischen Bundes gegen Persien für beendet. Die griechischen Truppen hatten ihre Ziele – die Befreiung der griechischen Städte in Asien und die Rache an Persien – erreicht und waren nicht daran interessiert, für Alexander das Königreich Asien zu erobern. Neben vollem Sold für die Zeit bis zu ihrem Eintreffen in Euboia in Griechenland empfing jeder Reiter eine Belohnung von einem Talent, und jeder Fußsoldat erhielt ein sechstel Talent. Alexander bedachte alle mit Geschenken und gab ihnen bis zur Küste eine Begleitmannschaft mit. Wer sich freiwillig zum Dienst in den makedonischen Streitkräften verpflichtete, erhielt eine Schenkung. Dies alles kostete Alexander angeblich zwölftausend Talente. Die Lücken in seinen Truppen wurden vielleicht zum Teil durch die Anwerbung von sechstausend Söldnern geschlossen, die unter dem Kommando eines athenischen Söldnergenerals über Kilikien aus der Ägäis gekommen waren.

Alexander verlegte seine Operationsbasis von Persepolis nach Ekbatana. Der dortige Palast war nicht zerstört, aber einen großen Teil der silbernen Ziegel und der goldenen und silbernen Beschläge des Balkenwerks hatten »Alexander und seine Makedonen« geplündert. Zum Verwalter des angehäuften Schatzes, der sich angeblich auf hundertachtzigtausend Talente belief und für den die Zitadelle als Lager vorgesehen war, wurde Harpalos ernannt, und das Kommando über die Garnison, die sechstausend Makedonen zählen sollte (dreitausend sollten aus Persepolis abgezogen werden), erhielt Parmenion. Alexander plante drei Operationen. Eine Truppe von Thrakern, Söldnern und leicht bewaffneten Reitern unter dem Befehl von Parmenion sollte in Kadusien und Hyrkanien einen Feldzug führen. Zu einem späteren Zeitpunkt sollten die 6000 Makedonen über die persische Straße nach Parthien ziehen, um dort zu Alexander zu stoßen. Diese Truppe sollte Kleitos befehligen, der krank in Susa zurückgelassen worden war und nach Ekbatana kommen sollte. Alexander machte sich sogleich an die Verfolgung des Dareios. Mit sich nahm er die Getreuenreiterei, die Späher, die berittenen Söldner, die Hypaspisten, den Rest der Phalanxsoldaten, die Bogenschützen und die Agrianen.

Alexander schlug ein solches Tempo an, dass Fußsoldaten zusammenbrachen und Pferde an Erschöpfung starben. Er hatte gehofft, Dareios westlich der Kaspischen Tore (des Engpasses von Sialek und Sardar) abfangen zu können, aber der Perserkönig entkam durch die Tore. Bei Rhagai (in der Nähe des heutigen Teheran) machte Alexander Halt und gönnte seinen Truppen eine fünftägige Ruhepause. Zum Satrapen von Medien ernannte er den Perser Oxydates, der von Dareios in Susa gefangen gesetzt und von den Makedonen befreit worden war. Von Rhagai aus zog er durch die Tore und legte in Choarene am Rande der Wüste eine Pause ein. Dort kamen Bagistanes, ein vornehmer Babylonier, und Antibelos, ein Sohn des Mazaios, aus dem Lager des Dareios, um Alexander mitzuteilen, dass Dareios von drei führenden Persern (Nabarzanes, Bessos und Barsaentes) gefangen genommen, das heißt abgesetzt worden sei. Man sollte meinen, dass Dareios jetzt für Alexander nicht mehr von Bedeutung war und er in den drei Persern den Feind erblickte, den er ohne Hast verfolgen konnte (wie es Monate später tatsächlich geschah). Doch Alexander unternahm eine übermenschliche Anstrengung, um Dareios in die Hand zu bekommen.

Mit der Getreuenreiterei, den Spähern und den tüchtigsten Fußsoldaten in leichten Waffen und mit Rationen für zwei Tage marschierte er die ganze Nacht hindurch bis zum Mittag des nächsten Tages und dann wieder vom Abend bis zum darauf folgenden Tag, an dem er ein verlassenes Lager erreichte. Dort erfuhr er, dass sich der Feind in zwei Gruppen aufgeteilt hatte: Artabazos war mit seinen Söhnen und den griechischen Söldnern in die Berge gezogen, und Bessos hatte den Oberbefehl über den Rest, darunter auch den festgenommenen Dareios. »Schon erlahmten Männer und Pferde infolge der ständigen Strapazen. Trotzdem trieb er weiter und legte eine große Strecke die ganze Nacht durch bis zum Mittag des folgenden Tages zurück.« An dem Lagerplatz, an dem Bessos die vorangegangene Nacht verbracht hatte, sagten ihm Dorfbewohner, dass es eine Abkürzung gab, die durch wasserloses Gelände führte. Er wählte die fünfhundert tauglichsten Männer aus, gab ihnen Pferde der Reiterei und ließ sie ihre Infanteriewaffen mitnehmen. Die anderen sollten die von Bessos gewählte Route einschlagen. In dieser Nacht legte Alexander vierundsiebzig Kilometer zurück, und im Morgengrauen stieß er auf den Feind, der ohne Waffen marschierte und kaum Widerstand leistete. Bessos und seine Begleiter versuchten, in einem geschlossenen Wagen mit Dareios zu fliehen, aber als Alexander sie verfolgte, erstachen Satibarzanes und Barsaentes den Dareios und flohen mit sechshundert Reitern. Als Alexander den Wagen erreichte, war Dareios tot.

So weit der auf Ptolemaios fußende Bericht des Arrian. Aber weshalb wollte Alexander Dareios unbedingt gefangen nehmen? Die Antwort lautet wahrscheinlich, dass er und seine Familie das Königshaus der Meder und Perser bleiben sollten, nur unter der Oberhoheit Alexanders als König von Asien. Dareios soll über großen Charme verfügt haben und wäre von den persischen Adligen im Gefolge Alexanders vermutlich akzeptiert worden. Eine andere Erklärung ist nicht bekannt. So wie die Dinge lagen, unternahm Alexander alles, um die Perser günstig zu stimmen. Für Dareios wurde in Persepolis ein königliches Begräbnis ausgerichtet. Sisygambis leitete die Trauerfeierlichkeiten, und Alexander beklagte den Tod des Großkönigs. Überdies behandelte er Sisygambis und ihre Familie weiterhin als das Königshaus der Meder und Perser und erhob nie Anspruch auf ihren Thron: »Er proklamierte sich nicht zum König der Könige.« Sein Königreich war »ganz Asien«.

Alexanders Vorstellung von Asien und die Vorbereitungen auf den Zug nach Osten

Seinen Begriff von Asien leitete Alexander von der Lehre des Aristoteles ab, der zufolge die »bewohnte Erde« vom »Weltmeer«, dem Ozean, umgeben war und sich in drei Regionen teilte: Europa, Libyen und Asien. Die Erde war also nicht kugelförmig, sondern flach, und Asien war im Westen durch den Tanais (den heutigen Don), das Binnenmeer und den Nil und im Osten durch Indien und das Weltmeer begrenzt (siehe Abbildung 15). Die Grundlagen der Kenntnisse des Aristoteles und seine Größenvorstellungen gehen aus folgender Passage hervor:

»Praktisch zeigen Reisen zu See und Land, dass die Länge [der bewohnten Welt] viel größer ist als die Breite. Das Verhältnis der Distanzen a) zwischen den Säulen des Herakles und Indien, b) zwischen Äthiopien und der Maiotis beziehungsweise dem äußersten Skythien ist nämlich größer als fünf zu drei. (Aristoteles, *Meteorologika* 362b, 19–23).«

Als Aristoteles diese Passage schrieb, griff er vermutlich auf die Erkenntnisse zurück, die auf Alexanders Reisen, insbesondere auf der Expedition nach Äthiopien, gewonnen worden waren. Die Landvermesser (*bematistai*) und Wissenschaftler in Alexanders Begleitung schickten Berichte über Entfernungen, klimatische Verhältnisse, Flora und Fauna sowie menschliche und tierische Lebensverhältnisse an die Schule des Aristoteles in Athen. Er wusste allerdings noch nicht, dass er mit seiner Annahme im Irrtum war, von den Gipfeln des Paropamisos (des Hindukusch) könne man das »äußere Meer« sehen und Indien sei eine kleine Halbinsel in diesem Meer. Die zitierte Passage lässt sich daher auf die Zeit vor dem Einmarsch Alexanders ins Industal datieren. Sie gibt also ein recht deutliches Bild von Alexanders Überzeugungen im Juli 330, als er sich entscheiden musste, ob er Parthien als seine Ostgrenze akzeptieren oder auch den Rest von Asien erobern wollte.

Im Juli 330 hatte Alexander erfahren, dass Antipatros Sparta besiegt und die Autorität des Rates des Korinthischen Bundes auf dem griechischen Festland wiederhergestellt hatte und dass die makedonische Seeherrschaft im östlichen Mittelmeer und im Schwarzen Meer unangefochten war. Seine Herrschaft als König von Asien war in Ägypten und im westlichen Asien akzeptiert worden, und seine Politik der Zusammenarbeit mit der herrschenden Klasse in Persis und Medien schien erfolgreich zu sein. Seine makedonischen Truppen standen für weitere Eroberungen bereit, da sie weder in Europa noch in Asien als Garnisonen zur Unterstützung der Regierungen gebraucht wurden. Als Alexander auf das zurückblickte, was er innerhalb von vier

Jahren in Asien erreicht hatte, sah er nichts, das dagegen sprach, in weitere Abenteuer zu ziehen.

Praktische Erwägungen waren jedoch nicht die einzigen Faktoren im Denken Alexanders. Anfangs hatte er Asien als mit dem Speer zu gewinnendes Geschenk von den Göttern entgegengenommen, und in Sardes, Gordion, Erythrai, Didyma, Siwa und Gaugamela hatten sie ihm Zeichen ihres Wohlwollens zukommen lassen. Deshalb forderte sein Glaube von ihm, »Herr von Asien« zu werden, so wie er es in der Weihinschrift angekündigt hatte, die er in Lindos auf Rhodos niedergelegt hatte, und er zweifelte nicht, dass er bei fortdauerndem Wohlwollen der Götter in allen Dingen Erfolg haben werde, die ihm in Asien bevorstanden. Diese Überzeugung war es, die ihn in den kommenden Jahren durch manche Krise tragen sollte.

Um seine Pläne umsetzen zu können, benötigte er vor allem die Kooperation der Makedonen. Im Rausch des Sieges bei Gaugamela hatten sie ihn zum König von Asien erhoben, und er hatte die Absicht, sie beim Wort zu nehmen. Als die griechischen Truppen aus der Umgebung von Ekbatana in die Heimat zurückkehrten, mögen die Makedonen sich Hoffnungen gemacht haben, dass auch sie heimkehren könnten. Diese Erwartung dürfte sich verstärkt haben, als Alexander nach der Verfolgung des Dareios in der Nähe von Hekatompylos in Parthien eine Ruhepause einlegte. Doch er wandte sich auf einer Versammlung mit einer Rede an die Makedonen in seinem Heer – 2000 Getreuenreiter, 3000 Hypaspisten und 2000 Phalanxsoldaten –, deren Argumente er in einem Brief an Antipatros zusammenfasste, den Plutarch gelesen hat (*Alexandros* 47, 1–3). In die Heimat zurückzukehren, sagte er, würde bedeuten, Asien dem Chaos auszuliefern und sich selbst einem Gegenangriff von Seiten der Asiaten auszusetzen. Wer immer es wolle, könne seinen König jetzt, da er die bewohnte Welt für sein Land gewinne, verlassen. Er werde mit seinen Freunden und einer Truppe von Freiwilligen weiterziehen. Die Reaktion war einmütig: Er solle sie führen, wohin er wolle.

Weiterhin war es notwendig, die Truppen des Korinthischen Bundes abzulösen. Die mindestens zweitausend Reiter und insbesondere die Thessalier hatten glänzend gefochten. Ohne sie hätte Alexander die drei Feldschlachten nicht gewinnen können. Auch die siebentausend Fußsoldaten hatten zusammen mit der Reiterei unter dem Kommando Parmenions wichtige Operationen durchgeführt, etwa auf der anatolischen Hochebene und an der Küste auf dem Weg von Tarsos zu den Syrischen Toren. Da sie als Garnisonstruppen und Unterstützungstruppen gedient hatten, waren die Makedonen in der Lage gewesen, an vorderster Front zu kämpfen. Alexander hatte die Notwendigkeit vorhergesehen, diese griechischen Truppen zu ersetzen, und in Lydien, Lykien, Syrien und Ägypten junge Asiaten ausbilden lassen. Im Herbst 330 stießen 300 lydische Reiter und 2600 lydische Fußsoldaten zu ihm. Ihnen folgten im Winter 329/28 weitere 1000 Reiter und 8000 Fußsoldaten aus Lykien und Syrien, die alle in makedonischer Waffenkunst ausgebildet waren. Die Reiterei besaß zwar keine Kampferfahrung, aber Alexander holte ständig asiatische Aristokraten, vor allem Perser, die Elitereiter der persischen Armee gewesen waren, in seine Umgebung und damit in seine Reiterei. Wahrscheinlich stellte er in diesem Zeitraum auch die aus Persern bestehende Reitergarde der »Euaken« auf, die von höchster Qualität war.

Der Vormarsch nach Osten war nur dann möglich, wenn Meder und Perser Alexanders Herrschaft akzeptierten und bei Nachschub und Kommunikation mit ihm zusammenarbeiteten. Nach seinem Sieg hatte er die Perser nicht entwaffnet und keine Veränderungen in ihrer inneren Verwaltung vorgenommen, sodass es leicht möglich gewesen wäre, einen Aufstand zu organisieren und Alexanders Verbindungen nach Westen abzuschneiden. Er setzte seine Politik der Partnerschaft auf höchster Ebene der Zivilverwaltung fort und ernannte Perser zu Satrapen von Parthien und Mardien-Tapurien sowie einen Parther zum Satrapen von Hyrkanien. An seinem Hof hielten sich jetzt viele vornehme Asiaten auf, denen dieselben Ehren zuteil wurden wie in der Vergangenheit. Zu ihnen gehörten ein Bruder des Dareios, ein Sohn des Artaxerxes Ochos, der stellvertretende Befehlshaber des Dareios, ein führender Staatsmann (Artabazos) und ein Militärbefehlshaber (Mazaios). Bei Audienzen mit asiatischen Höflingen galt eine Form des persischen Zeremoniells. Während Alexander die führenden Makedonen als »Freunde« ansprach, nannte er die Asiaten »Verwandte« und gestattete ihnen, ihn nach persischer Sitte zu küssen, und sie erwiesen ihm fußfällige Verehrung (*proskynesis*). Bei diesen Audienzen trug er eine Kleidung mit medischen und persischen Elementen, ohne jedoch die Attribute eines persischen Königs zu benutzen, und seine Diener waren Keulenträger, wie in Asien üblich. Erstmals führte er dieses Zeremoniell Mitte August 330 in Parthien ein. Zweifellos fragte er in diesem Anfangsstadium seine Freunde um Rat und war sich der vorhandenen Ablehnung bewusst.

Zur Vorbereitung auf den Vormarsch nach Osten teilte er nach dem Tode des Dareios seine Truppen in drei Teile auf. Er selbst stellte sich an die Spitze der Abteilung, welche die gefährlichste Route einschlug, und,unterwarf im Hochland des Elburs die Tapurer. In weiteren Operationen wurden die Marder besiegt. Sein Hauptlager schlug er in Zadrakarta (wahrscheinlich das heutige Sari) am Rand der fruchtbaren Ebene zwischen dem Elburs und dem »großen Meer« (Arrian 3,23,1) auf. Zu diesem Zeitpunkt teilte er noch die Überzeugung des Aristoteles, dass das Hyrkanische (Kaspische) Meer eine Ausbuchtung des Ozeans sei. Die tausendfünfhundert griechischen Söldner, die unter Dareios gedient hatten, ergaben sich, und Alexander ließ diejenigen frei ziehen, die »vor dem Frieden und dem Bündnis [der Griechen] mit Makedonien« im Jahr 337 in Dareios' Dienste getreten waren. Die anderen nahm er in seine Dienste. Auch einige griechische Gesandte gaben sich in seine Hände. Die aus Sparta und Athen wurden verhaftet, während der Gesandte aus Sinope (an der Südküste des Schwarzen Meeres) nicht behelligt wurde, weil die Stadt kein Mitglied des Korinthischen Bundes war (Arrian 3,24,4). In Zadrakarta veranstaltete Alexander traditionelle makedonische Festspiele mit den üblichen Opfern und Sportwettkämpfen, die fünfzehn Tage dauerten. Als er Mitte August nach Parthien zurückkehrte, hatte er den Korridor zwischen Kaspischem Meer und der Großer Salzwüste (Dasht-e Kavir) vollständig unter Kontrolle.

An diesem Punkt war eine folgenschwere Entscheidung zu treffen. Zum einen bestand die Möglichkeit, eine relativ leicht zu sichernde Grenze zu ziehen, die von der Südostecke des Kaspischen Meers über den Elburs, den Korridor zur Großen Salzwüste, an deren Westrand und dem der Wüste Lut entlang über Kerman zur Mündung des Persischen Golfes geführt hätte. Da Alexander auf die Unterstützung Ägyptens und Babylons sowie die Kooperation der Meder und Perser

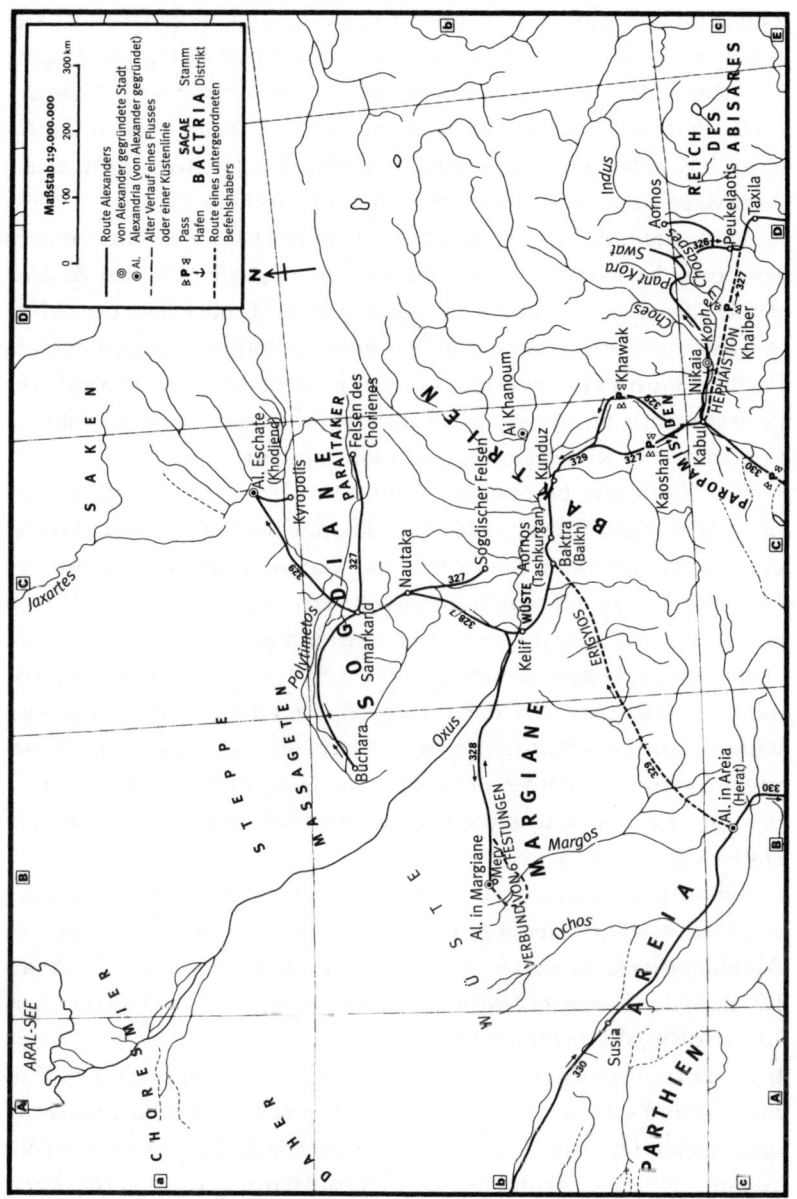

14. *Die nordöstlichen Satrapien*

zählen konnte, hätte er in diesem Fall ein riesiges, wohlhabendes Gebiet beherrscht, dessen Mitte in Kilikien gelegen hätte, das Zugang zum Ägäischen Meer hatte und damit die Verbindung nach Makedonien offen hielt. Er hätte seine Herrschaft ausweiten können, indem er nach Arabien und in das Gebiet zwischen Kaspischem und Schwarzem Meer vorstieß. In einem frühen Stadium hatte Parmenion Alexander geraten, den oberen Euphrat als Ostgrenze zu nehmen, und in Persepolis hatte er ihn dann gewarnt, es sei gefährlich, den Asiaten den Eindruck zu vermitteln, er »ginge nur auf Eroberung aus«. Mitte August 330 war Parmenion Befehlshaber in Ekbatana, doch auch in Parthien muss es Freunde und Getreue gegeben haben, denen es lieber gewesen wäre, wenn Alexander Ruhe gegeben und ein problemlos zu verteidigendes Königreich in Asien konsolidiert hätte.

Die Alternative bestand darin, im Osten in Gebiete vorzurücken, die jenseits der Reichweite der griechischen Söldner lagen und daher griechischen Denkern kaum bekannt waren. Vielen der asiatischen Höflinge Alexanders waren sie jedoch vertraut, und diese werden ihn sicher gewarnt haben, dass es eine weiträumige Region mit schwierigem Gelände, hohen Gebirgen und ausgedehnten Wüsten sei und dass die kriegerischen Völker dieser Gegend ihre Länder entschlossen verteidigen würden – Parther, Baktrer, Arachosier, Saken, Daher, Massageten, Skythen und Inder. In Gaugamela hatte er gesehen, wie bedrohlich ihre Reiterei war, die als Untertanen oder Bundesgenossen des Dareios gekämpft hatte.

Wie weit nach Osten wollte Alexander ziehen? Die Antwort hängt mit Aristoteles' Vorstellung von der bewohnten Erde zusammen (siehe Abbildung 15), die sich bisher als zutreffend erwiesen hatte. An den Rändern der Erde – im Norden zwischen Schwarzem und Kaspischem Meer sowie, dem Hörensagen nach, jenseits des Kaspischen Meeres bis zum Iaxartes (Syr-Darja) und im Süden in Libyen, Arabien, Karmanien und Gedrosien – befanden sich Steppen- und Wüstenregionen, die am Ozean lagen. Und es war offensichtlich, dass eine große Gebirgskette, die Aristoteles als »Tauros-Parnassos-Kaukasos-Paropamisos« bezeichnete, das nördliche vom südlichen Asien trennte. Was östlich des Paropamisos lag, war nicht einmal den asiatischen Höflingen Alexanders bekannt. Anscheinend waren die indische Rei-

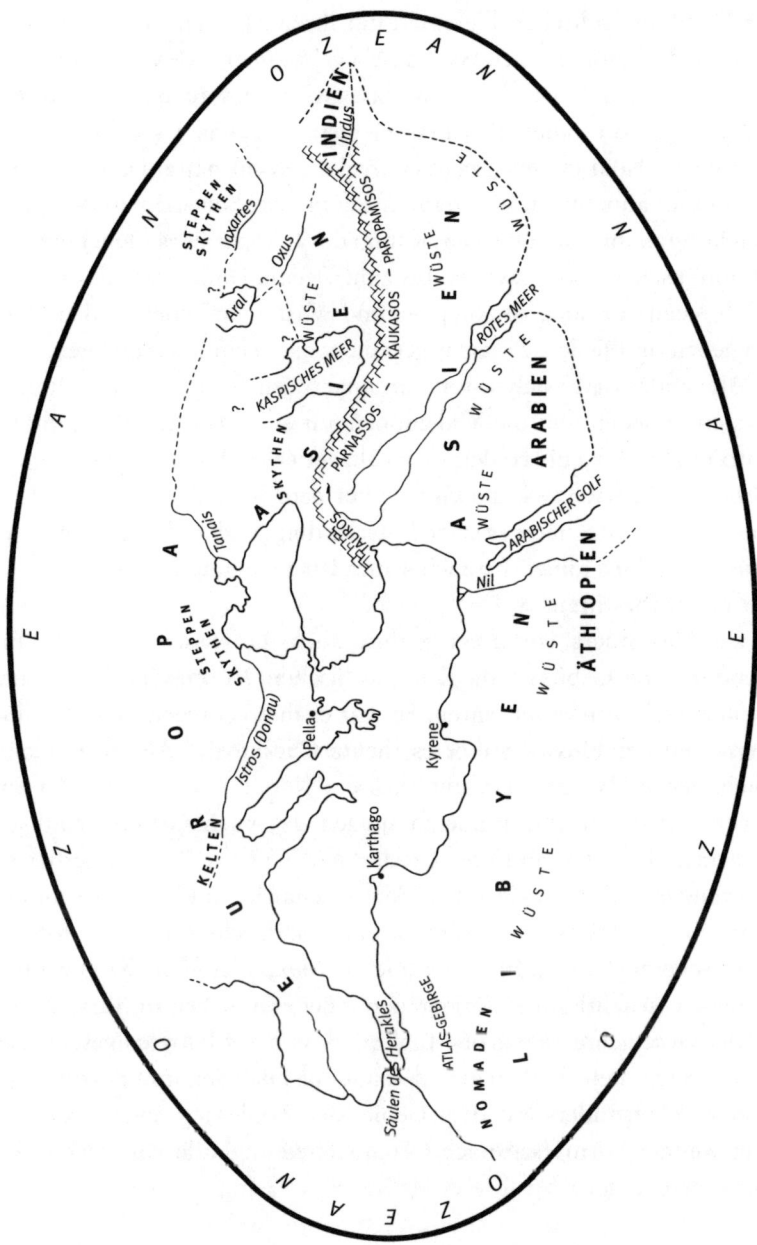

15. Die Welt Alexanders im Jahre 327 v. Chr

terei und die indischen Elefanten mit ihren Mahouts aus dem westlichsten Teil Indiens nach Gaugamela gekommen. Alexander und seine Anhänger nahmen daher an, dass Aristoteles auch mit seiner Beschreibung von Indien als einem kleinen dreieckigen Vorgebirge, das sich nach Osten in den Ozean erstreckte, Recht hatte. Daher konnte Alexander annehmen, dass ganz Asien in zwei Schritten erobert werden konnte, im ersten bis zum Kamm des Paropamisos (dem heutigen Hindukusch) und im zweiten bis zum Ozean. Dann wäre das Königreich Asien nur noch von Steppen und Wüsten und vom großen Meer umgeben und ließe sich leicht gegen etwaige Feinde verteidigen.

Alexander hatte sich schon vor langer Zeit für die zweite Alternative entschieden und die Makedonen auf einer Versammlung in Hekatompylos dazu überredet, sie zu akzeptieren. Als sich Mitte August abzeichnete, wie stark die Grenze mit dem Korridor als Zentralelement sein würde, hätte er seine Entscheidung ändern können. Aber er blieb bei seiner Linie, die nach seiner Überzeugung von den Göttern für ihn vorbestimmt war.

Zu Alexanders Vorhaben gehörte auch die wissenschaftliche Erkundung von Gebieten, die den griechischen Wissenschaftlern bisher weitgehend unbekannt waren. So war es ihm gelungen, das seltsame Verhalten des Flusses Stiboetes (heute Cheshmeh-i-Ali) zu untersuchen, der in Hyrkanien in unterirdische Kanäle floss und wieder aus ihnen hervortrat. Zusammenfassungen des nach Griechenland geschickten Berichts sind von Diodor und Curtius Rufus überliefert. Alexander selbst sowie seine Wissenschaftler und Landvermesser standen zweifellos in regelmäßigem Briefwechsel mit Aristoteles. Wahrscheinlich im Jahr 330 schickte Alexander ihm die gewaltige Summe von achthundert Talenten, mit der er in Athen zum ersten Mal in der Geschichte eine große Bibliothek von auf Papyros geschriebenen literarischen Werken gründen und die erste Sammlung von Lehrmaterial (besonders auf dem Gebiet der Zoologie) anlegen konnte. Der weitere Vormarsch nach Osten sollte eine Fülle von neuen Entdeckungen liefern.

Von Parthien nach Kabul

Alexanders Vorbereitungen

Da die zwischen Parthien und dem Paropamisos lebenden Völker als ausgezeichnete Reiterkrieger bekannt waren, bildete Alexander im Sommer 330 zwei neue Gruppen von leicht bewaffneten Reitern aus: Wurfspießkämpfer zu Pferde und berittene Infanteristen. Die erste Gruppe bestand aus Medern und Persern, die zweite aus Europäern. Zusammen mit den Spähern, die mit Lanzen bewaffnet waren, sollten diese Einheiten in der Schlacht gegen die leicht bewaffnete Reiterei des Feindes eingesetzt werden und in unterworfenen Gebieten die Ordnung aufrechterhalten. Zusätzlich hatte er eine erhebliche Menge von leicht bewaffneten thrakischen und griechischen Söldnern zu Pferde, die als Flankenschutz für die schwere Reiterei ausgebildet waren, jetzt jedoch als eigenständige Einheiten eingesetzt werden sollten. Die schwere Reiterei, die aus den Getreuen und den persischen Euaken bestand, kämpfte für gewöhnlich in Formation gegen vergleichbare Reitereinheiten und griff Infanterieformationen von der Flanke an oder setzte ihnen nach. Jetzt erhielten diese Reiter die Aufgabe, in kleiner Zahl als Unterstützung der leicht bewaffneten Reiterei zu agieren. Zudem erwartete Alexander Verstärkungen, die ihn im Herbst in Artakoana an der Grenze zu Afghanistan erreichten – und zwar 130 thessalische Reiter als Verbündete, 500 griechische Söldner zu Pferde und 300 lydische Reiter, die nach makedonischer Weise ausgebildet waren.

Für die Operationen bis zum Paropamisos hielt Alexander seine Infanterietruppen zusammen mit denen, die er erwartete, nämlich 3000 Illyrern und 2600 Lydern, offenbar für ausreichend. Er verließ sich auf die vorzügliche Qualität seiner erfahrenen Makedonen,

Agrianen und Bogenschützen, auf seine Artillerie und den Belagerungstross, und zu deren Unterstützung stand eine angemessene Zahl
von griechischen Söldnern und balkanischen Fußsoldaten bereit.
Außerdem wusste er, dass ihm keine griechischen Söldner gegenüber-
stehen würden, denn die zogen es jetzt vor, bei ihm anzuheuern. Im
Spätfrühling 329 forderte er neue Verstärkungen an, die zu Beginn des
Winters 329 von an der kleinasiatischen Küste stationierten Offizieren zur baktrischen Hauptstadt Zariaspa (auch Baktra; heute Balch)
im Norden des heutigen Afghanistan gebracht wurden. Es handelte
sich um 1600 berittene griechische Söldner, 11 400 griechische Söldner zu Fuß, 500 lykische Reiter, 4000 lykische Fußsoldaten, 500 syrische Reiter und 4000 syrische Fußsoldaten.

Die neuen lydischen, lykischen und syrischen Truppen bestanden
aus den ersten Absolventen der Ausbildungsstätten, die Alexander in
diesen Ländern wie schon in Ägypten gegründet hatte. Wenn er dem
Königreich Asien seine endgültige Gestalt gegeben hatte, würde er
eine Armee aus asiatischen Fußsoldaten benötigen. Deshalb hatte er
Ende 330 und Anfang 329 »in seinen neugegründeten Städten und in
den übrigen Gebieten des speergewonnenen Landes« ein umfassendes
Ausbildungssystem geschaffen. Dazu schreibt Plutarch: »Er suchte
dreißigtausend Knaben (*paides*) aus, setzte viele Aufseher über sie und
ließ sie griechisch erziehen und im Gebrauch der makedonischen Waffen ausbilden.« Anderen Berichten zufolge waren die Knaben bei ihrer
Auswahl »noch ganz jung«, hatten aber, als der erste Jahrgang der
»neuen Generation« (*epigonoi*), dreißigtausend an der Zahl, im Jahr
324 zu Alexanders Heer stieß, das Mannesalter von zwanzig Jahren
erreicht. Dazwischen lag eine vierjährige Ausbildung durch Lehrer
und Ausbilder, die vom König bezahlt wurden. Den aufgewecktesten
asiatischen Knaben in Alexanders Reich stand also eine Art subven-
tioniertes staatliches Bildungssystem offen. Nach Abschluss der Ausbildung sollten sie unter dem Kommando des Satrapen der jeweiligen
Region als Soldaten dienen.

Feldzüge in Afghanistan

Auf seinem Marsch von Parthien nach Areia stieß Alexander nicht auf Widerstand. Der persische Satrap Satibarzanes kam ihm in Susia (in der Nähe des heutigen Mashhad) entgegen und erkannte für sich selbst und die Areianer seine Herrschaft an. Alexander beließ ihn im Amt und stellte ihm einen Getreuen mit vierzig berittenen Wurfspeerkämpfern zur Seite, deren Aufgabe es war, Plünderungen der makedonischen Armee auf dem Marsch zu verhindern. Dies ist in den uns erhaltenen Berichten der erste Hinweis darauf, dass das von Alexander bei der Überfahrt nach Asien ausgesprochene Verbot von Plünderungen möglicherweise nicht immer befolgt wurde. Auf seinem Marsch nach Baktra suchten ihn einige Perser auf, die berichteten, dass Bessos als König der Meder und Perser königliche Kleidung trage und den Namen Artaxerxes angenommen habe sowie als direkte Herausforderung Alexanders den Anspruch erhebe, ebenfalls König von Asien zu sein. Sein Gefolge bestehe aus Persern und Baktrern, und er erwarte skythische Unterstützung. Bald darauf stießen die von Parmenion aus Ekbatana entsandten Truppen zu Alexander. Die Armee, die jetzt aus etwa fünfundvierzigtausend Mann bestand, folgte dem Verlauf der persischen Königsstraße, während die Wagen des Belagerungstrosses, des Gepäcktrosses und des Nachschubsystems die Straße selbst benutzten. Da sie durch fruchtbare Gegenden führte, konnten jederzeit Lebensmittel gekauft oder requiriert werden.

Alexander befand sich noch auf dem Weg nach Baktra, als ihm gemeldet wurde, Satibarzanes habe die Wurfspießkämpfer und ihren Befehlshaber getötet, rufe die Areianer zur Unterstützung des Bessos zu den Waffen und sei im Begriff, die rebellierenden Truppen in Artakoana (nahe dem heutigen Herat), der Hauptstadt der Satrapie, zusammenzuziehen. Dies war die erste Rebellion nach einer Unterwerfung und der Anerkennung von Alexanders Herrschaft als König von Asien. Wie wurde diese Anerkennung zur damaligen Zeit ratifiziert? In Ägypten nahm man Alexander »in die Städte und das Land« auf, und auf seinem Wege »legten die Bewohner ihre Orte in seine Hände«. Auch in Babylon war er von Scharen von Einwohnern, Priestern und Beamten begrüßt worden, »und jeder brachte ihm Geschenke; man übergab ihm die Stadt, die Burg und die öffentlichen Kassen«. Es ist anzunehmen, dass jeder Teil der Gesellschaft in der Satrapie nicht nur eine förmliche Übergabe vollzog, wie es Arrians Bericht erwarten lässt, sondern auch einen förmlichen Treueid gegenüber Alexander als König schwor und sich verpflichtete, jährlich einen Tribut zu zahlen und bestimmte Dienste zu leisten. Eine Rebellion stellte demnach einen Eidbruch dar, der entsprechend schwer zu ahnden war.

In gewisser Weise war eine Rebellion für Alexanders Truppen gefährlicher als ein Krieg. Denn hatte sich eine Satrapie einmal ergeben, waren Alexanders Truppen entweder nur als relativ kleine Garnisonen präsent, oder sie operierten in den ländlichen Gegenden. Sie konnten leicht einem Überraschungsangriff zum Opfer fallen, was vermutlich den vierzig berittenen Wurfspießkämpfern widerfahren war. Zudem bestand das Risiko, dass sich die Rebellion rasch ausbreitete, wenn sie nicht im Keim erstickt wurde, und eine ausgedehnte Rebellion hätte die Verbindung zwischen der Armee, die sich bei Parmenion befand, und dem Heer Alexanders unterbrochen.

Aus diesen Gründen handelte Alexander mit außerordentlicher Schnelligkeit. Zusammen mit der Reiterei der Getreuen, den berittenen Wurfspießkämpfern, zwei Brigaden von Phalanxsoldaten, Agrianen und Bogenschützen legte er die hundertzehn Kilometer nach Artakoana in zwei Tagen zurück. Satibarzanes floh, da er die Truppen aus Areia noch nicht zusammengezogen hatte, und begab sich mit zweitausend Reitern zu Bessos in Baktrien. Alexander benutzte die persische Straße als Basis, von der aus mehrere Abteilungen einen Monat lang gegen die Aufrührer vorgingen. Die Rädelsführer wurden hingerichtet und viele ihrer Gefolgsleute als Sklaven verkauft. Die letzte Stadt, die belagert wurde, war Artakoana. Als die Verteidiger sahen, dass sich die Belagerungstürme den Mauern näherten, ergaben sie sich und baten um Gnade. Alexander verzieh ihnen und ließ ihnen ihr Eigentum. Dann traf er Vorkehrungen für die Zukunft, indem er nicht weit von Artakoana eine neue Stadt gründete, Alexandria in Areia, in der eine gemischte Bevölkerung von Makedonen, Griechen und Areianern angesiedelt wurde. Außerdem sorgte er dafür, dass ausgewählte areianische Knaben eine Ausbildung erhielten. Die Satrapie, die weite Teile des heutigen Afghanistan umfasste, hatte große strategische Bedeutung, denn von hier verliefen Straßen strahlenförmig nach Baktrien im Norden, nach Indien im Osten und nach Drangiane im Süden. Zum Satrapen ernannte Alexander trotz seiner Erfahrungen mit Satibarzanes einen Perser.

Der Prozess gegen Philotas und andere

Nachdem das Heer wieder vereint war, folgte Alexander nach den Berichten seiner Landvermesser fast dreihundert Kilometer weit der persischen Straße in Richtung Süden und schlug in Phrada (dem heutigen Farah), der Hauptstadt von Drangiane, sein Hauptquartier auf. Der Satrap, Barsaentes, einer von denen, die Dareios gefangen genommen hatten, war zu den Indern geflohen. Später, als die Inder ihn zu Alexander sandten, wurde er wegen des Verrats an Dareios hingerichtet. Während sich die Armee im Oktober 330 neun Tage lang in Phrada ausruhte, trafen Berichte von einem Anschlag auf das Leben Alexanders ein.

Einer der Verschwörer war ein makedonischer Soldat namens Dimnos, der sich seinem Liebhaber gegenüber mit der Verschwörung brüstete und ihm im Vertrauen die Namen von führenden Makedonen nannte, die gemeinsam mit ihm planten, Alexander umzubringen. Der junge Mann erzählte hiervon seinem Bruder Kebalinos, der sich sofort in Alexanders Hauptquartier begab. Da er keine Genehmigung zum Eintritt hatte, wandte er sich an Philotas, einen Sohn des Parmenion, der ohne Begleitung von einer Audienz beim König kam, und bat ihn, Alexander sogleich von der Verschwörung zu berichten. Am selben Abend und noch einmal am nächsten Tag fragte er Philotas, ob er die Information weitergeleitet habe. Philotas speiste ihn mit Ausflüchten ab, was bei Kebalinos den Verdacht weckte, dass Philotas an der Verschwörung beteiligt war. Er bat nun einen Königlichen Pagen um Hilfe, der ihn in die Waffenkammer des Hauptquartiers einschmuggelte. Dort erzählte er Alexander, was er von der Verschwörung wusste, und auch, dass Philotas seine Meldung nicht weitergegeben hatte.

Wie im Fall des Alexander Lynkestes rief Alexander seine Freunde zusammen, die ihm rieten, den Verschwörern den Prozess zu machen.

Alexander erteilte daraufhin den Befehl, die Verdächtigen zu verhaften. Dimnos gelang es, Selbstmord zu begehen; Philotas leistete keinen Widerstand. Am nächsten Tag wurden die Makedonen zusammengerufen, um sich als Richter in Waffen zu versammeln. Es waren etwa sechstausend Mann der Getreuenreiterei, der Hypaspisten und der Phalanxsoldaten anwesend. Ptolemaios, der Augenzeuge gewesen war, berichtete laut Arrian folgendes über die Versammlung:

> »Ptolemaios sagt, Philotas sei vor die Makedonen geführt worden und Alexander habe ihn heftig angeklagt, Philotas aber habe sich dagegen verteidigt. Dann seien die Angeber des verbrecherischen Planes aufgetreten und hätten Philotas und seine Mitverschworenen überführt, von anderen gewichtigen Argumenten abgesehen vor allem durch die Tatsache, dass Philotas selber zugegeben hätte, dass er davon erfahren hätte, dass ein Mordanschlag gegen Alexander vorbereitet werde, und dass er überführt wurde, dass er trotzdem diesen Alexander verschwiegen hätte, und dies, obgleich er täglich zweimal zu Alexander in sein Zelt käme. Philotas und seine Mitverschworenen seien dann von den Makedonen durch Speerwürfe getötet worden. ... Es wird behauptet, dass auch Amyntas, der Sohn des Andromenes, zu derselben Zeit einer Untersuchung unterzogen worden sei wie Polemon, Attalos und Simmias, seine Brüder, als ebenfalls an dem Mordplan gegen Alexander beteiligt. ... Doch Amyntas überstand mit seinen Brüdern den Prozess.«

Im Mittelpunkt des Interesses steht in diesem Bericht Philotas, denn er war der Befehlshaber der Getreuenreiterei und ein Sohn des Parmenion. Seine Mitverschworenen waren aktive Offiziere, für die eine Hinrichtung mit dem Wurfspeer und nicht durch Steinigung vorgesehen war. Die Makedonen bildeten als vollberechtigte Bürger des makedonischen Staats gewissermaßen ein »Volksgericht« – was in griechischen Stadtstaaten nichts Ungewöhnliches war. Im damaligen Athen wurden Fälle von Verrat von der Volksversammlung verhandelt, in der für einige Gegenstände ein Quorum von sechstausend erforderlich war, und Athen war stolz auf sein Rechtssystem.

Nach anderen Autoren – Diodor, Strabon und Iustinus – wurde

auch Parmenion in absentia als Mittäter verurteilt. Es gibt keinen Grund, hieran zu zweifeln, zumal es Brauch war, männliche Angehörige eines wegen Verrats verurteilten Mannes ebenfalls hinzurichten (Curtius Rufus 8,6,28: *Macedonum more*). In Arrians Wiedergabe des Berichts von Ptolemaios wird die Hinrichtung von Philotas und anderen als Ergebnis des Prozesses in einem einzigen Satz abgehandelt. Parmenion hielt sich damals im Lager in Ekbatana auf, wo er eine Truppe von sechstausendzweihundert Makedonen und fünftausendsechshundert griechischen Söldnern befehligte und hundertachtzigtausend Talente in Verwahrung hatte. Falls er vorzeitig von dem Urteil hörte, hätte er einen Aufstand anzetteln können. Darum ritt ein als Araber verkleideter Offizier zusammen mit einer Eskorte von Arabern auf schnellen Kamelen auf direktem Weg durch die Wüste und überbrachte Alexanders schriftlichen Befehl zur Hinrichtung Parmenions. Er wurde ausgeführt, ohne dass Parmenion von dem Prozess gegen seinen Sohn und dessen Hinrichtung erfahren hatte. Den Makedonen, die im Begriff standen zu meutern, wurde eine Verlautbarung Alexanders vorgelesen, und es wurden Vorkehrungen getroffen, sie zweitausend Kilometer weit nach Arachosien marschieren zu lassen, wo sie zu ihren Landsleuten stoßen sollten.

Alexander war noch einmal davongekommen. Wäre Kebalinos nicht so hartnäckig gewesen, wäre Alexander an dem Tag, an dem der Prozess stattfand, umgebracht worden, und die Führung wäre an Philotas als Kommandeur der Getreuenreiterei und Parmenion als dienstältestem General übergegangen. Zur Erinnerung an seine Rettung gründete Alexander in Drangiane eine Stadt und nannte sie Prophthasia (Zuvorkommen). Weitere Nachforschungen führten zur Hinrichtung des Leibgardisten Demetrios. Der Vorfall hatte nachhaltige Auswirkungen auf Alexander. Er wusste jetzt, dass er selbst seinen engsten makedonischen Freunden nicht mehr trauen konnte. Nie wieder unterstellte er eine so große Truppe von makedonischen Soldaten einem eigenen Befehlshaber, und den Oberbefehl über die Getreuenreiterei verteilte er auf zwei Offiziere, von denen der eine sein Jugendfreund Hephaistion war und der andere der schon ältere Kleitos. Alexander muss begriffen haben, was Philotas, Parmenion, Demetrios und andere Offiziere zum Handeln bewogen hatte. Ihr Unmut richtete sich gegen seine Politik der Partnerschaft mit Asiaten (seit der Schlacht bei Gaugamela hatte er nur Asiaten zu Satrapen ernannt), seine asiatische Kleidung und Hofhaltung sowie seinen Drang, immer weiter nach Osten vorzustoßen.

Ptolemaios hielt fest, was Alexander nach seiner Vermutung über Parmenion dachte: »Alexander wollte nicht glauben, dass Parmenion, wenn sein Sohn Philotas einen derartigen Plan hegte, nicht daran beteiligt wäre. Vielleicht aber aus der Erwägung, dass es, auch wenn er nicht beteiligt wäre, doch gefährlich wäre, wenn Parmenion frei herumginge, wo sein Sohn hingerichtet war.« Diese Spekulation hatte nichts mit den Argumenten zu tun, die Alexander als Ankläger vorgebracht hatte. Sie ist vielmehr ein Hinweis darauf, dass Ptolemaios selbst in der Frage, ob Parmenion unschuldig oder schuldig war, keine feste Meinung hatte und zwei Überlegungen erkennen konnte, von denen sich Alexander möglicherweise hatte leiten lassen.

Nach Arrian, der Ptolemaios und Aristobulos als seine Quellen nennt, war Philotas schon in Ägypten, also im Jahr 331, einer Verschwörung gegen Alexander verdächtigt worden, die dieser damals nicht für glaubhaft gehalten hatte. Plutarch, der wahrscheinlich auf Aristobulos zurückgreift, fügt den interessanten Punkt hinzu, Alexander habe diesen Verdacht »über sieben Jahre« nicht ausgesprochen. Daraus folgt, dass Alexander, als er Philotas 330 anklagte, diesen früheren Verdacht nicht erwähnte, obwohl er das Gewicht der Beweise gegen Philotas verstärkt hätte. Plutarch fügt den zutreffenden Kommentar hinzu, dass Alexander in diesem Fall »den gerechtesten und königlichsten Gebrauch von seiner Autorität« machte.

In der Versammlung machte Atarrhias, ein Befehlshaber, den Vorschlag, Alexander Lynkestes, der seit vier Jahren auf Befehl Alexanders unter Arrest stand, aber noch nicht verurteilt worden war, ebenfalls den Prozess zu machen. Die Versammlung stimmte zu, und so wurde er, vermutlich vom König, des Verrats angeklagt. Er konnte nichts zu seiner Verteidigung vorbringen und wurde von den Wurfspeeren der Versammlung getötet. Es ist unwahrscheinlich, dass ihm viel Mitgefühl entgegengebracht wurde, denn die Freunde Alexanders hatten ihn 333 des Verrats für schuldig befunden, und der Beweis des von Sisines überbrachten Briefs stand immer noch zur Verfügung.

Das Wissen, dass es unter seinen Freunden und Befehlshabern Widerstände gegen seine Politik gab, verstärkte Alexanders Werben um die Unterstützung seiner asiatischen Höflinge. Um diese Zeit begann er asiatische Kleidung zu tragen und ein asiatisches Zeremoniell einzuführen, indem er – als Entsprechung zu den sieben makedonischen Leibgardisten – die vornehmsten Asiaten zu Leibwachen ernannte und einigen Getreuen persische Mäntel und persisches Zaumzeug für ihre Pferde gab. Hephaistion gehörte zu denen, die Alexanders Politik unterstützten. Dann bemerkte man, dass der König für die Korrespondenz, die nach Europa ging, »seinen alten Siegelring« verwendete und für den Briefverkehr innerhalb Asiens den des Dareios. Das Tragen eines Siegelrings war bei höher gestellten Makedonen üblich, und Alexander trug den Siegelring der Temenidendynastie – das ist in diesem Kontext die Bedeutung von »alt« (*veteris anuli*). Nun, in Asien, begann er, für die Korrespondenz innerhalb Asiens (insbesondere für den Briefwechsel mit seinen asiatischen Satrapen) den Siegelring der Achämenidendynastie zu verwenden, weil dieses Siegel seit langem anerkannt und akzeptiert war. Die Tatsache, dass er einen Unterschied zwischen seiner Stellung als König von Makedonien und als König von Asien machte, mag bei denjenigen Makedonen, die nicht geneigt waren, die Macht mit den Asiaten zu teilen, Anstoß erregt haben.

Operationen in Afghanistan und Belutschistan

In den drei oder vier Monaten bis zum Januar 329 führte Alexander ausgedehnte Operationen durch, von denen uns die Historiker nur wenig berichten. Wir wissen, dass er in dieser Phase zwei Städte gründete, ein Alexandria wahrscheinlich an der Stelle des heutigen Kandahar und Alexandropolis beim heutigen Kalat-i-Ghilzai. Von Drangiane marschierte er nach Süden in das sehr fruchtbare Land der Ariaspen (das heutige Sistan), das für seine Seen und seine Getreideproduktion berühmt ist. Die Ariaspen wurden »Wohltäter« genannt, weil sie die verhungernde Armee Kyros' des Großen gerettet hatten, indem sie ihm dreißigtausend Wagenladungen Getreide sandten. Sie erkannten die Herrschaft Alexanders an, und er behandelte sie mit Großmut, erweiterte ihr Territorium und beschenkte sie. Für etwa sechzig Tage schlug er dort sein Basislager auf und ließ in dieser Zeit Vorräte für die Wintermonate anlegen. Auch die Bevölkerung von Gedrosien (dem heutigen Makran) erkannte die Herrschaft Alexanders an und erhielt von ihm Geschenke. Außerdem brachte Alexander dem Apollon ein Opfer dar und ernannte einen Perser zum Satrapen von Arimaspia und Gedrosien.

Inzwischen bedrohte eine weitere Rebellion in Areia seine Verbindungswege. Satibarzanes war mit seinen zweitausend Reitern zurückgekehrt und hatte im Namen des Bessos ein Heer von Areianern aufgestellt. Alexander entsandte eine hauptsächlich aus Reitern bestehende Truppe unter dem gemeinsamen Oberbefehl des Persers Artabazos, des Erigyios und des Karanos und gab dem persischen Satrapen von Parthien den Befehl, ebenfalls in Areia einzumarschieren. Es gab heftige Kämpfe, die beendet wurden, als Erigyios wahrscheinlich im November Satibarzanes im Zweikampf tötete. Währenddessen unternahm Alexander einen Feldzug nach Arachosien. Da diese Satrapie im östlichen Afghanistan von großer strategischer Bedeutung war, wich er von seiner üblichen Praxis ab und ernannte einen Makedonen mit einer Truppe von sechshundert Reitern und viertausend Fußsoldaten zum Satrapen. In Arachosien stieß die aus Ekbatana kommende Armee zu ihm. Sie bestand aus 200 Getreuenreitern, 6000 Makedonen, 600 berittenen griechischen Söldnern und 5000 griechischen Söldnern zu Fuß. Zu diesem Zeitpunkt, wenn nicht schon früher, trafen auch die spartanischen Gesandten und Geiseln aus Griechenland ein und baten um milde Behandlung nach ihrer Niederlage. Alexander verzieh ihnen, forderte aber von Sparta, Mitglied des Korinthischen Bundes und damit sein Verbündeter zu werden.

Mit seinem vereinten Heer zog er nun an einem hohen Gebirgsrücken entlang, den die Makedonen Kaukasus nannten (der heutige Hindukusch), nach Norden. Es war mitten im Winter; die Gegend war tief verschneit, und es war außerordentlich kalt, sodass es zu Erfrierungen und Schneeblindheit kam. Die Lebensmittel waren knapp, was weitere Verluste zur Folge hatte. Doch die einheimische Bevölkerung, die in Hütten unter dem Schnee lebte, sodass die Dörfer nur durch den aufsteigenden Rauch auszumachen waren, hatte Vorräte für die Wintermonate angelegt, und sie rettete die Makedonen vor der drohenden Katastrophe. Als sie den Sher-Dahan-Pass überschritten, sahen sie den Felsvorsprung, an dem Prometheus angekettet gewesen war, und die Höhle des Adlers, der sich von seiner Leber genährt hatte. Auf der Nordseite des Passes war das Wetter nicht so ungünstig, und die Armee verbrachte den Rest des Winters in der Nähe des heutigen Kabul, wo Lebensmittel zur Verfügung standen. Alexander »opferte den üblichen Göttern« und gründete Alexandria im Kaukasus (bei Begram) sowie einige weitere Städte. Bei Begram wurden siebentausend Asiaten aus der Umgebung, dreitausend Angehörige des Heeresgefolges sowie Freiwillige aus den Reihen der griechischen Söldner angesiedelt, von denen viele asiatische Frauen und Kinder hatten. Auch in diesen Städten erhielten ausgewählte Knaben eine vierjährige makedonische Ausbildung. Zum Satrapen des Gebiets, das Paropamisos hieß, ernannte Alexander einen Perser. Straßen aus dieser Gegend führten nach Parthien, Baktrien und Indien.

Das Ausmaß dieser Operationen kann man daran ermessen, dass sie in einem Gebiet stattfanden, das so groß wie Kleinasien und zudem von Gebirgen durchzogen war. Die Völkergruppen, die hier lebten, hatten ein starkes nationales Empfinden und kämpften nicht für eine Fortsetzung der persischen Herrschaft, sondern für ihre Unabhängigkeit. Einige von ihnen gewann Alexander durch Überredung und höflichen Geschenkaustausch für sein Königreich Asien. Andere musste er mit Gewalt niederwerfen, was ihm in der Regel durch den geschickten Einsatz seiner ausgezeichneten Reiterei gelang. Ob das Land durch Überredung oder Gewalt gewonnen war, in beiden Fällen betrachtete er es als »speergewonnen« und damit als seinen Besitz. Im Allgemeinen überließ er es gegen Zahlung einer Steuer, die wir als Tribut bezeichnen, den gegenwärtigen Bewohnern. Gelegentlich vergab er zusätzliches Territorium, wie im Fall der Ariaspen, oder trennte Gebiete ab, wie in dem der Areianer. Der Frieden, auf dem er beharrte, brachte wirtschaftliche Vorteile. In den sechs oder mehr Städten, die er dort gründete, bestand Aussicht auf Zusammenarbeit zwischen Europäern und Asiaten, und insbesondere die Schulen für asiatische Knaben waren ein Zeichen dafür, dass Alexander die Asiaten an der

Verwaltung des Reichs teilhaben lassen wollte. Es bestand jedoch die Gefahr der Einmischung fremder Mächte. Deshalb ließ Alexander in Arachosien eine derart starke Garnison zurück. Bessos konnte versuchen, wieder Unruhe zu stiften, oder die Inder konnten einmarschieren. Alexander hatte Kontakte zu den westlichsten Indern geknüpft, die Nachbarn der Areianer waren. Einer Passage bei Strabon (724) ist zu entnehmen, dass Alexander ein Grenzgebiet zwischen den beiden Völkern annektierte und dort Militärsiedlungen (*katoikiai*) gründete, in denen wahrscheinlich griechische Söldnern mit ihren Familien angesiedelt wurden.

Der Vormarsch zum Iaxartes

Das Nachschubsystem und die Überquerung
des Hindukusch

Darüber, wie Alexander die Versorgung seiner Truppen organisierte, berichten die Alexanderhistoriker nur wenig. Man kann aber davon ausgehen, dass sie in zwei Bereiche aufgeteilt war, eine zentrale Reserve und eine Einheit zur Bereitstellung von Rationen und Futter für einzelne Vorstöße. Ebenso wie die Spartaner hatten die Makedonen eine Nachschubkompanie oder Intendantur, deren Befehlshaber oder Direktor nach Angaben des späten Lexikographen Pollux den Titel »Skoidos« trug. Er musste einen riesigen Vorrat von Grundnahrungsmitteln erwerben oder requirieren, der dann auf vierrädrigen, von Pferden, Maultieren oder Ochsen gezogenen Wagen transportiert wurde. Dafür waren Allwetterstraßen mit fester Oberfläche nötig. Makedonen und Thraker waren von alters her geschickte Straßenbauer, und es gab wahrscheinlich eine thrakische Pionierbrigade, die Straßen anlegte und in Ordnung hielt. Für Alexander war es ein Glück, dass die Perser ebenfalls für ihren Straßenbau berühmt waren. So konnte die Nachschubkolonne ebenso wie der Gepäck- und Belagerungstross bis nach Arachosien und Areia persische Straßen benutzen. Dies galt genauso für diejenigen, die dem Heer mit ihren Wagen folgten und sich ihren Lebensunterhalt damit verdienten, dass sie den Soldaten Lebensmittel und Waren verkauften.

Die Bereitstellung von Rationen und Futter aus der zentralen Reserve für Feldzüge in Feindesland war weitaus schwieriger. Man musste die Mengen im Voraus kalkulieren, auch wenn die Dauer einer Unternehmung ungewiss war. Philipp bildete seine Fußsoldaten so aus, dass sie ihren Mehlbedarf für einen Monat tragen konnten (Brot war das Grundnahrungsmittel), und Alexander gab den Befehl, jeder Mann sollte in Wüstengebieten einen Wasservorrat für vier Tage tragen – zusätzlich zu Waffen und Ausrüstung. Reiter hatten einen Knecht, der bei einer Reiteroperation ebenfalls beritten sein musste und wahrscheinlich die Rationen für zwei Mann und Hafer für zwei Pferde trug. Für Kriegspferde war frisches Futter vonnöten, das man gewöhnlich durch Überfälle wie den oben erwähnten in der Nähe von Pelion beschaffte. Die bemerkenswerteste Leistung war die Verpflegung von Männern und Pferden, als Alexander in rasender Eile Dareios verfolgte und die Rationen für zwei Tage auf vier Tage verteilt werden mussten.

Im Hindukusch sah sich Alexander vor ein neues Problem gestellt. Denn von Kandahar über den Sher-Dahan-Pass bis Kabul und von dort nach Kunduz gab es keine Straße. In Kandahar muss Alexander durch Dolmetscher von den Schwierigkeiten erfahren haben, mit denen er beim Passieren des Sher-Dahan-Passes im Winter zu kämpfen haben würde, doch er überwand sie »dank der gewohnten Kühnheit und Ausdauer der Makedonen«. Die oben gegebene Beschreibung bezog sich auf die Truppe, die vorausmarschierte und eine Route für den Hauptteil des Heeres sowie für den Gepäcktross und den Belagerungstross erkundete. An der Spitze dieser Vorhut stand Alexander, und es gab Geschichten darüber, wie er Männern, die am Wegrand zusammenbrachen, Hilfe leistete. Die Vorräte der Vorhut wurden von den Männern selbst sowie von ihren Pferden und Packtieren getragen. Als sich Alexander in Kabul aufhielt, war ihm klar, dass der Weg nach Kunduz unter winterlichen Bedingungen noch weitaus beschwerlicher sein würde. Gleichwohl trat er ihn im März 329 an, um jedem Versuch des Bessos zuvorzukommen, den etwa dreitausenddreihundert Meter hoch gelegenen Khawakpass zu verteidigen. Die Berichte über die Strapazen, die Alexander und die Vorhut ertrugen, stammen von Aristobulos. Während des Zuges, der etwa sechzehn Tage lang durch dichten Schnee führte, wurden die Lebensmittel knapp, und es wurde der Befehl gegeben, die Packtiere zu schlachten und das rohe Fleisch (Brennholz gab es nicht) mit dem Kraut »Silphion« (möglicherweise Stinkasant) zu würzen, das im Frühjahr massenweise wuchs. Als die Soldaten den Nordabhang des Gebirges hinunterstiegen, ergänzten sie ihren Speisezettel dann durch Gemüse und Forellen. »Trotz allem setzte Alexander seinen Vormarsch fort.«

Bessos hatte nicht damit gerechnet, dass Alexander so früh im Jahr das Gebirge überqueren und in Baktrien einmarschieren würde. Er hatte gerade begonnen, mit siebentausend baktrischen Reitern und einer Gruppe von Reitern der Daher die ländlichen Gegenden auf der baktrischen Seite des Gebirges zu verwüsten, als ihn die Nachricht vom Herannahen Alexanders erreichte. Zwar verfügten die Baktrer angeblich über dreißigtausend Reiter, aber Bessos hatte sie nicht zu den Waffen gerufen, und jetzt bewies er seine Inkompetenz zusätzlich dadurch, dass er Hals über Kopf floh. Er überquerte den Oxus (den heutigen Amu-Darja) und verbrannte sämtliche Boote, um zu verhindern, dass Alexander die Verfolgung aufnahm. Nachdem Bessos das Land verlassen hatte, löste sich die baktrische Reiterei auf. Nun war Bessos von den Sogdern und mit ihnen verbündeten Dahern abhängig.

Die Überquerung des Oxus, die Branchiden und das Scheitern des Bessos

Für einige Wochen schlug Alexander in Drapsaka (dem heutigen Kunduz) am Fuße des Hindukusch sein Lager auf. In dieser Zeit unternahmen das Hauptheer sowie der Gepäck- und Belagerungstross bei zunehmend besserem Wetter den Marsch über das Gebirge. Das Land, das Alexander vor sich hatte, bestand aus zwei Satrapien, die das nordöstliche Grenzgebiet des Persischen Reichs bildeten. Jenseits der Grenze lebten die Nomadenvölker der Steppengebiete. Baktrer, Sogder und Areianer waren miteinander verwandt und hatten eine gemeinsame Sprache mit lokalen Varianten; deshalb hatten die Baktrer die Aufstände in Areia unterstützt. Das Territorium der Baktrer und Sogder bestand aus ausgedehnten, fruchtbaren Ebenen und Wüstengebieten. Es gab nur wenige Städte, aber zahlreiche Dörfer und Gebirgsfestungen, und in den Wüsten lebten Nomadenstämme. Die Gesellschaft war aristokratisch organisiert, und die Barone und ihre Gefolgschaften waren vorzügliche Reiter, was sich für ein Land, das für seine Pferdezucht berühmt war, fast von selbst verstand. Sie waren auch diejenigen, die den Widerstand gegen die Überfälle der berittenen skythischen Stammeskrieger organisierten oder Bündnisse mit ihnen eingingen.

Im April oder Mai, als Alexander über genügend Truppen verfügte, griff er die beiden größten Städte Baktriens, Aornos und Baktra, an und eroberte sie mit dem ersten Sturmangriff. Ob es noch weitere Operationen gab, ist nicht bekannt. Arrian schreibt knapp: »Er ließ eine Besatzung auf der Burg von Aornos zurück ..., den übrigen Baktrern, die sich ihm ohne Widerstand fügten, gab er den Perser Artabazos als Satrapen.« Nach der Kapitulation dürften die Baktrer Alexander als König von Asien anerkannt haben; die Barone und andere führende Persönlichkeiten haben wahrscheinlich einen Treueid geleistet, und schließlich wurde die Höhe des Tributs festgelegt.

Anschließend führte Alexander eine ausgesuchte Truppe durch eine Wüste zum Oxus. In der Hitze des Frühsommers marschierte er hauptsächlich nachts, doch die Männer litten unter dem Wassermangel. Als ein Soldat Alexander einen Becher Wasser anbot, forderte dieser ihn auf, ihn seinen Söhnen zu geben. Am Oxus angekommen, rastete er einige Tage, in denen er die ältesten Makedonen, die für den aktiven Dienst nicht mehr tauglich waren, ausmusterte und zusammen mit einigen Thessaliern, die als Freiwillige gedient hatten, nach Hause schickte. Aus Anlass ihrer Abreise berief Alexander eine Versammlung der Makedonen ein, und »sie versprachen, ihm für die verbleibende Zeit des Krieges zu dienen«. Da er ein Wiederaufleben der Unruhen in Areia befürchtete, entsandte er Stasanor, einen Getreuen zyprischer Herkunft, der den Perser Arsakes als Satrap ablösen sollte, da dieser nach Alexanders Urteil bei der Niederschlagung der Revolte nicht hart genug durchgegriffen hatte.

Auf Flößen, die von mit Spreu gefüllten und zugenähten ledernen Zeltplanen über Wasser gehalten wurden, überquerte die Armee in fünf Tagen den Oxus, einen gewaltigen, etwa einen Kilometer breiten Strom. Bald nach der Überquerung stieß die Armee auf eine kleine Stadt, in der Menschen wohnten, die sowohl Griechisch als auch Persisch sprachen und sich Branchiden nannten. Ihre Vorfahren waren die Priester und Hüter von Apollons Orakelstätte in Didyma bei Milet gewesen, die damals ebenso berühmt gewesen war wie die Orakel von

Delphi und Dodona. Doch im Jahr 479 hatten die Branchiden »die Gelder und die Schätze des Gottes« dem Xerxes ausgeliefert, der den Tempel niedergebrannt hatte, und danach waren sie ihm »freiwillig« nach Persien gefolgt, wo man ihnen eine neue Heimat gegeben hatte. »Ihr Sakrileg und ihr Verrat« waren abscheulich und unaussprechlich. Überdies hatte der Gott so lange geschwiegen, bis Alexander Milet und Didyma befreit hatte. Dann hatte er erklärt, Alexander sei ein »Sohn des Zeus«, und Ereignisse seiner künftigen Laufbahn vorausgesagt.

Wie sollte man die Branchiden behandeln? Während Arrian und Plutarch den Ort nicht einmal erwähnen, bietet Curtius einen überaus sensationellen Bericht. Danach gab Alexander die Frage an die Milesier in der Armee weiter, weil Didyma auf ihrem Territorium lag, und als sie sich nicht einig wurden, entschied Alexander selbst, den Ort zu zerstören. Da Curtius Rufus sich auf den »notorisch unzuverlässigen« Kleitarchos stützt, haben die meisten Wissenschaftler seine Darstellung verworfen. Doch Strabon bestätigt dessen Angaben und fügt hinzu, Alexander habe »aus Abscheu vor dem Tempelraube und Verrate [ihrer Vorfahren] die Stadt der Branchiden zerstört« (Strabon 518; vgl. 634 und 814). Strabons Quellen waren in 814 Kallisthenes und in 518 und 634 aller Wahrscheinlichkeit nach Aristobulos, die beide an dem Feldzug teilgenommen hatten. Alexander dürfte also tatsächlich die Stadt zerstört, die erwachsenen Männer umgebracht und den Rest zu Sklaven gemacht haben, wie Curtius Rufus in Anlehnung an Kleitarchos berichtet.

Warum sollte Alexander diesen Ort zerstören? Der Grund lag in der Bedeutung, die er dem von den Persern in den Kriegen der Jahre 499 bis 479 begangenen Sakrileg und seiner Rolle als Rächer der Götter und der Griechen beimaß, als der er den Palast des Xerxes in Persepolis zerstört hatte. Die Schuld der Griechen, die sich auf die Seite der Perser geschlagen hatten, war auf ihre Nachkommen übergegangen. Ganz ähnlich war in der Diskussion über die Behandlung der Thebaner im Jahr 335 der von ihren Vorfahren begangene Verrat ein Grund für die Zerstörung ihrer Stadt gewesen. So waren auch die Branchiden im Jahr 329 immer noch von dem schändlichen Verhalten ihrer Vorväter befleckt. Außerdem war Alexander als Vorkämpfer und Rächer

Apollons gezwungen, die verderbten Branchiden zu bestrafen. Es sei daran erinnert, dass Philipp als Vorkämpfer und Rächer des Apollon von Delphi dreitausend Kriegsgefangene ertränkte, die als Söldner dem Gott gestohlenes Geld angenommen hatten. Alexander mag diesen Präzedenzfall im Sinn gehabt haben, als er die erwachsenen Männer der Branchiden tötete.

Alexander rückte im Eilmarsch vor, um die Truppen des Bessos anzugreifen, verlangsamte aber das Tempo, als die Meldung eintraf, Spitamenes und Dataphernes, die Gefährten des Bessos, planten dessen Verhaftung. Wie es hieß, würden sie ihn einem makedonischen Offizier mit einer kleinen Truppe ausliefern. Alexander übertrug Ptolemaios diese Mission, gab ihm aber eine starke Elitetruppe aus Reitern und Fußsoldaten mit. Nach der Darstellung Arrians, der dem Bericht des Ptolemaios folgte, erreichte der Trupp in vier Tagen das Lager, in dem sich Spitamenes einen Tag zuvor aufgehalten hatte. Dort erfuhr Ptolemaios, dass Zweifel an den Absichten von Spitamenes und Dataphernes bestanden. So eilte er mit seiner Reiterei weiter und kam zu einem Dorf, in dem Bessos von einigen Soldaten festgehalten wurde. Nach Verhandlungen mit den Dorfbewohnern wurde Bessos ihm übergeben, und er stellte ihn gemäß Alexanders Anweisungen nackt, gefesselt und mit einem hölzernen Kragen um den Hals an die Straße, auf der die Armee anrücken würde. Als Alexander herankam, befragte er Bessos über die Ermordung seines Königs. Bessos antwortete, er sei nur einer von mehreren gewesen, die ihm, Alexander, einen Gefallen tun wollten. Danach wurde Bessos ausgepeitscht, während Alexander einen Herold die von ihm begangenen Verbrechen verkünden ließ.

»Der König übergab den Bessos dem Bruder und den übrigen Verwandten des Dareios zur Bestrafung.« Einer von Alexanders Grundsätzen lautete, dass Missetäter von ihren eigenen Landsleuten abgeurteilt werden sollten. So hatte er die gefangenen Tyrannen den Bewohnern der griechischen Inseln übergeben und die Branchiden, wie Curtius Rufus sagt, den Milesiern. Die persischen Höflinge traten unter dem Vorsitz Alexanders als König von Asien zusammen und beschlossen, Bessos nach persischer Sitte zu verstümmeln, indem sie ihm Nase und Ohrläppchen abschnitten. Alexander sandte ihn unter

Geleitschutz nach Ekbatana, wo der »Rat der Meder und Perser« über die Art der Hinrichtung entscheiden sollte. In seinem Bericht kritisiert Arrian Alexander, als sei er derjenige gewesen, der die Entscheidungen traf, und nicht die führenden Perser.

Die Geschichte des Bessos veranschaulicht, wie erfolgreich Alexanders Politik gegenüber Persien war. In fast allen Gebieten östlich des Euphrat hatte er Perser oder zumindest Asiaten zu Satrapen ernannt, und nach Parmenions Tod hatte er auch nur wenige Truppen in Persis und Medien zurückgelassen. Sein Vertrauen, dass sich die Meder und Perser nicht gegen ihn erheben würden, erwies sich als gerechtfertigt. Das war überraschend, denn niemand war besser geeignet, den Widerstand gegen Alexander zu organisieren, als Bessos, der dem Herrscherhaus angehörte, Satrap von Baktrien war und die Truppen von Baktrien und Sogdiane sowie die Inder aus den an Baktrien angrenzenden Gebieten nach Gaugamela geführt hatte. Dareios' Flucht war von der baktrischen Reiterei gedeckt worden. Als Bessos den Dareios absetzte und sich zum König der Meder und Perser erklärte, muss er auf einen landesweiten Aufstand gehofft haben, doch er brach nicht aus. Nur die mit den Baktrern und Sogdern verwandten Areianer rebellierten mit Bessos' Hilfe. Nachdem sie gescheitert waren, kämpften zwar einige Perser im Nordosten weiter, aber die Zukunft Mediens und Persiens lag beim Rat der Meder und Perser und bei den Mitgliedern der Königsfamilie, die Alexander in Susa zurückgelassen hatte. Wohl kaum jemals in der mittelalterlichen oder modernen Geschichte hat ein besiegtes Volk in vergleichbarem Maß mit dem Sieger kooperiert. Einige führende Asiaten traten sogleich in die Dienste des Eroberers, die Perser bildeten zu seinem Schutz eine Reitergarde, und die berittenen persischen Wurfspießkämpfer halfen ihm bei der Ausdehnung des Königreichs Asien.

Aufstände in Sogdiane und Baktrien

Alexander marschierte, ohne auf Widerstand zu stoßen, weiter nach Samarkand, der Hauptstadt der Satrapie. In der dortigen Zitadelle stationierte er eine Garnison von tausend Mann, bevor er zum Iaxartes aufbrach, der die Grenze des Persischen Reiches bildete. In der Geographie des Aristoteles (siehe Abbildung 15) wurde dieser Fluss als der Oberlauf des Tanais (des heutigen Don) angesehen, der Europa von Asien trennte. Einer damaligen Theorie zufolge floss er durchs Kaspische Meer, aus dem er unter dem Namen Tanais heraustrat, um schließlich in den Maiotissee (das heutige Asowsche Meer) zu münden. Alexander hatte vor, diese Theorie überprüfen und das Kaspische Meer erforschen zu lassen. Dessen ungeachtet akzeptierte er den Iaxartes als Grenze zwischen Asien und Europa, und das Steppengebiet nördlich davon betrachtete er als den Rand »der bewohnten Erde«. Wie ausgedehnt das Steppenland war, wurde ihm klar, als er diplomatische Beziehungen zu zwei Gruppen von Skythen aufnahm, den Abiern südlich des Flusses und den Saken am anderen Ufer. Als Vorsichtsmaßnahme gegen die Skythen ließ er in den sogdischen Städten südlich des Flusses Garnisonen zurück.

Die Leichtigkeit, mit der Alexander Baktrien und Sogdiane in Besitz genommen hatte, sollte sich als trügerisch erweisen. Der Geist der Unabhängigkeit trat erstmals zutage, als einige Makedonen auf Raubzügen von Mitgliedern eines großen Stammes ergriffen und getötet wurden. Der Stamm konnte dreißigtausend Mann aufbieten und hielt eine Bergfestung. Alexander, der den Sturmangriff anführte, wurde am Unterschenkel von einem Pfeil getroffen, und viele andere wurden von Geschossen verwundet, bevor der Gipfel erobert wurde. Achttausend Sogder entkamen; die anderen wurden in den schweren Kämpfen getötet oder begingen Selbstmord, indem sie sich von den Felsen hinunterstürzten. Während seine Verwundung heilte, begann Alexander mit den Planungen für eine neue Stadt bei Khodschend auf der asiatischen Seite des Iaxartes, die Alexandria Eschate (Alexandria an der Grenze) heißen sollte. Außerdem beabsichtigte er, seine Autorität in den beiden Satrapien stärker zur Geltung zu bringen und rief die führenden Männer zu einer Versammlung nach Baktra.

»Um diese Zeit hatten die an dem Strom wohnenden Barbaren die makedonischen Soldaten, welche die Besatzungen in den Städten [südlich des Flusses] bildeten, gefangen genommen und niedergemetzelt.« Der größte Teil der Sogder erhob sich aus Sympathie, und ein

Teil der Baktrer schlossen sich, von Spitamenes und Dataphernes dazu angestiftet, dem Aufstand an, während die Skythen am Nordufer des Iaxartes eine Invasionsarmee aufzustellen begannen. Wenn ihnen Zeit gelassen wurde, ihre Aktionen zu koordinieren, würden sie die Armee Alexanders binden und die Völker westlich des Hindukusch bis nach Medien ermuntern, sich gegen die Makedonen zu erheben. Alexander begriff, dass die Existenz seiner Armee auf dem Spiel stand. An den Aufständischen in der Nähe musste sofort ein Exempel statuiert werden. Innerhalb von zwei Tagen nahm er fünf Städte im Sturm, ließ sämtliche Männer töten und übergab Frauen und Kinder als Teil der Beute den Truppen.

Die größte Stadt, die Kyropolis hieß, hatte stärkere Verteidigungsanlagen, aber Alexander führte eine kleine Gruppe durch ein ausgetrocknetes Flussbett in die Stadt und öffnete von innen mehrere Stadttore. Dabei wurde er von einem Stein am Hals getroffen und fiel bewusstlos zu Boden, und auch viele seiner Offiziere wurden verwundet. Aber der Trupp eroberte trotzdem den Marktplatz, während der Rest der Armee durch die Tore hereinströmte. In den Kämpfen wurden achttausend Sogder getötet; die restlichen siebentausend kapitulierten. Die siebte Stadt ergab sich, wie Ptolemaios laut Arrian berichtete, und die Männer wurden in einen anderen Teil der Sogdiane verbannt.

Diese Maßnahmen hielten potentielle Aufständische in der Umgebung von Aktionen ab. Doch aus Samarkand wurde gemeldet, dass die dortige Garnison von Spitamenes belagert werde. Zu ihrem Entsatz sandte Alexander eine Truppe von 60 Getreuenreitern, 800 berittenen Söldnern und 1500 Söldnern zu Fuß. Er selbst blieb, um der schwerwiegenderen Bedrohung entgegenzutreten, einer großen Armee der Skythen am anderen Ufer des Iaxartes. Innerhalb von zwanzig Tagen errichtete seine Armee die zwölf Kilometer lange Umfassungsmauer von Alexandria Eschate. Als Siedler bestimmte Alexander Makedonen, die für den aktiven Dienst nicht mehr tauglich waren, einige griechische Söldner sowie sogdische Freiwillige aus der Umgebung. Mehrere Sogder, die von seinen Soldaten als Sklaven gehalten wurden, kaufte er frei und siedelte sie in der Stadt an, ein Akt der Güte, an den man sich noch lange erinnerte. Die Gründung der

Stadt wurde mit Reiterspielen und Sportwettkämpfen gefeiert, und Alexander opferte den Göttern.

Er hatte vor, den Fluss auf Flößen zu überqueren und die Skythen anzugreifen, aber die Vorzeichen bei seinem Opfer wurden von Aristandros für ungünstig erachtet. Ein zweites Opfer verlief nicht viel besser. Aristandros blieb unerschütterlich dabei, dass die Vorzeichen auf Gefahr für Alexander deuteten. Gleichwohl unternahm Alexander den Angriff. Nachdem die Katapulte die Skythen vom jenseitigen Ufer vertrieben hatten, überquerten die ersten Flöße mit ihm sowie den Bogenschützen und Steinschleuderern, die das Übersetzen der Phalanxsoldaten deckten, den Fluss. Dann folgte die Reiterei. Die gefürchteten skythischen Reiter, die sich zurückzogen, ihre Verfolger umringten und um sie herumritten, während sie ihre Pfeile abschossen, hatte Alexander schon in Europa kennen gelernt. Er unternahm daher kurz nacheinander mehrere Angriffen. Zuerst attackierte eine Gruppe von etwa tausendfünfhundert Reitern den Feind, der sich daraufhin zurückzog und sie in einem weiten Kreis umringte. Jetzt griff eine zweite Reitertruppe zusammen mit Bogenschützen, Agrianen und Wurfspießkämpfern unter der Führung Alexanders den Kreis an einem Punkt an und hielt die Umzingelungsbewegung auf, worauf zwei Reitergruppen, je eine an den Flanken seiner Truppe, gegen die Skythen anritten, als diese sich gerade umwandten. Alexander übernahm den Befehl über die eine Gruppe und stürmte mit seinen Schwadronen vor. Die Skythen ergriffen die Flucht. Sie verloren 1000 Gefallene, 150 Gefangene und 1800 Pferde, während sich Alexanders Verluste auf 60 Reiter, 100 Fußsoldaten und 1000 Verwundete beliefen. Bei der Verfolgung trank Alexander schmutziges Wasser und bekam so heftigen Durchfall, dass er ins Lager zurückgetragen werden musste. »So erfüllte sich die Weissagung des Aristandros.«

Nach diesem brillanten Sieg bat der König der Skythen um Gnade und versprach, Alexanders Forderungen zu erfüllen. Alexander erwarb sich viel Wohlwollen, indem er die Gefangenen ohne Lösegeld freiließ. Auch die Saken boten ihre Unterwerfung an, und Alexander nahm Verhandlungen mit ihren Gesandten auf. Doch er wurde durch schlechte Nachrichten aus Samarkand abgelenkt. Die ausgesandte

Entsatztruppe hatte die Belagerung der Zitadelle aufgehoben und Spitamenes verfolgt, der sie auf skythisches Territorium lockte. Dort stießen etwa sechshundert berittene skythische Bogenschützen zu ihm, und er ging zum Angriff über. »Er umkreiste sie und ließ einen Pfeilhagel auf die Phalanx des makedonischen Fußvolks niedergehen.« Die Reiterei der Makedonen versuchte, die Angreifer zu vertreiben, aber ihre Pferde waren erschöpft, und es fehlte an Futter, sodass sie nicht viel ausrichten konnten. Die Reiterei des Spitamenes kehrte zurück und schoss auf die Infanterie, die sich zum Fluss Polytimetos zurückzog, wo sie Deckung zu finden hoffte. Aufgabe der Reiterei wäre es gewesen, die Flanken und den Rücken der Infanterie zu schützen, insbesondere bei einer Flussüberquerung, doch der Kommandeur der Reiter versuchte, seine Männer als Erste über den Fluss zu bekommen. Dadurch waren die rückwärtigen Reihen der Fußsoldaten den feindlichen Bogenschützen ausgeliefert, und die Infanteristen stürmten in Unordnung in den Fluss. Dort wurden sie umzingelt und niedergemacht. Gefangene wurden nicht gemacht. Nur vierzig Reiter und dreihundert Fußsoldaten konnten entkommen.

Als Alexander von dieser Katastrophe erfuhr, machte er sich sofort mit der Hälfte der Getreuenreiterei, den Bogenschützen, den Agrianen und einer Kommandotruppe aus Fußsoldaten auf den Weg. Nach einem Marsch über zweihundertfünfzig Kilometer, die er in wenig mehr als drei Tagen zurückgelegt hatte, näherte er sich bei Tagesanbruch Samarkand. Doch Spitamenes, der die Zitadelle belagerte, floh rechtzeitig und war nicht einzuholen. Nun rückte Alexander zum Polytimetos vor und ordnete an, »die Knochen der Toten mit einem Grabhügel zu bedecken, und nach dem Brauch der Vorväter opferte er zu ihren Ehren«. Danach kehrte er um und eroberte die Festungen, in denen aufständische Sogder Zuflucht gesucht hatten. Wer von ihnen die Sturmangriffe überlebte, wurde als Rebell hingerichtet. In Samarkand stieß der Hauptteil des Heeres unter dem Kommando des Krateros zu Alexander, und er demonstrierte seine Stärke, indem er das gesamte Einzugsgebiet des Polytimetos durchquerte.

Das Jahr 329 neigte sich dem Ende zu, und die Armee bezog in

Baktra ihr Winterquartier. Dort trafen die größten Verstärkungen ein, die Alexander jemals erhalten hatte: 2600 Reiter und 19 400 Fußsoldaten. Er konnte sie gut gebrauchen, wenn er etwaige Rebellionen niederschlagen und Spitamenes in der nächsten Schlachtsaison besiegen wollte.

Die Unterwerfung der Nordostregion

Der Kampf gegen Rebellen und die Kleitos-Episode

Während des Winters brachten Phrataphernes, der persische Satrap von Parthien, und Stasanor den Arsakes, Stasanors Vorgänger als Satrap von Areia, sowie die Führer der Areianer, die Bessos unterstützt hatten, als Gefangene in Alexanders Lager. Sie konnten ihrem König versichern, dass seine Verbindungen nach Westen nicht mehr gefährdet seien. Gleichzeitig trugen die Verhandlungen Früchte, die der König der Saken nach Alexanders Sieg über die Skythen eingegangen war. Botschafter kamen mit Geschenken zu Alexander und übermittelten den Vorschlag, als Garantie eines Freundschafts- und Bündnisvertrages könne er die Tochter des Königs heiraten. Zwar wies Alexander das Heiratsangebot sowie ein weiteres Angebot der Eheschließung zwischen führenden Makedonen und Töchtern führender Skythen zurück, aber den Vertrag nahm er vermutlich an. Dieser stellte sicher, dass die Saken nicht den Iaxartes überquerten, um die Rebellen in Sogdiane zu unterstützen.

In dieser Zeit erschien ein anderer skythischer König in Begleitung von tausendfünfhundert Reitern persönlich in Alexanders Lager, um ihm die Zusammenarbeit bei einem Feldzug anzubieten. Dieser sollte von seinem östlich des Kaspischen Meers gelegenen Königreich Choresmien aus zum Schwarzen Meer führen. Arrian fasst Alexanders Antwort wie folgt zusammen:. »Er erklärte, dass er zurzeit den Zug nach Indien plane. Denn erst wenn er die Völker dort unterworfen hätte, würde er endlich Herr von ganz Asien sein. Und dann wollte er nach Griechenland zurückkehren und von dort durch den Hellespont und die Propontis mit seiner gesamten Streitmacht zu Wasser und zu Lande in den Pontos eindringen. Bis dahin sollte Pharasmanes seine

Hilfeleistungen zurückstellen.« Er schloss mit dem König einen Freundschafts- und Bündnisvertrag und empfahl ihn Artabazos, dem Satrapen von Baktrien, sowie den anderen Satrapen, deren Provinzen an Choresmien grenzten. Von den skythischen Stämmen aus dem Gebiet zwischen dem Iaxartes und Choresmien, von denen die Massageten die gefährlichsten waren, kamen keine Gesandten.

Zu Beginn der Schlachtsaison ließ Alexander seine Truppen gegen die Rebellen in Baktrien und Sogdiane aufmarschieren, die sich auf ihre Beweglichkeit als Reiter und auf die Stärke ihrer Festungen verließen. Da sich die Rebellen nicht zusammenschlossen, sondern einzeln agierten, musste Alexander seine Armee aufteilen. Vier Abteilungen ließ er in Baktrien zurück, während er selbst nach Sogdiane marschierte, wo er vier weitere Abteilungen stationierte, die unter dem Kommando von Koinos und Artabazos (als gemeinsame Führungsspitze), Hephaistion, Ptolemaios und Perdikkas standen. Diese Truppen konnten einige Erfolge verbuchen, aber ihre Aufgabe war keineswegs erfüllt, als Alexander sie nach Samarkand zurückrief und neue Pläne schmiedete. Hephaistion gab er den Auftrag, in besiedelten Teilen von Sogdiane neue Städte zu gründen. Er selbst unterwarf Teile von Sogdiane, die immer noch von Rebellen kontrolliert wurden. Koinos und Artabazos entsandte er an die Nordgrenze, denn es gab Berichte, nach denen Spitamenes bei den Skythen Zuflucht gefunden hatte.

Spitamenes machte den ersten Zug. Mit einer Kompanie von Flüchtlingen aus Sogdiane und sechshundert Massageten eroberte er in einem Überraschungsangriff eine Festung in Baktrien, tötete die Besatzung und entführte den Kommandanten. Einige Tage später plünderten seine Soldaten die Umgebung von Baktra. Die kleine Garnison der Stadt unternahm einen kühnen Ausfall, eroberte die Beute zurück, geriet aber auf dem Rückweg in einen Hinterhalt und erlitt Verluste. Als Krateros, der den Befehl über eine der erwähnten Abteilungen hatte, hiervon erfuhr, marschierte er in großer Eile los, fing die durch tausend weitere Massageten verstärkten Truppen des Spitamenes ab und besiegte sie. Doch die Skythen entkamen in die Wüste und verloren nur hundertfünfzig Mann.

Im Herbst 328 kehrte Alexander nach Samarkand zurück, um sich von den Kämpfen zu erholen. Die Sogder waren ebenso wie die Makedonen eifrige Jäger, und in der Nähe von Samarkand gab es ein wildreiches Jagdgebiet. So veranstaltete Alexander eine große Jagd, auf der er persönlich einen Löwen erlegte und seine Soldaten laut Curtius Rufus viertausend Tiere töteten. Außerdem lud Alexander die führenden Makedonen zu einem Festmahl ein. Solche Festlichkeiten waren ein traditionelles Element des makedonischen Hoflebens. Sie boten dem König und seinen Gästen nicht nur Gelegenheit, Wein zu trinken, sondern waren auch ein günstiger Rahmen für offene Gespräche. Frauen waren nicht anwesend, und die Teilnehmer waren unbewaffnet, auch wenn der König von bewaffneten Männern – seinen sieben Leibgardisten und einigen Soldaten aus der makedonischen Garde – geschützt wurde. Ort des Festmahls war der Palast auf dem Gelände der Zitadelle von Samarkand. Die königlichen Hypaspisten waren außerhalb des Palasts, aber innerhalb der Zitadelle stationiert.

Einer der vornehmsten Gäste war Kleitos. Er hatte Alexander in der Schlacht am Granikos das Leben gerettet und seit 330 den Oberbefehl über eine Hälfte der Getreuenreiterei. In Samarkand wurde er als Nachfolger von Artabazos, der wegen seines fortgeschrittenen Alters soeben zurückgetreten war, zum Satrapen von Baktrien und Sogdiane ernannt. Auch Kleitos war eine Generation älter als Alexander; seine Schwester hatte Alexander als Baby gepflegt, und zwischen den beiden Männern bestand ein vertrauensvolles und freundschaftliches Verhältnis. Als im Verlauf des Festmahls ein Sänger die in der jüngsten Katastrophe bei Samarkand gefallenen makedonischen Offiziere verspottete, waren die älteren Männer empört, während Alexander und seine Begleiter den Sänger ermunterten fortzufahren. Es kam zu einer Auseinandersetzung zwischen den Älteren, welche die Leistungen Philipps für größer hielten, und den Jüngeren, die Alexander schmeichelten und ihn auf eine Stufe mit Herakles stellten. Dies führte zu gegenseitigen Beschuldigungen, bei denen Kleitos als der führende Sprecher seiner Generation die asiatische Politik Alexanders kritisierte und über seinen Anspruch spottete, der Sohn Ammons zu sein. Es folgten persönliche Beleidigungen. Daraufhin warf Alexander einen Apfel nach Kleitos, versuchte seinen Dolch zu finden, den einer der Leibgardisten beiseite geschafft hatte, und rief die Hypaspisten zu Hilfe. Außerdem gab er einem Trompeter den Befehl, Alarm zu blasen, und als dieser sich weigerte, versetzte er ihm einen Schlag. Kleitos stieß immer noch Drohungen aus, während Ptolemaios und andere ihn nach draußen drängten und über den Graben der Zitadelle führten.

Kleitos konnte es nicht dabei bewenden lassen und kehrte um. Er stieß auf Alexander, der gerade nach ihm rief. Als er sagte: »Hier bin ich, Kleitos, Alexander!«, stach Alexander mit der Lanze zu, und er stürzte tot zu Boden. Jetzt bemerkte Alexander, dass Kleitos keine Waffe trug, und war entsetzt über seine Tat. Er versuchte, die Lanze gegen sich zu kehren, doch die Leibgardisten entwaffneten ihn und brachten ihn mit Gewalt in sein Zimmer, wo er den Rest der Nacht und den ganzen darauf folgenden Tag wehklagend im Bett lag.

Diese Darstellung stützt sich auf Plutarch, dessen Quelle vermutlich Aristobulos war, der besonderes Interesse an Alexanders Persönlichkeit und Verhalten gehabt hatte. Zweifellos war die Angst vor einem Mordanschlag bei Alexander stets vorhanden (er hatte mitangesehen, wie sein Vater von einem Leibgardisten umgebracht wurde), und aus diesem Grund hatte er die Hypaspisten zu Hilfe gerufen und dem Trompeter einen Schlag versetzt. Er glaubte an eine Verschwörung und hielt die Tötung des Kleitos für Notwehr. Erst der Anblick des unbewaffneten Kleitos brachte ihn wieder zur Besinnung. Nach Aristobulos, so wie er von Arrian zitiert wird, war der Fehler, der zu der Tragödie führte (die *hamartia*), dass Kleitos in den Festsaal zurückkehrte – obwohl dies Alexander nicht entschuldigte. Nach Plutarch war die Tötung keine Sache der Überlegung (*apo gnomes*) gewesen, sondern auf ein Unglück (*dystychia*) zurückzuführen. Leidenschaft und Trunkenheit des Königs hätten das böse Schicksal (*daimon*) des Kleitos ausgelöst.

Alexanders Verzweiflung hielt drei Tage an, in denen er fastete und seine körperlichen Bedürfnisse vernachlässigte. Seine Freunde waren beunruhigt und brachten Philosophen und Wahrsager zu ihm, die mit ihm reden sollten. Am erfolgreichsten war Aristandros, der Alexander daran erinnerte, dass der Tag des Festmahls der dem Dionysos geweihte Tag gewesen sei. An diesem Tag brächten die Makedonen dem Dionysos ein Opfer dar. Stattdessen habe Alexander aus unbekanntem Grund den Dioskuren geopfert. Kleitos habe mit einem Opfer für

Dionysos begonnen, es aber nicht beendet, als Alexander nach ihm rief. Als er sich zu Alexander begab, seien ihm drei Schafe gefolgt, auf die zur Vorbereitung des Opfers schon Trankopfer gegossen worden waren. Dies sei ein schlimmes Omen gewesen, das Alexander veranlasst habe, für die Sicherheit des Kleitos ein Opfer darzubringen. Doch das Festmahl habe begonnen, und statt sein Opfer für Dionysos zu beenden, sei Kleitos dorthin gegangen. Die Tragödie sei also auf »den Zorn des Dionysos« zurückzuführen, der von Alexander und Kleitos nicht geehrt worden sei, und von dem Gott vorherbestimmt gewesen (*katheimarmenon*). Alexander ließ sich von Aristandros überzeugen, opferte dem Dionysos und nahm wieder Nahrung zu sich.

In dieser Episode traten die Spannungen zwischen den älteren und jüngeren Freunden sowie deren Empfindungen gegenüber Alexander zutage. Die älteren Männer fühlten sich zurückgesetzt, weil Alexander an ihnen vorbei junge Männer beförderte. Beispielsweise war Hephaistion im Alter von sechsundzwanzig Jahren der Oberbefehl über eine Hälfte der Getreuenreiterei übertragen worden, und in ebenso jungen Jahren war Leonnatos zum Leibgardisten befördert worden. Die Freunde Alexanders, die einst von Philipp verbannt worden waren, erhielten militärische und administrative Posten (Ptolemaios, Nearchos, Erigyios und Harpalos), und Alexanders Gewohnheit, Asiaten zu Satrapen zu ernennen, beraubte die älteren Makedonen der Aufstiegsmöglichkeiten in der Verwaltung. Zudem waren die Älteren offenbar besonders erbost darüber, dass er einem Asiaten ein militärisches Kommando anvertraut hatte. Aus ihrer Sicht war die Katastrophe von Samarkand darauf zurückzuführen, dass Alexander keinen altgedienten makedonischen Offizier wie Karanos, sondern einen Lykier zum Befehlshaber der Abteilung ernannt hatte.

Während des Festmahls wurde Alexander unübersehbar vor Augen geführt, dass es Unstimmigkeiten unter seinen Freunden gab und die Älteren seine asiatische Politik ablehnten. Er hätte seine älteren Freunde durch Beförderungen beschwichtigen und seine asiatische Politik modifizieren oder aufgeben können. Aber Kompromisse waren nicht seine Sache. Er war entschlossen, seine asiatische Politik fortzuführen und sich notfalls weniger auf Makedonen und mehr auf Asiaten zu stützen. Die Tötung des Kleitos würde für ihn immer eine schreckliche Erinnerung bleiben, und er muss sich wegen seines starken Trinkens und seines Jähzorns Vorwürfe gemacht haben. Doch wahrscheinlich beruhigte er sich mit der Ansicht des Aristobulos, dass der Tod des Kleitos durch menschliche Zufälle verursacht wurde und von den Göttern vorherbestimmt gewesen war.

Operationen im Nordosten

Im Sommer 328 gelang es Alexander, baktrische und sogdische Reiter zu rekrutieren. Das war ein sicheres Anzeichen dafür, dass viele ihrer Führer Recht und Ordnung, wie Alexander sie durchsetzte, der Überfalltaktik des Spitamenes vorzogen. Alexander hatte die Wüste westlich von Baktrien abgeriegelt, indem er in der Oase Merv die Stadt Alexandria in Margiane gründete und sie mit einer Kette von Bergfestungen verband. Danach konnte Spitamenes seine Raubzüge nur noch nach Sogdiane unternehmen. Das Winterquartier schlug Alexander mit dem Hauptteil seines Heeres in Nautaka im Kernland von Sogdiane auf, während er Koinos mit einer ausgesuchten Truppe an der Grenze zum Land der Massageten postierte, um etwaige Plünderer abzufangen.

Im Frühwinter marschierte Spitamenes mit seinen baktrischen und sogdischen Anhängern sowie mit dreitausend Massageten als Verbündeten ein, und Koinos rückte vor, um ihm mit vierhundert Getreuen, berittenen Wurfspießkämpfern, baktrischer und sogdischer Reiterei sowie zwei Brigaden Phalanxsoldaten entgegenzutreten. In einer erbittert geführten Schlacht verlor Spitamenes achthundert Reiter, während Koinos nur fünfundzwanzig Reiter und zwölf Fußsoldaten einbüßte, und die Baktrer und Sogder desertierten zu Koinos, als ihr Gepäck von Massageten geplündert wurde. Spitamenes und seine Verbündeten flohen in die Wüste. Als sich das Gerücht verbreitete, Alexander selbst rücke von Nautaka heran, brachten die Massageten Spitamenes um und schickten Alexander seinen Kopf. Die Daher lieferten Spitamenes' Partner Dataphernes aus und erkannten Alexanders Herrschaft an.

Um die Mitte des Winters zog Alexander sein gesamtes Heer in

Nautaka zusammen und traf einige Personalentscheidungen. Da Mazaios gestorben war, wurde Stamenes zum Satrapen von Babylonien ernannt; Stasanor wurde als Satrap von Areia nach Drangiane versetzt; und Atropates wurde nach Medien geschickt, um den Satrapen Oxydates abzulösen, dessen Verwaltung zu wünschen übrig ließ. Der vertrauenswürdige Satrap von Parthien, Phrataphernes, wurde entsandt, um Autophradates, den Satrapen von Mardien und Tapurien, gefangen zu nehmen, der Alexanders Aufforderung, zu ihm zu kommen, nicht befolgt hatte. Phrataphernes übernahm nun auch diese beiden Gebiete. Schließlich wurden drei Offiziere nach Makedonien entsandt, um Verstärkungen zu holen.

Zu Beginn des Jahres 327 beschloss Alexander, den so genannten Sogdischen Felsen anzugreifen, auf dem zahlreiche Rebellen mit ihren Familien Zuflucht gesucht hatten. Der steile Felsen galt als uneinnehmbar, und hinzu kam, dass viel Schnee gefallen war. Die Verteidiger weigerten sich, in Verhandlungen einzutreten. Sie lachten Alexander aus und meinten, er bräuchte Soldaten mit Flügeln, um den Felsen zu erstürmen. »In seinem leidenschaftlichen Streben nach Ruhm« setzte Alexander für jeden, der die Spitze des Felsens erreichte, eine gewaltige Belohnung aus. Unter den Makedonen waren viele erfahrene Felskletterer, und dreihundert Mann unternahmen freiwillig den Versuch, bei Nacht den Felsen zu erklimmen. Sie suchten sich die steilste Wand aus, weil sie nicht bewacht sein würde, trieben eiserne Zeltpflöcke in gefrorenen Schnee oder Felsspalten und zogen sich an Seilen in die Höhe. Dreißig Mann stürzten in den Tod, aber als der Morgen graute, war die Mehrzahl der Übrigen auf der Spitze angelangt und entfaltete die Fahnen, die sie bei sich hatten. Alexanders Herold verkündete, er habe »geflügelte Soldaten« gefunden; sie seien jetzt auf der Spitze des Felsens zu sehen. Der Feind, der glaubte, es mit einer zahlreichen voll bewaffneten Truppe zu tun zu haben, geriet in Panik und kapitulierte.

Zur Familie eines sogdischen Führers mit Namen Oxyartes gehörte ein junges Mädchen, das an Schönheit, so hieß es, nur hinter der Frau des Dareios zurückstand. Ihr Name war Roxane. Alexander verliebte sich auf den ersten Blick in sie. »Trotz seiner Verliebtheit hätte er sie nicht wie eine Kriegsgefangene missbrauchen wollen, sondern es nicht unter seiner Würde gehalten, sie zu seiner rechtmäßigen Gattin zu machen« (die Hochzeit fand später statt). Alexanders Umgebung fand seine Selbstbeherrschung möglicherweise überraschend, aber sie stand im Einklang mit dem Respekt, den er der Gattin des Dareios erwiesen hatte. In der Vergangenheit hatte Alexander den Rat des Parmenion, vor dem Abzug aus Makedonien zu heiraten und einen Erben zu zeugen, missachtet. In Asien war er – wiederum, so Aristobulos, auf den Rat Parmenions – eine Verbindung mit Barsine eingegangen, einer Tochter des Artabazos und Witwe des Memnon. Aus dieser Beziehung, die seit 332 bestand, ging wahrscheinlich 327 ein Sohn hervor, der den Namen Herakles erhielt. Da er nichtehelich geboren war, betrachtete Alexander ihn jedoch nicht als Thronerben, und er muss jetzt die Notwendigkeit erkannt haben, einen Erben zu zeugen. Seine Entscheidung für Roxane als künftige Gattin kam nicht nur zum richtigen Zeitpunkt. Sie war auch politisch opportun; zum einen entsprach sie seiner asiatischen Politik, und zum anderen trug ihm die gegenüber Roxane bewiesene Ritterlichkeit den Beifall seiner asiatischen Untertanen ein. Alexander nahm Oxyartes in sein Gefolge auf und behandelte ihn mit gebührenden Ehren.

Als Nächstes wandte sich Alexander dem großen und steilen »Felsen des Chorienes« zu, auf dem sich Chorienes und andere örtliche Herrscher verschanzt hatten. Als äußere Verteidigungsanlage umgab ihn ein tiefer Graben. Es schien unmöglich zu sein, ihn einzunehmen, doch das verstärkte nur Alexanders Entschlossenheit. Tagsüber leitete er selbst die Operationen, und nachts übernahmen Leonnatos, Ptolemaios und Perdikkas den Befehl. Das Heer arbeitete in Schichten, obwohl es stark schneite und die Vorräte knapp wurden. Aus gefällten Kiefern wurden Leitern hergestellt und in die Schlucht hinuntergelassen; die Arbeiter stiegen hinab und trieben Pflöcke in die Wände der Schlucht, auf denen sie eine Brücke aus Flechtwerk errichteten, auf das Erde geschichtet wurde. Da die Arbeiten in Reichweite der feindlichen Geschosse stattfanden, wurden Schutzschirme aufgestellt. Als die Brücke fertig gestellt war und höher geführt wurde, waren sie selbst in der Lage, ihre Katapulte einzusetzen. Erstaunt über die Fortschritte der Makedonen, bat Chorienes Alexander, ihm Oxyartes zu senden, der ihm raten sollte. Dieser riet ihm zur Kapitulation, da

Alexander und seine Armee unwiderstehlich seien, und Alexander ein Mann von Ehre sei. So ergab sich Chorienes. Alexander ließ ihm den Felsen und seine herrschaftliche Stellung. Aus Dankbarkeit lieferte Chorienes den Siegern so viel Wein, Getreide und getrocknetes Fleisch, dass sie »Zelt für Zelt« zwei Monate zu essen hatten.

Unabhängig hiervon führte Krateros eine große Streitmacht ins Gebirge, wo er sämtliche Rebellenführer tötete oder gefangen nahm. Danach stieß er zu Alexander, der inzwischen nach Baktra marschiert war. Nach zweijährigen Kämpfen unter schwierigen Bedingungen war die Nordostregion befriedet. Die acht neugegründeten Städte blühten auf, und die Ausbildung einheimischer Knaben hatte begonnen. Die Völker der Ebenen genossen eine beispiellose Freiheit von Überfällen durch Gebirgsstämme und skythische Nomaden, und Landwirtschaft und Handel entwickelten sich rasch, als die Bergvölker sesshaft wurden. Zu seinem nächsten Feldzug nahm Alexander große Reitereinheiten der Baktrer, Sogder, Massageten und Daher mit, während er bei Amyntas, dem Satrapen von Baktrien, eine ungewöhnlich große Besatzungstruppe von dreitausendfünfhundert Reitern und zehntausend Fußsoldaten zurückließ.

Die Pagenverschwörung

In Baktra erhielt Alexander Besuch von seinem alten Freund Demaratos aus Korinth, der während seines Aufenthalts eines natürlichen Todes starb. Alexander ließ zu seinen Ehren einen Grabhügel von vierzig Metern Höhe errichten, der allerdings ein Kenotaph (Leergrab) war, denn der Leichnam wurde verbrannt und die Asche mit einem prächtigen vierspännigen Wagen in seine Heimat geschickt. In griechischen Augen war der Kenotaph ein Beispiel für asiatische Extravaganz.

Ebenfalls in Baktra wurde ein Anschlag auf Alexanders Leben aufgedeckt. Nach Arrian ging er auf eine Verletzung der Regeln der königlichen Jagd zurück. Der Königliche Page Hermolaos hatte einen Eber getötet, den Alexander erlegen wollte, und für dieses Vergehen war er in Anwesenheit der anderen Pagen mit dem Stock gezüchtigt worden; außerdem hatte man ihm sein Pferd genommen. Zutiefst verbittert, überredete Hermolaos seinen Liebhaber und vier andere Pagen dazu, gemeinsam mit ihm Rache zu üben. Einer von ihnen, dessen Pflicht es war, den König in einer bestimmten Nacht zu bewachen, sollte die anderen einlassen, die Alexander dann im Schlaf umbringen würden. Die Nacht kam. Aber Alexander war nicht in seinem Schlafgemach. Manche sagten, er sei die ganze Nacht bei einem Trinkgelage geblieben. Aristobulos nennt dafür einen Grund, der plausibel klingt. Am Hof gab es eine Syrerin, die manchmal in Ekstase fiel und dann, wie es hieß, von einem Gott besessen war. Jedenfalls machte sie Weissagungen, die sich in der Regel erfüllten. Alexander vertraute ihr und gestattete ihr jederzeit Zugang zu sich. In der fraglichen Nacht war er auf dem Weg in sein Schlafgemach, als sie ihm begegnete und ihn beschwor, er möge umkehren und die ganze Nacht aufbleiben. Das tat er und entging so seiner Ermordung.

Am nächsten Tag erzählte Epimenes, einer der Pagen, seinem Liebhaber von der Verschwörung, und dieser sprach mit Epimenes' Bruder darüber, der sogleich zu Ptolemaios ging und ihm Bericht erstattete. Ptolemaios, der als königlicher Leibgardist direkten Zugang zum König hatte, informierte Alexander, der die Verhaftung der als Verschwörer genannten Pagen befahl. Sie wurden gefoltert, gestanden die Verschwörung und nannten weitere Beteiligte. Die Makedonen unter ihnen (einer der Pagen war Thraker) wurden vom König vor der Versammlung der Makedonen angeklagt, für schuldig befunden und nach makedonischem Brauch gesteinigt. Diese Darstellung stammt von Arrian, der sich auf Ptolemaios und Aristobulos stützt. Sie wird durch zwei Briefe Alexanders bestätigt, in denen er berichtet, die Pagen (*paides*) hätten unter der Folter ein Geständnis abgelegt und seien von den Makedonen gesteinigt worden. Bei Curtius Rufus findet sich eine ausführlichere Schilderung, die auch Reden enthält, die Hermolaos und Alexander angeblich beim Prozess gehalten haben. Doch diese Version ist eindeutig fiktiv; sie wurde geschrieben, um den Zeitgenossen etwas zum Thema Freiheit und Tyrannei zu bieten.

Schon damals war klar, dass das Motiv der Pagen nicht nur der Wunsch nach Rache für die Bestrafung eines der Ihren gewesen sein kann. Stockhiebe waren in der Schule üblich, und die Fortnahme des

Pferdes war nur eine vorübergehende Maßnahme. Dass die Pagen mit Hermolaos sympathisierten, war durchaus möglich, aber sie wären sicher nicht so weit gegangen, deshalb den nahezu sicheren Tod zu riskieren; denn selbst wenn es ihnen gelungen wäre, Alexander umzubringen, wäre der Verdacht zuerst auf sie gefallen. Die Annahme lag daher nahe, dass sie von anderen angestiftet worden waren, die von Alexanders Tod zu profitieren hofften und seinen Mördern Schutz versprochen hatten. Wer konnten diese anderen gewesen sein? Laut Arrian beschuldigten einige den Hofhistoriker und Hofphilosophen Kallisthenes, an der Verschwörung »teilgenommen« (*metesche*) zu haben. Andere meinten, er habe sie »angestachelt« (*eperen*). Zu letzteren gehörten Aristobulos und Ptolemaios. Es war natürlich ein erheblicher Unterschied, ob jemand Mitverschwörer war oder nur aus dem Hintergrund Einfluss genommen hatte. Auf jeden Fall reichten die Aussagen der Pagen nach Ansicht der Makedonen nicht aus, um Kallisthenes zu verurteilen.

Nach dem Prozess fanden, wie schon nach dem Verfahren gegen Philotas, weitere Untersuchungen statt. Sie führten zur Verhaftung des Kallisthenes. Im zweiten der erwähnten Briefe, der an Antipatros in Makedonien gerichtet war, schrieb Alexander nach Plutarch: »Den Sophisten werde ich selbst bestrafen und ebenso die, welche ihn ausgesandt haben, und diejenigen, die Leute, welche Böses gegen mich im Schilde führen, in ihren Städten aufnehmen.« Er war überzeugt, dass Kallisthenes als Verschwörer beteiligt gewesen war. Da Kallisthenes aber kein Makedone war, sollte er nicht in der Versammlung der Makedonen, sondern – dem griechischen Höfling Chares zufolge -»in Gegenwart des Aristoteles vor dem Rat« (des Korinthischen Bundes) gerichtet werden. Tatsächlich starb Kallisthenes sieben Monate später »an einer Krankheit«, wie Aristobulos und Chares versichern. Die Version des Ptolemaios, Kallisthenes sei gefoltert und gehängt worden, ist zu verwerfen, denn der Fall befand sich noch in der Schwebe. Anscheinend war Ptolemaios als Makedone am Schicksal des griechischen Philosophen weniger interessiert.

Die Gründe, aus denen Kallisthenes verhaftet wurde, sind nicht bekannt. Es gibt jedoch Anekdoten, aus denen sich vielleicht Anhaltspunkte entnehmen lassen. Als Philosophielehrer der Pagen stand Kallisthenes, wie es hieß, in einer engen Beziehung zu Hermolaos. Angeblich hatte Kallisthenes auf Hermolaos' Frage, wie man der berühmteste Mann werden könne, geantwortet: »Indem man den Berühmtesten tötet.« Diodor hat dieselbe Geschichte von Philipps Mörder erzählt, was nicht gerade für ihre Glaubwürdigkeit spricht. Ferner wird überliefert, Kallisthenes habe bei Alexander Anstoß erregt, weil er ihn nach der Tötung des Kleitos nur zurückhaltend getröstet und bei einem Festmahl offen über Fehler der Makedonen gesprochen hatte. Relevanter waren Anekdoten, die Kallisthenes als führenden Gegner des Fußfalls (*proskynesis*) vor Alexander zeigen. In einer von ihnen, die Arrian mitteilt, wird Kallisthenes eine eindeutig erfundene Rede in den Mund gelegt, in der dieses Ritual als Merkmal des orientalischen Despotismus und ein Gräuel für freiheitsliebende Griechen und Makedonen bezeichnet wird.

Etwas Wahres mag an der Geschichte sein, dass Alexander für einige Höflinge, die sich bereiterklärt hatten, sich niederzuwerfen und dann Küsse mit ihm zu tauschen, ein Festmahl ausrichtete und eine Reihe führender Männer dazu einlud, die erst bei dieser Gelegenheit dazu aufgefordert werden sollten. Kallisthenes gehörte zur erstgenannten Gruppe. Da aber Alexander mit jemand anderem sprach, fiel Kallisthenes nicht vor ihm nieder, sondern wollte ihn gleich küssen. Alexander wurde auf das Fehlverhalten hingewiesen und weigerte sich, ihn zu küssen. Daraufhin rief Kallisthenes aus: »So gehe ich denn eben um einen Kuss ärmer wieder fort.« Sein Spott bereitete dem Experiment der fußfälligen Verehrung anscheinend ein Ende.

Nach seinem Tod wurde Kallisthenes von Philosophen der peripatetischen Schule des Aristoteles als Märtyrer dargestellt, der die Freiheit gegen orientalischen Despotismus verteidigt habe. Damals betrachtete Alexander den Kallisthenes als führende Gestalt in einem Netz von Verschwörern, zu dem auch diejenigen gehörten, »die ihn ausgesandt hatten« (vermutlich Aristoteles und andere Philosophen), sowie Unzufriedene in Asien, die später in Städten auf dem griechischen Festland Zuflucht fanden. Dies zumindest schrieb er an Antipatros. Ihm muss klar geworden sein, dass der Widerstand gegen seine asiatische Politik in den griechischen Stadtstaaten sowohl in Grie-

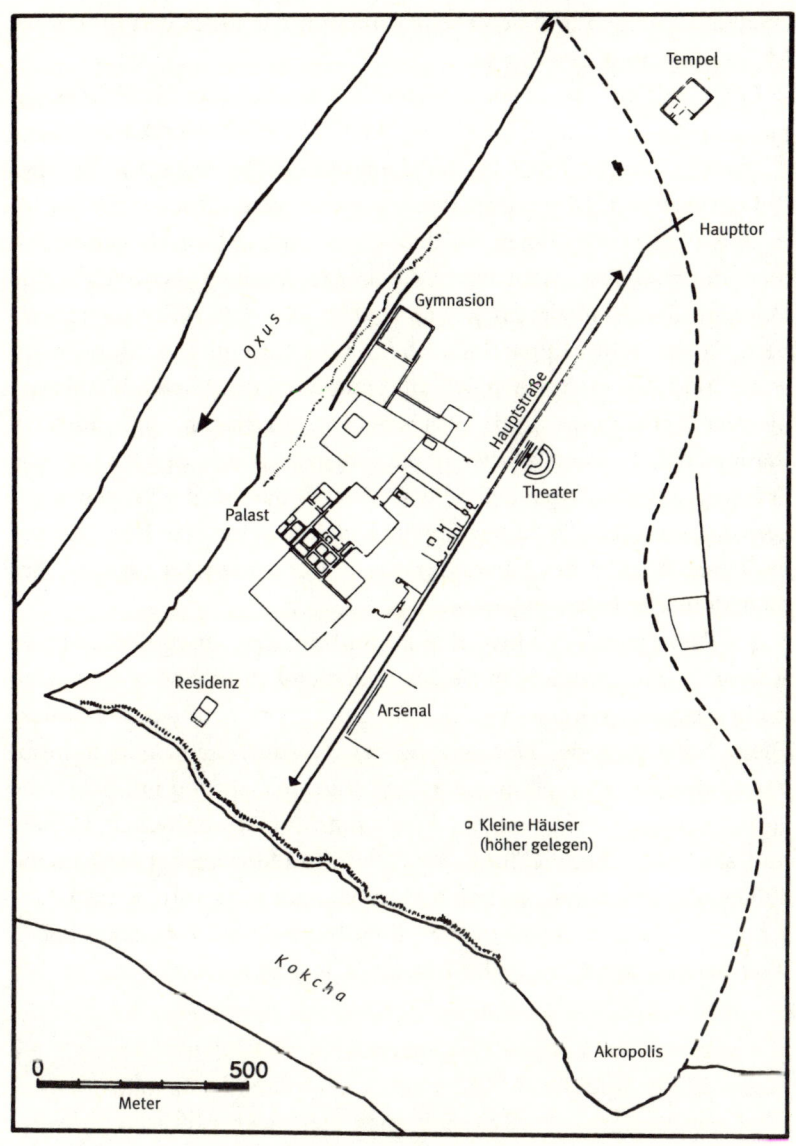

Tempel

Haupttor

Gymnasion

O x u s

Hauptstraße

Theater

Palast

Residenz

Arsenal

▫ Kleine Häuser
(höher gelegen)

K o k c h a

0   500

Meter

Akropolis

16. Die Alexanderstadt in Ai Khanoum

chenland als auch in Asien ebenso zunahm wie unter den führenden Makedonen und den Pagen.

Eine Ursache der Unzufriedenheit war die veränderte Zusammensetzung der Getreuenreiterei. Nach dem Tod des Dareios hatte Alexander von Parthien bis Sogdiane ein große Anzahl asiatischer Reiter rekrutiert. Die meisten dienten in eigenen ethnischen Einheiten, doch die besten von ihnen wurden in die Getreuenreiterei aufgenommen, die bis dahin, sieht man von einigen wenigen Asiaten ab, eine Domäne der Makedonen gewesen war. Die neue Getreuenreiterei bestand aus acht Hipparchien, die jeweils fünfhundert Mann stark waren und sich wahrscheinlich aus einer fast ausschließlich makedonischen Schwadron und zwei leicht bewaffneten Schwadronen (hauptsächlich Asiaten, aber unter Einbeziehung beispielsweise von Spähern) zusammensetzten. So war eine Hipparchie der Getreuen gut gerüstet, um gegen leicht bewaffnete Feinde vorzugehen. Doch der tief greifende Wandel des Charakters der Getreuenreiterei verletzte das makedonische Nationalgefühl.

Als Alexander beschloss, den Hindukusch zu überqueren, ließ er Amyntas, wie erwähnt, mit einer bedeutenden Truppe, zu der vielleicht auch eine Hipparchie der Getreuen gehörte, in Baktrien zurück. Diese Aufteilung des Heeres zwischen Nordostregion und Industal wurde durch die Ergebnisse gerechtfertigt. In Baktrien und Sogdiane entfalteten sich aufgrund des Übergangs zur Sesshaftigkeit Handel und städtische Entwicklung. Zwei Jahrhunderte später berichteten chinesische Invasoren, sie hätten dort Männer angetroffen, die in tausend von Mauern umgebenen Städten lebten. Eine von ihnen haben die Ausgrabungen von Ai Khanoum zu Tage gefördert.

Im Industal

Der Vormarsch zum Indus und seine Überquerung

Seit zwei Jahren hatte Alexander ununterbrochen Feldzüge geführt. Nun, im Jahr 327, als »der Frühling schon zu Ende ging«, musste die Armee die schwierige Überquerung des Hindukusch bewältigen und nach Alexandria im Kaukasus zurückkehren. Das Wetter war nicht mehr so rau, und Alexander hatte »kürzere Routen« als die im März 329 genommenen entdeckt, doch auch diesmal musste die Armee wahrscheinlich in eine Höhe von über viertausend Meter klettern, um den Kaoshanpass zu überwinden. Deshalb musste der Gepäcktross, der durch die Beute aus der Plünderung von Rebellenzentren angeschwollen war, verkleinert werden. Alexander und seine Getreuen gingen mit gutem Beispiel voran, indem sie einige ihrer Besitztümer verbrannten, und die Makedonen zerstörten, was sie und ihre Familien (die meisten wurden von asiatischen Frauen und Kindern begleitet) entbehren konnten. Die Truppen schafften die Überquerung in zehn Tagen, aber der Transport von schwerem Material zog sich noch Monate hin.

Unterdessen war Alexander damit beschäftigt, seine Vielvölkerarmee auszubilden. Er vergrößerte Alexandria, indem er ausgemusterte Soldaten und Einheimische dort ansiedelte, und ersetzte einen inkompetenten Verwaltungsmann durch einen seiner Getreuen. Bei seiner Abreise ließ er eine Besatzung zurück, denn dies sollte seine vorgeschobene Basis sein. Der Satrap der Region Paropamisos war der Perser Tyriespis, und Alexander erweiterte dessen Satrapie um Land am Oberlauf des Kabulflusses.

Im Winter 327 opferte Alexander der Göttin Athene und schritt zur Eroberung von »Indike«, dem Land am Indus und seinen Nebenflüssen, das heute von Pakistan und Kaschmir eingenommen wird. Aristoteles hatte behauptet, »Indien«, die Region östlich des Indus (Arrian, *Indike* 2.5), sei eine ostwärts ins äußere Weltmeer ragende Halbinsel, die so klein sei, dass man an klaren Tagen vom Kamm des Kaukasus den Ozean sehen könnte. Alexander wusste inzwischen, dass Indike wesentlich größer war, aber sein Vertrauen in Aristoteles veranlasste ihn dazu, immer weiter nach Osten zu marschieren, um den Ozean zu erreichen. Erränge er dieses »Indien«, dann besäße er »ganz Asien«, wie er Pharasmanes erklärt hatte. Die Völker der Region, die man kollektiv als »Indoi« bezeichnete, waren als ausgezeichnete Kämpfer bekannt. Ihre Infanterie war mit langen und starken Bogen, Wurfspießen und manchmal auch mit langen Speeren bewaffnet, und sie verfügten alle über Schwerter. Die Reiterei griff mit Wurfspießen an. Sowohl Fußsoldaten als auch Reiter trugen kleine Lederschilde und trugen kaum Schutzpanzer. Zum Glück für Alexander waren die Indoi untereinander zerstritten. Aber Alexander musste erst noch herausfinden, wie zahlreich die Bevölkerung in seiner Indike war.

Während des Sommers waren Alexanders Abgesandte vorausgezogen und hatten die Unterwerfung der Stämme westlich des Indus sowie einer Gemeinschaft östlich des Flusses erreicht, deren Herrscher – zumeist Könige – Alexander ihrer Ergebenheit versichert hatten. Nun rief er sie zu sich, und sie brachten ihm Geschenke und versprachen, ihre Kriegselefanten auszuliefern. Doch Alexander ließ sich nicht täuschen. Mit einer großen, schlagkräftigen Truppe begab er sich in die Gebirgsregion, die später die Nordwest-Grenzregion von Britisch-Indien bilden sollte. Die erste Stammesgruppe, die Aspasier, trotzte ihm. Als sie sich in ihre befestigten Städte zurückzog, nahm Alexander eine nach der anderen im Sturm ein, und als sie ihre Truppen zusammenzog, bereitete Alexander ihnen eine Niederlage, bei der er, wie Ptolemaios schreibt, vierzigtausend Gefangene machte und zweihundertdreißigtausend Ochsen erbeutete. Die nächste Gruppe, die Guraier, erkannte seine Herrschaft an. Die Assakenen stellten eine Armee von 2000 Reitern, 30000 Fußsoldaten und 30 Elefanten auf, die sich aber bei seinem Herannahen auflöste, um die Städte zu verteidigen. Bis in die ersten Monate des Jahres 326 leisteten sie Widerstand. Die Kämpfe waren ebenso heftig wie die in Baktrien und Sogdiane, und Alexander ging ebenso vor wie dort, indem er die ersten Zentren zerstörte und ihre Einwohner als Rebellen tötete, den anderen vergab und schließlich neue Städte gründete (beispielsweise in Arigaion und Bazira), in vorhandene Städte Garnisonen setzte und an strategischen Punkten Wachposten aufstellte.

Seinen Erfolg verdankte er den schnellen Manövern der Reitertruppen (er verfügte über berittene Bogenschützen, berittene Wurfspießkämpfer und Fußsoldaten, die als »dimachai« bezeichnet wurden), der Artillerie und den Sturmtruppen bei Belagerungen sowie dem Geschick von Kommandeuren wie Krateros und Ptolemaios. Offene Feldschlachten waren selten, aber wenn eine geschlagen wurde, dann war die in Formation vorrückende Phalanx nicht aufzuhalten. Die Zahl der getöteten Makedonen war klein, aber sehr viele, darunter zweimal auch Alexander, wurden von Pfeilen verwundet.

Den zähesten Widerstand gab es in Massaga, wo die Assakenen durch siebentausend Söldner aus Gebieten östlich des Indus verstärkt wurden. Als der assakenische Befehlshaber von einem Katapultgeschoss getötet wurde, trat seine Witwe in Verhandlungen ein, während die Söldner herauskamen und in der Nähe der Makedonen lagerten. In der Nacht kam es zu einem Verstoß gegen die Vereinbarungen. Ptolemaios und/oder Aristobulos schreiben ihn den Söldnern zu, andere Autoren Alexander. Das Ergebnis war jedenfalls, dass die Söldner umzingelt und getötet wurden. Um zu demonstrieren, dass Widerstand zwecklos war, griff Alexander schließlich den »Felsen Aornos« (den heutigen Pir-Sar) an, den Herakles, wie es hieß, zweimal vergeblich einzunehmen versucht hatte. Alexander und Ptolemaios nahmen mit zwei Abteilungen in einer Zangenbewegung einen nach oben führenden Weg ein. Dann wurde wie am Felsen des Choriones eine Schlucht überbrückt und von der Brücke aus »mit unglaublicher Kühnheit« ein Bergrücken erobert, und in der Nacht erreichten siebenhundert Mann in zwei Klettergruppen den Gipfel (mit Alexander an der Spitze) und schlugen den Feind in die Flucht. Wie Aurel Stein bemerkt, beruhte der Erfolg auf »Alexanders Genie und der Härte und Ausdauer seiner kühnen Makedonen«, die bei all diesen Operationen die Hauptrolle spielten.

Im Lauf dieses Feldzugs glaubten sich Alexander und seine Makedonen sowohl auf den Spuren des Herakles als auch auf denen des Dionysos. Die Inder förderten diesen Gedanken mit der Behauptung, Dionysos habe eine ihrer Städte namens Nysa gegründet und den dort wachsenden Efeu gepflanzt, den es nirgendwo sonst in Indien gab. Die Makedonen waren erfreut, als sie den Efeu und andere angebliche Zeichen für die Anwesenheit des Dionysos sahen, und Alexander selbst ergriff die »Sehnsucht«, die heiligen Orte zu besuchen. Dem Dionysos wurden Opfer dargebracht, Alexander erklärte Nysa zur freien Stadt, und dreihundert Reiter aus Nysa dienten bis zum Herbst 326 bei den Makedonen. So verfestigte sich der Gedanke, dass Dionysos und Herakles im Gebiet westlich des Indus gekämpft, aber niemals den großen Strom überquert hätten. Alexander und seine Makedonen gedachten sie zu übertreffen.

In Aornos befand sich Alexander in der Nähe von Kaschmir, dem Gebiet des Abisares, der den Assakenen geholfen hatte und jetzt Überlebenden aus Aornos Zuflucht bot. Alexander verfolgte sie nicht, sondern wandte sich nach Süden, eroberte einige Kriegselefanten, fand geeignetes Holz und baute Schiffe, die man den Indus hinab treiben ließ. Zum Satrapen des gesamten Gebiets ernannte Alexander den Makedonen Philippos und zum Wächter des Felsens Aornos den loyalen Inder Sisikottos. Sie erwiesen sich als verlässlich, denn als in Assakenien später im Jahr ein Aufstand ausbrach, wurde Alexander von Sisikottos verständigt, und Philippos und Tyriespis stellten die Ordnung wieder her. Wie an anderen Orten sorgte Alexander in seinen neuen Städten für Frieden und verhieß Fortschritt.

Bei seinem Abmarsch aus Nikaia in der Nähe von Alexandria im Kaukasus hatte Alexander den Hauptteil der Armee unter dem Oberbefehl von Hephaistion und Perdikkas auf der direkten Route über den Khaiberpass zum Indus geschickt. Diese Truppen nahmen, entweder nach einer Kapitulation oder durch Sturmangriff, sämtliche bewohnten Zentren ein, da Alexanders Hauptverbindungsweg an ihnen vorbeiführen sollte. Einen dieser Orte, Orobatis, befestigten sie und ließen dort eine Garnison zurück. Als sich der indische Herrscher des Distrikts Peukelaotis empörte, fiel seine Stadt nach einer Belagerung von dreißig Tagen. Zum Gouverneur der Stadt wurde ein Inder ernannt.

Hephaistion hatte den Auftrag erhalten, eine Brücke über den Indus zu errichten, und er ließ Boote bauen, die als Pontons dienen sollten. Sie wurden aus einheimischem Holz in Teilen angefertigt, die über Land transportiert und am Bestimmungsort zusammengesetzt werden konnten. Die größten von ihnen waren zwei Dreißigruderer. Als Alexander im Frühjahr 326 eintraf, veranstalteten die vereinten Streitkräfte ein großes Fest mit Sportwettkämpfen und Reiterspielen. Alexander opferte den Göttern; die Opfergaben für die Soldaten – dreitausend Rinder und mehr als zehntausend Schafe – stellte der indische Herrscher Taxiles zur Verfügung. Die Vorzeichen bei den Opfern waren günstig. Bei Tagesanbruch begab sich Alexander selbst als Erster nach »Indien« hinüber, in ein Land, das der griechischen Welt völlig unbekannt war.

Die Armee, die den Indus überquerte, zählte etwa fünfundsiebzigtausend Soldaten, von denen der größte Teil Fußsoldaten aus Makedonien, den Balkanländern und dem westlichen Asien waren. Bei der Reiterei wurden die Getreuen so umgruppiert, dass die vier Hipparchien, die Alexander begleiteten, überwiegend aus makedonischen Getreuen bestanden; er würde sie bei etwaigen offenen Feldschlachten für den Angriff als schwere Reiterei brauchen. Die nach Völkerschaften geordneten Einheiten der leichten Reiterei umfassten, den Quellen zufolge, persische Wurfspießkämpfer, Bogenschützen der Daher sowie die Baktrer und die Sogder, aber es gab sicherlich noch andere Einheiten, etwa aus Thrakern.

Die Schlacht am Hydaspes

Alexanders Herrschaft war im Voraus anerkannt worden, und mit Taxiles hatte er kostbare Geschenke ausgetauscht. Als Taxiles in dieser Zeit starb, nahm sein Sohn denselben Königsnamen an, und dieser jüngere Taxiles lieferte Alexander seine Hauptstadt Taxila (das heutige Bhir) aus und stellte ihm fünftausend Soldaten zur Verfügung. In Taxila empfing Alexander Gesandte von kleineren Herrschern aus der Umgebung sowie von Abisares, dem Herrscher von Kaschmir, die ihm Geschenke überbrachten. Er opferte den Göttern, veranstaltete Festspiele mit Sport- und Reiterwettkämpfen und traf administrative Vorkehrungen. Die Region wurde der Satrapie des Philippos zugeschlagen. Taxiles erhielt als Belohnung zusätzliches Territorium. In Taxila wurde eine makedonische Garnison stationiert; ausgemusterte Soldaten wurden dort angesiedelt; und die Boote der Indusbrücke wurden in Einzelteilen zu Alexanders nächstem Ziel, dem Hydaspes, transportiert. Von dem Herrscher des Landes auf der anderen Seite dieses Flusses, einem Feind des Taxiles namens Poros, waren keine Gesandten gekommen.

Die Speerspitze von Alexanders Vielvölkerheer von fünfundsiebzigtausend Mann bildete eine Truppe von nicht mehr als fünfzehntausend Makedonen. Das Problem der Versorgung wurde durch die außerordentliche Fruchtbarkeit der Schwemmlandebenen gemildert, auf denen Getreide im Überfluss produziert wurde. Auf der anderen Seite des Flusses hatte Poros eine Armee von etwa fünfunddreißigtausend Mann und zweihundert Kriegselefanten aufgestellt. Da der Anblick und der Geruch der Elefanten seine Pferde scheu gemacht hätte, konnte Alexander nicht den Fluss überqueren und eine Landung erzwingen, wie er es am Iaxartes getan hatte. Mit einigen einfallsreichen Täuschungsmanövern verschleierte Alexander die Vorbereitungen für die Flussüberquerung an einem Punkt, der sich etwa dreißig Kilometer stromaufwärts seines Lagers befand. Dann landete er in einer stürmischen Mainacht mit fünftausend Reitern und sechstausend Fußsoldaten kurz nach Tagesanbruch am anderen Ufer. Zwischen der Überquerungsstelle und dem Lager waren Abteilungen in Stellung gegangen, die den Fluss überschreiten sollten, sobald die Inder in Kämpfe verwickelt worden waren. Im Lager stand Krateros bereit, um mit seiner Truppe überzusetzen, falls Poros alle seine Elefanten gegen Alexander aufbieten sollte.

Als Späher von der Landung berichteten, schickte Poros seinen Sohn mit hundertzwanzig Wagen und zweitausend Reitern dem Feind entgegen. Aber die Wagen blieben im nassen Boden stecken, und die Reiterei wurde in die Flucht geschlagen, wobei ihr Kommandeur und vierhundert Mann fielen. Poros ließ einige Elefanten zurück, um Krateros von einer Flussüberquerung abzuschrecken, und stellte seine Armee in einiger Entfernung vom Ufer auf sandigem Boden auf. Seine dreißigtausend Fußsoldaten bildeten eine zehn Mann tiefe und etwa

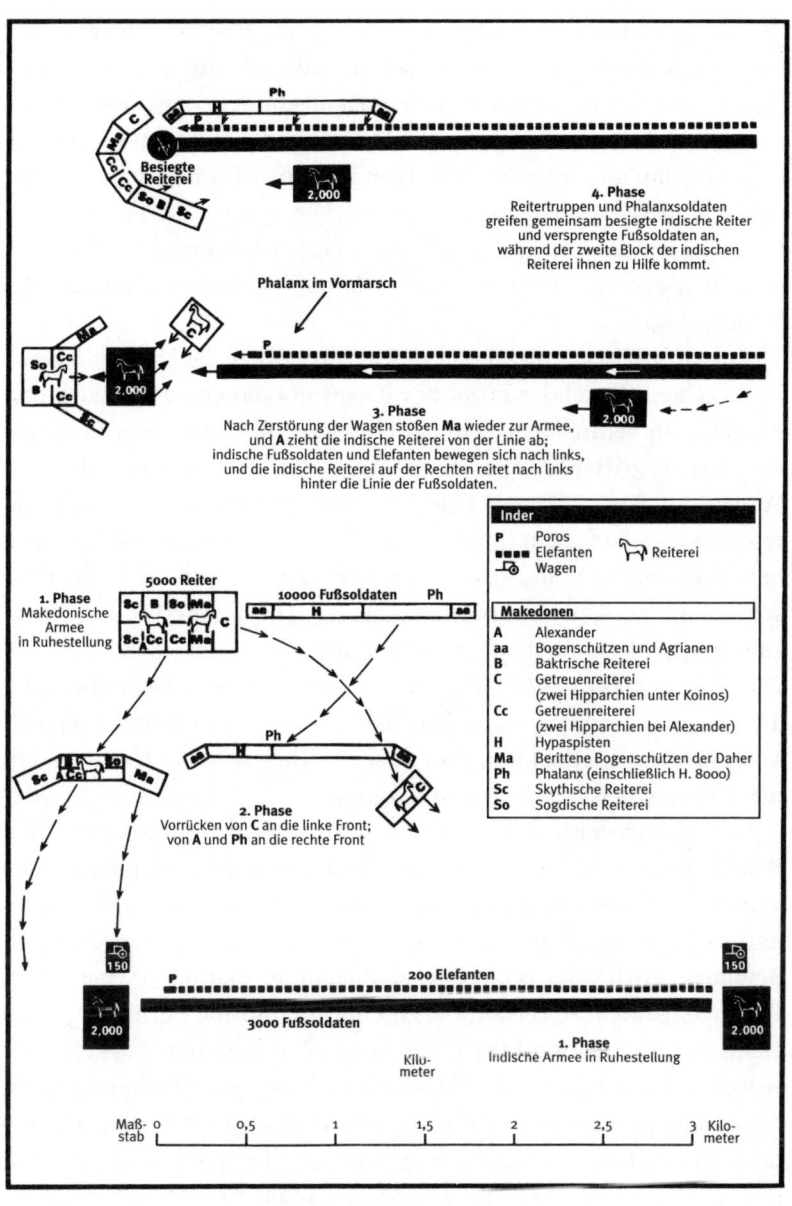

17. Die Schlacht am Hydaspes

drei Kilometer lange Front, vor der in Abständen von fünfzehn Metern zweihundert Elefanten Aufstellung nahmen. Auf den Flügeln befanden sich jeweils hundertfünfzig Kampfwagen und hinter ihnen zweitausend Reiter. Poros erwartete, Alexander werde mit seinen zu Fuß zahlenmäßig unterlegenen Truppen einen Frontalangriff unternehmen. Als Alexander vorrückte, stießen einige Abteilungen vom anderen Ufer zu ihm, und er ließ ihnen eine Atempause, bevor er zum Angriff überging, und zwar nicht frontal, sondern gegen einen der beiden Flügel.

Tausend Reiter schickte Alexander unter dem Befehl von Koinos zum rechten Flügel der Front des Poros, um diesen zu täuschen und ihn dazu zu veranlassen, seine zweitausend Reiter dort zu behalten. Gleichzeitig griffen die berittenen Bogenschützen (tausend Daher) die Wagen auf Poros' linkem Flügel an und stifteten Verwirrung. Nun erschien Alexander mit tausend Getreuenreitern an der linken Flanke der Kolonne der indischen Reiterei, die daraufhin nach links schwenkte, um sich ihm entgegenzustellen. Durch Angriffe und Rückzüge zog er die indische Reiterei von der Front der Fußsoldaten ab. Dies war der Zeitpunkt, an dem Koinos befehlsgemäß die Richtung änderte und die Flanke und Nachhut der indischen Reiterei angriff. Von allen Seiten attackiert, floh diese in den Schutz der Elefanten (an die die indischen Pferde gewöhnt waren).

Unterdessen hatte Poros den Elefanten und den Fußsoldaten den Befehl gegeben, sich nach links zu wenden und die Reiterei zu unterstützen, aber diese Bewegung wurde durch die Elefanten verlangsamt, und es kam zu einigem Durcheinander. Wie von Alexander vorab befohlen, griff seine Infanterie in Phalanxformation (Hypaspisten, Phalanxsoldaten, Agrianen, Bogenschützen und andere, alles in allem vielleicht zehntausend Mann) den linken Teil der Front des Poros an, wobei sie Lanzen gegen die Mahouts und Pfeile und Wurfspieße gegen die Elefanten einsetzten. Zunächst verlief die Schlacht ausgeglichen, denn die Elefanten griffen trompetend an; die durch Truppen vom rechten Flügel verstärkte Reiterei ging ebenfalls zum Angriff über, und die Pferde der Makedonen scheuten vor den Elefanten. Doch die Infanterie behielt die Oberhand, indem sie in geschlossener Ordnung mit einem Wald von Lanzenspitzen vorrückte und die Elefanten in ihre eigenen Truppen trieb, während die makedonische Reiterei, die von der Rückseite der Front des Poros angriff, die indische Reiterei in die Flucht schlug. Die besiegten Soldaten und Elefanten stießen mit dem Rest der Front des Poros zusammen, die nun völlig zusammenbrach und sich zur Flucht wandte. Währenddessen hatte Krateros den Fluss überschritten und beteiligte sich an der Verfolgung. Die indischen Verluste an Gefallenen und Gefangenen wurden auf zwei Drittel ihrer Streitmacht geschätzt.

Poros und sein Mahout kämpften ungeachtet ihrer Wunden weiter, bis ein Inder ihn dazu bewegte, abzusteigen und zu Alexander zu gehen. »Königlich behandele mich, Alexander!« lauteten die Worte des Poros. Alexander ließ ihm sein Königreich als Vasallenkönig und vergrößerte es sogar, und später überredete er Poros und Taxiles, ihre Feindschaft zu begraben. Von der Truppe, die den Fluss zuerst überquert hatte, waren 80 makedonische Fußsoldaten und 20 Getreue gefallen, von den anderen Truppen 720 Fußsoldaten und 280 Reiter. Alexander opferte den Göttern sowie »der Sonne als der Macht, die ihm verliehen habe, die Morgenländer zu unterwerfen«. Einer Versammlung von Makedonen erklärte er, der Reichtum Indiens gehöre ihnen, und sie brauchten nur noch »bis zum fernsten Osten und zum Ozean« weiterzumarschieren. Die Versammlung versprach, diese Aufgabe zu erfüllen, denn auch sie war der Meinung, dass der Ozean nicht mehr weit entfernt war.

Einen Monat lang ließ Alexander seine Armee ausruhen. In dieser Zeit entwarf er Pläne für zwei neue Städte, die er später Nikaia und Bukephala nannte – Letzteres zum Gedenken an sein Schlachtross, das bald nach der Schlacht an Altersschwäche gestorben war. Zur Feier seines Sieges ließ Alexander Silbermedaillen in der Größe von Dekadrachmen prägen (Tafel 13). Darauf ist Alexander in Kavallerieuniform und mit einem Diadem auf dem Kopf abgebildet; in der Linken hält er eine Lanze und in der ausgestreckten Rechten einen Blitz, während Nike im Begriff ist, ihn mit dem Siegeskranz zu krönen. Auf der Rückseite greift Alexander zu Pferde Poros und dessen Mahout an, die auf einem sich zurückziehenden Elefanten reiten. Mit dem Diadem wurde Alexander zum König von Asien proklamiert, und der Blitz bedeutete, dass er der Stellvertreter des Zeus war.

Die Umkehr am Hyphasis

Für Alexander und seine Wissenschaftler gab es zwei Routen zum Ozean. Die eine verlief am Indus entlang nach Süden. Man hatte angenommen, beim Indus handle es sich um den Oberlauf des Nils, weil Flora und Fauna der beiden Flüsse übereinstimmten, aber von den Indern hatten sie erfahren, dass der Fluss ins Meer floss, vermutlich in den Ozean. Die andere Route verlief nach Osten bis zur Spitze der von Aristoteles angenommenen Halbinsel. Während die Armee sich ausruhte, begann Alexander mit dem Bau der Flotte für die Reise nach Süden. Seine erste Wahl war es allerdings, nach Osten bis zum Ende des Festlands (*finem terrarum*) zu ziehen.

Zunächst ergaben sich die zahlreichen Stämme oder wurden von den Vorausabteilungen unter Alexander und Hephaistion mühelos unterworfen. Verluste gab es bei der Überschreitung des Akesines (heute Chenab), der durch den einsetzenden Monsunregen angeschwollen war. Doch jenseits des nächsten Flusses, des Hydraotes, stieß Alexander in Sangala (nahe dem heutigen Lahore) auf gut organisierte Streitkräfte. Die Belagerung kostete ihn 100 Gefallene und 1200 Verwundete, aber die feindlichen Verluste von 17 000 Gefallenen und 70 000 Gefangenen machten dem Widerstand bald ein Ende, und er erreichte das Ufer des letzten Flusses, des Hyphasis (des heutigen Beas). Jenseits davon würden Alexander und seine Makedonen, so glaubten sie, »das Ende Asiens und das Weltmeer« finden.

Die ortsansässigen Inder belehrten sie eines Besseren: Weiter östlich liege das volkreiche Tal des Ganges, wo es zahlreiche Elefanten gebe, »und zwar die größten und tapfersten«. Unter den Makedonen, die unter Erschöpfung und den Auswirkungen von siebzig Tagen ununterbrochenem Regen litten, breitete sich tiefe Enttäuschung aus. Sie waren in die Irre geführt worden; das »Ende Asiens« war nicht in Sicht. Ihr Verhalten machte deutlich, dass sie nicht weiter ziehen wollten. Alexander dagegen war dazu entschlossen, um jenseits des Gangestals den Ozean zu erreichen. Er befragte eine Versammlung der Kommandeure, die seinen Appell schweigend aufnahmen. Dann sprach Koinos, ein altgedienter General, »für die Masse der Soldaten«: Sie hätten nur noch den Wunsch, in die Heimat zurückzukehren.

Alexander war wütend. Am nächsten Tag berief er noch einmal eine Versammlung ein und verkündete seine Absicht, mit denjenigen weiterzuziehen, die bereit waren, ihm zu folgen. Die andern könnten heimkehren und sagen, sie hätten ihren König im Stich gelassen. Drei Tage lang blieb er in seinem Zelt und war für niemanden zu sprechen. Er hoffte, die Stimmung der Armee würde umschlagen. Als nichts geschah, verließ er sein Zelt und brachte ein Opfer für eine Flussüberquerung. Die Zeichen waren ungünstig, und so ließ er durch seine Freunde verkünden, er habe beschlossen umzukehren. Die Soldaten jubelten, und einige gingen zu seinem Zelt und segneten ihn. Alexander war es nicht gelungen, seinen Willen durchzusetzen. Aber er hatte eine Konfrontation vermieden und sich das Wohlwollen der Makedonen gesichert. Die *anabasis*, der Zug nach Osten, war zu Ende.

Am Ufer des Hyphasis »ließ er das Heer sich nach Regimentern ordnen und befahl, zwölf Altäre zu errichten, so hoch wie die höchsten Türme, ... als Dankesopfer für die Götter, die ihn so weit als Sieger geführt hätten, und als Denkmäler seiner eigenen Mühsale«. Die Altäre wurden den zwölf olympischen Göttern des griechischen Pantheons geweiht, denn sie hatten die Armee geleitet, und Zeus hatte Alexander den Sieg verliehen, wie dieser auf dem Poros-Medaillon behauptet hatte. Die Erwähnung seiner Mühsale legte den Vergleich mit Herakles nahe, der zur Erinnerung an seine Taten am westlichen Rand der Welt »die Säulen des Herakles« errichtet hatte.

Südasien

Zum Indusdelta

Es war charakteristisch für Alexander, dass er, während er zum Hyphasis vorrückte und von dort wieder zurückkehrte, Vorkehrungen für die Verwaltung dieses Territoriums traf. Nach dem Sieg am Hydaspes weitete er das Reich des Poros nach Norden bis nach Kaschmir aus, wo die Glausen ihre siebenunddreißig Städte und zahlreichen Dörfer mit einer Gesamtbevölkerung etwa einer halben Million Menschen auslieferten. Jenseits davon lag das Reich des Abisares, der sich nach vielen Winkelzügen schließlich ergab und kostbare Geschenke sowie dreißig Elefanten sandte. Alexander beließ ihm seine Stellung und machte ihm einen benachbarten Herrscher untertan. Die Region zwischen dem Akesines und dem Hydraotis und dazu der größte Teil des Gebiets zwischen dem Hydraotis und dem Hyphasis wurden dem Reich des Poros zugeschlagen, der mit fünftausend Indern und zahlreichen Elefanten unter Alexanders Befehl treu gedient und die Armee versorgt hatte. Dieses Reich umfasste schließlich angeblich mehr als zweitausend Städte, was eine Bevölkerung von mehr als zehn Millionen Menschen bedeutete. Die Gegend um Sangala wurde einigen Indern anvertraut, die sich freiwillig ergeben hatten. Die neuen Städte, die Alexander gründete, zwei am Hydaspes und eine am Akesines, lagen an Verbindungswegen. So stützte er sich für die Kontrolle über die große und volkreiche Region bis hin zu den Vorbergen des Himalaja fast ausschließlich auf die einheimischen Herrscher. Seine Bindung zu ihnen war persönlicher Natur, und er behandelte sie als Verbündete, sofern sie seine Oberherrschaft anerkannten und den geforderten Tribut zahlten. Denn er war sich darüber im Klaren, dass er nicht über genug Soldaten verfügte, um direkt über diese nordöstliche

Region zu herrschen, und sein Vertrauen auf die einheimischen Herrscher hatte sich bisher als gerechtfertigt erwiesen.

Das Gebiet mit der größten strategischen Bedeutung war das Reich des Taxiles, der eine ebenso unverbrüchliche Loyalität wie Poros an den Tag gelegt hatte. Alexander erweiterte sein Territorium, behandelte ihn als Verbündeten und erwartete von ihm Zusammenarbeit mit seinem Nachbarn Philippos. Um ganz sicher zu gehen, stationierte er in Taxila eine Garnison. Philippos als Satrap kontrollierte die Gegenden, durch welche die Verbindung nach Makedonien verlief, das heißt die Route über den Khaiberpass, die Täler der Flüsse Kabul, Kophen und Choaspes (Swat) sowie eine Enklave östlich des Indus. So befand sich das gesamte Hinterland unter Kontrolle, und Alexander konnte ungefährdet nach Süden vorrücken.

Für das neue Unternehmen stießen große Verstärkungen zu ihm: 6000 Reiter aus Griechenland und Thrakien, 7000 griechische Söldner zu Fuß und 23 000 Fußsoldaten von seinen Verbündeten in Griechenland und Asien (das heißt aus den griechischen Städten). Mit ihnen kamen zweieinhalb Tonnen medizinische Güter und fünfundzwanzigtausend mit Gold und Silber beschlagene Rüstungen – Produkte makedonischer Handwerkskunst. Die Gesamtzahl der Kampftruppen, die für den Marsch nach Süden zur Verfügung standen, betrug nach Angaben von Nearchos knapp 120 000 Mann: schätzungsweise 13 000 Reiter, 55 000 Frontsoldaten zu Fuß (darunter etwa 15 000 Männer des Königs, Agrianen und Bogenschützen) und 50 000 Mann Hilfstruppen zu Fuß (darunter 15 000 Inder). Auf dem Hydaspes lag eine gewaltige Flotte bereit (die Zahlen in den Quellen schwanken erheblich), zu der achtzig Dreißigruderer und zahlreiche andere Schiffe gehörten, die das Heer für den Transport ihrer Ausrüstung und Vorräte benötigte.

Alexanders Feldzugsplan war beispiellos. Er hatte vor, den Hydaspes, den Akesines und den Indus nicht nur zur Beförderung der von Taxiles und Poros bereitgestellten Vorräte zu benutzen, sondern auch als Basis für militärische Operationen. Stromabwärts ließen sich Truppen auf dem Fluss schneller befördern als an Land, und etwaiger Widerstand konnte von dort aus bekämpft werden. Um mit den Stromschnellen und anderen Problemen fertig zu werden, brauchte

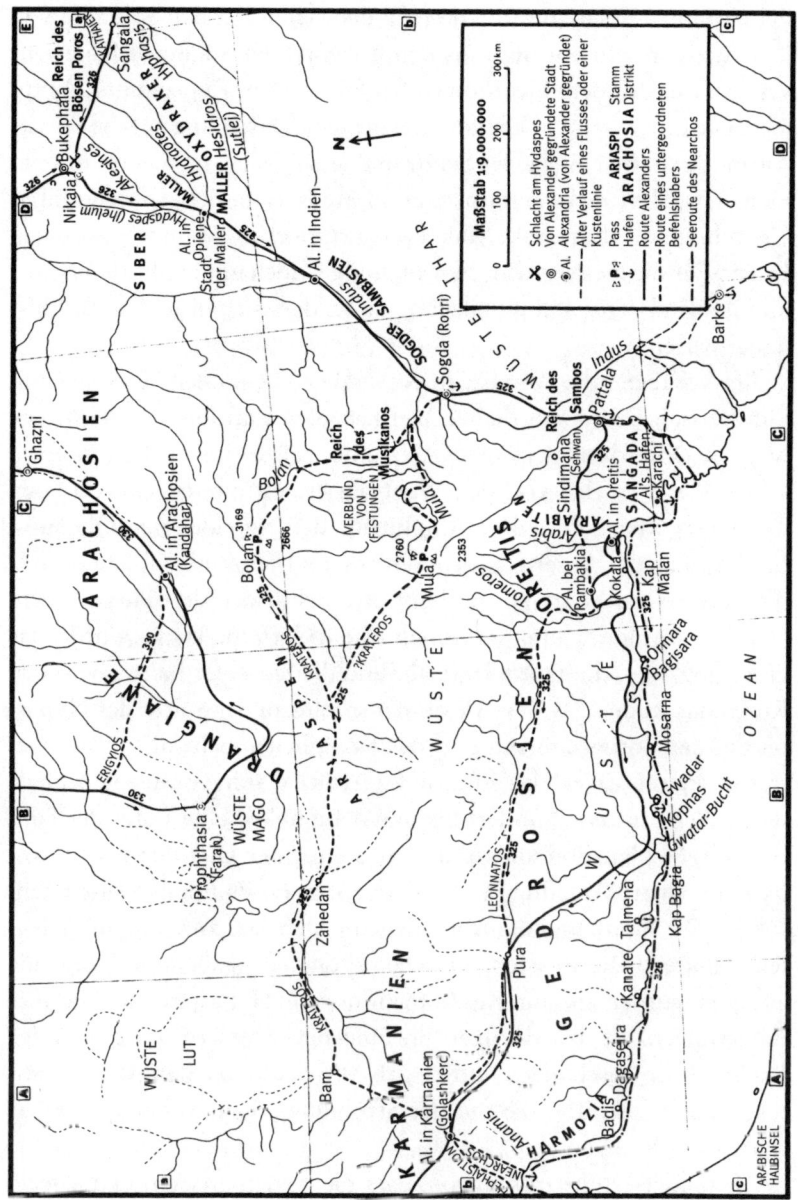

Maßstab 1:9.000.000

```
0    100    200    300 km
```

✕ Schlacht am Hydaspes
⦿ Von Alexander gegründete Stadt
⦿ Al. Alexandria (von Alexander gegründet)
——— Alter Verlauf eines Flusses oder einer
     Küstenlinie
> P < Pass   ARIASPI Stamm
     Hafen   ARACHOSIA Distrikt
——— Route Alexanders
----- Route eines untergeordneten
     Befehlshabers
-·-·- Seeroute des Nearchos

18. Die südöstlichen Satrapien

243

man kundige Besatzungen. Diese fanden sich unter den Soldaten von den Ägäischen Inseln und aus den griechischen Städten Kleinasiens sowie unter den dem Heer folgenden Phöniziern, Zyprern und Ägyptern. Die Inder wagten sich nur zum örtlichen Fischfang auf die Flüsse. Alexander hatte ein eigenes Schiff und einen eigenen Steuermann namens Onesikritos. In den obersten Flottenstab berief er vierunddreißig führende Offiziere – Makedonen, Griechen, Zyprer und einen Perser. Für die meisten war diese Stellung jedoch nur ein Ehrenposten, und ihr Titel »Trierarch« bedeutete nicht, dass sie tatsächlich Befehlshaber waren.

Am Vorabend der Abreise im November 326 fanden Festspiele mit künstlerischen und sportlichen Wettkämpfen statt, und an die Armee wurden Opfertiere ausgeteilt. Alexander selbst opferte den Göttern seiner Vorväter, den von den Wahrsagern bestimmten Göttern, den drei Flussgöttern, Poseidon, Amphitrite, den Nereiden und Okeanos. Bei Anbruch des Abreisetages opferte er am Ufer seinen üblichen Göttern sowie dem Hydaspes und auf dem Schiff den drei Flussgöttern, Herakles, Ammon und seinen üblichen Göttern. Dann wurde das Horn geblasen, die Flotte legte ab, und die Flussufer hallten von den Rufen der Ruderer wider. Alexander segelte an der Spitze der Hypaspisten, der Bogenschützen und der Königlichen Schwadron der Getreuenreiterei. Zwei Abteilungen der Armee waren vorausmarschiert, die größere mit zweihundert Elefanten am linken Ufer unter der Führung des Hephaistion und die andere am rechten Ufer unter Krateros, und eine dritte Abteilung unter dem Satrapen Philippos sollte nachfolgen. Die Flotte und die Abteilungen trafen sich an vorab festgelegten Punkten. Die meisten indischen Stämme ergaben sich, und die anderen wurden bis zum Zusammenfluss von Hydaspes und Akesines unterworfen. In den dortigen unruhigen Gewässern wurden einige Ruderschiffe beschädigt, und es gab Verluste unter den Mannschaften, aber die Schiffe, die mit der Strömung segelten, blieben unversehrt.

Alexander erfuhr früh davon, dass die beiden größten und kriegerischsten Stämme in der Zentralregion, die Maller und die Oxydraken, ihre Kräfte verbinden und ihm in offener Feldschlacht entgegentreten wollten. Das war eine beängstigende Aussicht; denn ihre große

Zahl würde nicht ohne Wirkung bleiben, und eine einzige Niederlage konnte für die Makedonen eine Katastrophe sein. Alexander musste als Erster angreifen, bevor die beiden feindlichen Armeen sich vereinigt hatten. Während die Flotte stromabwärts zur Grenze der Maller segelte, plünderte Alexander das Land ihrer nördlichen Nachbarn, und als er wieder zur Flotte stieß, traf er seine Anordnungen. Krateros sollte das Kommando über die Elefanten übernehmen und am rechten Ufer flussabwärts vorrücken. Hephaistion sollte am linken Ufer fünf Tage vor der Truppe Alexanders marschieren, und Ptolemaios sollte Alexanders Truppe in einem Abstand von drei Tagen folgen, um ihr den Rücken freizuhalten. Alexander selbst, der die Hypaspisten, eine Brigade der Phalanxsoldaten, die Agrianen, die Bogenschützen, die Hälfte der Getreuenreiterei und die berittenen Bogenschützen befehligte (insgesamt sechstausend Fußsoldaten und zweitausend Reiter), marschierte durch Wüstengebiete tief ins Land der Maller hinein. In vierundzwanzig Stunden legte er fast neunzig Kilometer zurück.

Der Angriff seiner Reiterei im Morgengrauen kam völlig überraschend. Viele Maller wurden wehrlos auf den Feldern getötet, und als die Infanterie herankam, erzwang sie den Zugang in die Stadt und trieb die Feinde in die Zitadelle. »Alexander erschien hier und dort und überall im Gefecht.« Die Zitadelle wurde im Sturm erobert, und die zweitausend Verteidiger wurden getötet. Die Bewohner einer nahe gelegenen Stadt flohen, aber die Reiterei holte viele von ihnen ein und tötete sie. Nach einem weiteren Nachtmarsch überfiel Alexander eine Truppe von Mallern, die gerade den Hydraotes überschritt, tötete viele von ihnen, machte einige Gefangene und eroberte dann ihre Festung. Die Überlebenden wurden in die Sklaverei verkauft. Eine weitere Stadt war fest in der Hand von Mallern und Brahmanen, Mitgliedern einer fanatischen religiösen Sekte. Die Makedonen gaben mit ihren Katapulten Deckung, während die Mauern unterminiert wurden (die wie auch anderswo in den Ebenen aus Ziegeln bestanden), und Alexander war der Erste, der die Mauer der Zitadelle erstieg, in der etwa fünftausend Maller bis zum Tod kämpften. »Infolge ihrer Tapferkeit fielen nur ganz wenige lebend in die Hand der Makedonen.« Andere Städte wurden aufgegeben.

Alexander befahl einer Abteilung, die Wälder zu durchkämmen

und »alle zu töten, die sich nicht gutwillig ergäben«. Die schweren Verluste der Maller waren zum Teil auf den fanatischen Widerstand ihrer Soldaten zurückzuführen und zum Teil darauf, dass auf Alexanders Befehl hin Flüchtlinge getötet wurden (siehe beispielsweise Arrian 6.8.3). Da jetzt Panik weit verbreitet war, verließ die einzige organisierte Armee der Maller, die fünfzigtausend Mann stark war, ihr Hauptterritorium und überquerte den Hydraotes, offensichtlich in der Absicht, zu den Oxydraken zu stoßen. In dichter Verfolgung durchwatete Alexander nur mit seiner Reiterei den Fluss und hielt die Maller auf, indem er sie mit seinen Reitern umkreiste, bis die Fußsoldaten eintrafen. Beim Anblick der Phalanx flohen die Maller in eine stark befestigte Stadt, und als die Makedonen am nächsten Tag angriffen, suchten sie in der Zitadelle Zuflucht. Alexander befand sich wie gewöhnlich in vorderster Front. Da er den Eindruck hatte, seine Soldaten seien zu langsam, stellte er selbst eine Leiter an die Mauer der Zitadelle und führte den Weg nach oben, gefolgt von Peukestas, der den heiligen Schild der Athene von Troja trug, und von Leonnatos, einem Leibgardisten. Daneben wurde eine zweite Leiter angelehnt, auf der Abreas als Erster hinaufstieg. Hinter ihnen zerbrachen beide Leitern unter dem Gewicht der Soldaten, sodass die Anführer auf sich allein gestellt waren. Alexander drängte die Verteidiger von der schmalen Mauer. Da er eine stehende Zielscheibe war, sprang er, von Peukestas, Leonnatos und Abreas gefolgt, in den Innenhof und tötete einige Angreifer. Abreas wurde von einem aus kurzer Entfernung abgeschossenen Pfeil getötet, und auch Alexander wurde von einem Pfeil getroffen, der in seine Lunge eindrang. Als er zusammenbrach, schützten ihn Peukestas und Leonnatos mit ihren Schilden. Nun drangen die Hypaspisten in die Zitadelle ein, einige über die Mauern, andere durch ein aufgebrochenes Tor, und machten in dem Glauben, dass Alexander tot war, alle nieder, die sich in der Zitadelle befanden.

Alexander überlebte unter großem Blutverlust. Als er sich der Armee zeigte, jubelten die Soldaten und bekränzten ihn »mit Blumen, wie sie Indien zu dieser Zeit hervorbrachte«. Sein Heer war nun am Zusammenfluss von Hydraotes und Akesines vereint. Während Alexander genas, hatten die schrecklichen Verluste, die er den Mallern zugefügt hatte, die von ihm beabsichtigte Wirkung. Maller, Oxydraken, Sogder und andere Stämme und Gruppen bis hin zum Zusammenfluss von Akesines und Indus schickten Gesandte und Geschenke und erkannten seine Herrschaft an. Der einzige Stamm, der sich weigerte, wurde von Perdikkas unterworfen. Am letztgenannten Zusammenfluss setzte Alexander die Südgrenze der Satrapie des Philippos fest, dem er eine Besatzungstruppe gab, zu der alle Thraker gehörten. Außerdem sollte eine neue Stadt mit Werften, Alexandria in Opiene, erbaut werden. Alexander sah die Bedeutung der zahlreichen schiffbaren Flüsse für den Handel voraus, der sich unter den zerstrittenen indischen Stämme nicht entwickeln konnte. Das von Krateros überrannte Territorium westlich des Indus wurde der Satrapie Arachosien zugeschlagen.

Beim Weiterzug den Indus hinab nahm Alexander die Unterwerfung der Stämme entgegen und gründete in der Nähe der Hauptstadt der Sogder (bei Rohri) eine weitere Stadt mit Werften. Unweit des Flusses lag die Wüste Thar, und das fruchtbare Land befand sich im Westen. Dort herrschte Musikanos über das angeblich reichste Königreich des Industals. Da Musikanos keine Gesandten geschickt hatte, nahm Alexander eine Truppe auf seine nunmehr vergrößerte Flotte, segelte schnell stromabwärts und erreichte das Königreich, bevor Musikanos von seiner Abreise auch nur gehört hatte. Voller Erstaunen suchte Musikanos Alexander auf, machte ihm kostbare Geschenke, übergab alle seine Elefanten und stellte sich selbst und sein Volk in seine Dienste. Alexander bestätigte ihn als Vasallenkönig und stationierte in der Zitadelle seiner Hauptstadt eine Garnison. Ein benachbarter König, Oxikanos, war nicht in Verhandlungen eingetreten, und Alexander segelte mit einer ausgewählten Truppe zu seinem Reich, nahm Oxikanos gefangen und eroberte zwei seiner Städte im Sturm. Die Beute überließ er seinen Truppen; die Elefanten aber behielt er. Sambos, der Herrscher des nächsten Königreichs im Süden, floh, doch seine Verwandten lieferten die Hauptstadt und die Elefanten aus.

Alexander befand sich jetzt nahe dem Indusdelta. Aber hinter ihm brach eine von Brahmanen angezettelte und von Musikanos angeführte Meuterei aus, und es bestand die Gefahr, dass sie sich ausbreitete. Alexander handelte wie üblich rasch. Peithon, der Satrap, den er für das südliche Indien ernannt hatte, marschierte in das Reich ein und nahm Musikanos gefangen, während Alexander die Städte, die dem Musikanos untertan waren, angriff. »Die einen machte er dem Erdboden gleich, nachdem er ihre Bevölkerung als Sklaven hatte verkaufen lassen; in einige legte er militärische Besatzungen und ließ ihre Burgen durch Mauern befestigen.« Die gefangen genommenen Brahmanen wurden ebenso wie Musikanos zu ihrem Wohnort gebracht und als Anstifter der Rebellion gehängt. Zu einer weiteren Revolte, die zwar nicht von Arrian, aber von anderen Autoren erwähnt wird, kam es im Reich des Sambos, wo Alexander die Städte auf dieselbe Weise behandelte, aber allen, die sich ergaben, Gnade gewährte, vor allem in Harmatelia, der Hauptstadt der Brahmanen.

Soeris, der König des Deltas, kam zu Alexander, unterwarf sich ihm und erhielt den Befehl, Vorräte für die Armee bereitzustellen. Da die Eroberung Indiens abgeschlossen zu sein schien, traf Alexander Vorbereitungen für die nächste Phase, indem er Krateros auf der Route durch Arachosien und Drangiane in das an Persis grenzende Karmanien sandte. Krateros nahm alle Makedonen, die für den aktiven Dienst untauglich waren, drei Brigaden von Phalanxsoldaten, einige der Bogenschützen, sämtliche Elefanten und einen Gepäcktross zusammen mit den Familien der Männer des Königs mit sich. Seine Aufgabe war es, die makedonische Herrschaft über die Gebiete, durch die er kommen würde, zu sichern oder auszuweiten. Es war klar, dass Alexander die Absicht hatte, mit einer mobileren Truppe in uneroberes Territorium zu ziehen, das südlich der Route des Krateros liegen musste.

Nach dem Abmarsch des Krateros im Juni 325 segelte Alexander nach Patala an der Mündung des Deltas, da es hieß, Soeris sei mit seinen Stammestruppen geflohen. Das traf zu, aber die meisten Stammesangehörigen kehrten unter der Zusicherung zurück, dass sie ihr eigenes Land bearbeiten dürften. Alexander machte Land urbar, indem er in der Wüste Brunnen graben ließ. In Patala plante er seine zentrale Flottenbasis: Für den Hauptteil der Flotte wurde ein großes Becken ausgehoben, es wurden Werften gebaut, und alles zusammen wurde mit der Zitadelle in einen befestigten Komplex einbezogen. Von Patala aus erkundete er beide Arme des Indus. Den östlichen Fluss fand er für die Schifffahrt geeigneter, und er traf Vorkehrungen für den Bau eines weiteren Hafenbeckens samt Werften und einer Festung für eine Garnison, welche die Ostgrenze seines Reichs markieren sollte. Zweifellos hoffte er, den Seehandel in Richtung Osten auszubauen. Bei seiner ersten Schiffsreise landete er auf einer Flussinsel und dann auf einer Insel im Meer, und auf jeder von beiden opferte er nicht den üblichen Göttern, sondern besonderen Gottheiten mit besonderen Ritualen, wie es ihm Ammon beim Orakel in Siwa aufgetragen hatte. Danach segelte er ins Meer hinaus, opferte dem Poseidon Stiere und warf als Dankopfer goldene Gefäße in die Fluten. Er war davon überzeugt, dass er den Ozean erreicht hatte – was Ammon vermutlich vorhergesagt hatte – und errichtete Altäre für Okeanos und Tethys.

Die nur sieben Monate dauernde Eroberung Indiens südlich seiner Städte am Hydaspes war ein spektakuläres Beispiel für Alexanders Kühnheit, Originalität, planmäßiges Vorgehen und Führungsstärke. Seine Makedonen waren in Hochform. Da Arrian über Alexander und die Männer des Königs schrieb, ist über die Leistungen der griechischen und asiatischen Truppen, von denen die persische, baktrische, sogdische, skythische und indische Reiterei eine herausragende Rolle gespielt haben muss, kaum etwas bekannt. Alexander ließ sich von der Weite der Ebenen, dem Bevölkerungsreichtum der Länder, den Elefanten und den Kampfwagen nicht abschrecken, und indem er die Flüsse nutzte, konnte er in einem Tempo agieren, das es seinen traditionell zerstrittenen Feinden unmöglich machte, ihre Truppen zu vereinen.

Es ging jedoch nicht nur um Eroberung. Alexander hatte erreicht, dass man seine Herrschaft anerkannte. Laut Polyainos, einem Militärschriftsteller, der sich auf die Darstellung des Ptolemaios stützte, hat Alexanders Mischung aus Strenge, wie er sie in Sangala bewiesen hatte, und Milde, wie er sie gegenüber den benachbarten Stämmen übte, zur Folge gehabt, dass der Ruf der Güte, »welcher sich schnell verbreitete, die Inder dazu veranlasste, Alexander freiwillig anzunehmen« (4.3.30). Alexander bemerkte später, er habe den Indern zugestanden, »nach ihren eigenen Sitten und Bräuchen ihren Staat zu verwalten« (Arrian 7.20.1). Was er den bis dahin in Krieg führende Gemeinschaften aufgespaltenen Indern brachte, waren Frieden und die Verheißung von wirtschaftlicher Entwicklung, die er durch die Nutzung der Flüsse, Brunnenbau und die Ausschachtung von Hafenbecken anstieß. In den Städten Alexanders hatten Inder neue Chancen, ihre Söhne konnten eine griechische Bildung erhalten, und griechische Wissenschaftler und Abenteurer aus Alexanders Gefolge konnten den Indern in praktischen Dingen wie dem Salzbergbau und dem Schmelzen von Metall vieles beibringen. Ein neues Zeitalter konnte beginnen.

Die Eroberung des Südens

Als Alexander auf dem Meer opferte, betete er, Poseidon möge »ihm seine Flotte unversehrt geleiten, die er unter Führung des Nearchos zum Persischen Golf und zu den Mündungen von Euphrat und Tigris senden wollte«. Diese Truppe würde durch unbekannte Gewässer segeln. Ja, man wusste nicht einmal, ob die geplante Fahrt überhaupt möglich war. Vermutlich kannte Alexander den Bericht Herodots (4.44), dem zufolge fast zwei Jahrhunderte zuvor der griechische Kapitän eines Kaufmannsschiffs allein mit Segelkraft in einem Zeitraum von dreißig Monaten vom Indus zum Roten Meer gereist war, aber man schenkte ihm im Jahr 325 wenig Glauben. Es war somit eine offene Frage, ob das Meer vor der Mündung des Indus ein Binnenmeer wie das Mittelmeer war oder ob es sich dabei um den Ozean handelte, der nach Überzeugung des Aristoteles die bewohnte Welt umgab. Die Fahrt des Nearchos würde diese Frage klären.

Alexanders Flotte bestand aus den drei Klassen von Kriegsschiffen, die beim Rudern am schnellsten waren: Dreißigruderer (offene Boote mit fünfzehn Rudern auf jeder Seite), *hemioliai* (leichte Schiffe mit anderthalb Ruderbänken) und *kerkuroi* (Schnellboote). Diese Schiffe hatten gegenüber Handelsschiffen den Vorteil, dass sie unter den meisten Bedingungen schneller waren, durch eine Flaute nicht aufgehalten wurden und an offenen Stränden landen konnten. Ihr Nachteil war, dass sich mit ihnen nur sehr wenig Wasser und Lebensmittel befördern ließen. Auf einer Reise, von der niemand wusste, wie lange sie dauern würde (sie sollte sich über rund tausendneunhundert Kilometer erstrecken), konnte es leicht zu einer Katastrophe kommen, falls es an der Küste weder Häfen noch Nahrungsmittel gab. Dass die Küste weitgehend unbewohnt sein würde, musste Alexander sogar voraussetzen, da das Weltmeer, wie man annahm, von Wüsten oder Steppengebieten gesäumt wurde. Doch wie Nearchos anmerkte, hatte bei Alexander »die Begierde gesiegt, stets etwas Unerhörtes und Unglaubliches zu vollbringen«.

Zur Unterstützung der Flotte sollte zwei Monate vor ihr eine Armee aufbrechen. Ihre Aufgabe war es, Brunnen zu graben oder Wasserstellen zu markieren, Lebensmitteldepots anzulegen und etwaige feindliche Stämme zu unterwerfen. Die Armee würde bald durch unbekanntes Gelände kommen. Es gab lediglich eine Überlieferung, wonach die assyrische Königin Semiramis und Kyros der Große mit nur einer Hand voll Männer aus diesem öden und kaum passierbaren Land herausgekommen waren. Nearchos erklärte später, Alexander habe davon gewusst und dort Erfolg haben wollen, wo jene gescheitert waren. Art und Ausmaß der Schwierigkeiten waren unbekannt.

Im August brach Alexander mit einer Armee von etwa zwanzigtausend Mann und Getreidevorräten für vier Monate auf. Den größten Teil der asiatischen Reiterei und der indischen Fußsoldaten hatte er nach Hause geschickt. Die ersten beiden Stämme, auf die er traf, die Arabiten und Oreiten, kapitulierten. Alexander gründete zwei Städte, ernannte Apollophanes zum Satrapen und ließ Leonnatos als Befehlshaber der Agrianen, eines Teils der Bogenschützen sowie der Kavallerie und Infanterie zurück. Nach dem Abmarsch Alexanders schlug Leonnatos in offener Feldschlacht einen Aufstand nieder. Die feindlichen Verluste beliefen sich auf sechstausend Mann, während auf seiner Seite nur wenige Soldaten gefallen waren, darunter allerdings Apollophanes.

Leonnatos begrüßte die Flotte bei ihrem Eintreffen, stellte Ersatz für einige Besatzungsmitglieder und gab Nearchos Vorräte für zehn Tage. Mit etwa zwölftausend Soldaten, vorwiegend Makedonen, dem Vorratstross und dem Heeresgefolge, bei dem es sich um Händler und ihre Familien handelte, marschierte Alexander im Oktober – zu dem Zeitpunkt, als die Flotte befehlsgemäß auslaufen sollte – in Gedrosien ein. Knapp war vor allem das Wasser, und Alexander war gezwungen, sich ins Landesinnere zu begeben. Dennoch gelang es ihm, einige Vorräte, die ihm Apollophanes gesandt hatte, an die Küste zu schicken. Nach dessen Tod ging der Nachschub jedoch zurück. Nun stand Alexander vor einer schwierigen Wahl: Er konnte seine Armee auf einer leicht begehbaren Route durchs Landesinnere in die Hauptstadt Pura führen oder aber an der Küste durch ein Gebiet marschieren, das den Berichten zufolge Wüste war. Er entschied sich für die Küstenroute, um der Flotte Hilfe leisten zu können.

Die Armee litt unter Hitze, Wassermangel und Erschöpfung. Wo der Sand weich war, konnten die Tiere und die Menschen die Wagen nicht bergauf schleppen. Um ihre Rationen aufzufüllen, schlachtete die Truppe die Tiere, zerschlug die Wagen und benutzte das Holz, um das Fleisch zu rösten. Da es keine Transportmöglichkeiten gab, ließ man die Kranken und Erschöpften zurück, was ihren sicheren Tod bedeutete. Als es eines Nachts im Landesinneren regnete, entstand eine derartige Flutwelle, »dass die meisten Frauen und Kinder aus dem Heeresgefolge umkamen«. Alexanders Führung und Vorbild hielt die Truppen aufrecht. Als man ihm Wasser reichte, goss er es weg, um zu zeigen, dass er nur dann trinken würde, wenn alle trinken konnten. Schließlich verloren die einheimischen Führer in der Wüste die Orientierung. Alexander war es, der den Weg zum Meer fand und im Strandkies Süßwasser entdeckte. Eine Woche lang folgte die Armee der Küste, dann wandte sie sich landeinwärts zu bewohnten Gebieten und marschierte nach Pura. Es ist anzunehmen, dass während der Durchquerung der Wüste die Lebensmittelversorgung zwar knapp war, aber nie ganz abriss. Die Hauptleidtragenden waren die Menschen im Heeresgefolge, denn sie erhielten keine Rationen.

Nachdem sich die Armee in Pura ausgeruht hatte, marschierte sie nach Karmanien. Dort stieß die Armee des Krateros zu ihr, die ihre Aufgabe erfüllt hatte. Das Wiedersehen war Anlass für künstlerische und sportliche Festspiele, und Alexander brachte »Dankopfer für seinen Sieg über die Inder dar ... wie auch dafür, dass sein Heer aus Gedrosien gerettet war«. Seine Sorge galt jetzt der Flotte. Als er erfuhr, dass Nearchos und einige andere zu ihm geleitet wurden, meinte er, die Flotte sei verloren gegangen und sie seien die einzigen Überlebenden. So fragte er, als sie erschienen: »Aber die Schiffe und das Heer an Bord – unter welchen Umständen sind sie untergegangen? Da antwortete Nearchos: »O König, auch die Schiffe und das Heer sind in Sicherheit! Wir kommen ja selber, dir ihre Rettung zu melden!« Alexander weinte vor Erleichterung. Er veranstaltete erneut Festspiele und »brachte für die Rettung des Heeres Zeus dem Retter, dem Herakles und Apollon dem Unheilabwehrer, dem Poseidon und all den anderen Meeresgottheiten Dankopfer dar.«

Auch die Flotte hatte eine schwierige Fahrt gehabt. Sie war von Anfang Oktober bis in den Januar hinein unterwegs gewesen, und in dieser Zeit hatte Nearchos entsprechend den Befehlen Alexanders ein Verzeichnis der Einwohner, Ankerplätze, Wasservorräte sowie der fruchtbaren und unfruchtbaren Teile der Küste angefertigt. Diese Informationen dienten als Grundlage eines Seefahrerhandbuchs für eine Route, die dann regelmäßig von Kaufleuten befahren wurde. Nach Alexanders Tod veröffentlichte Nearchos einen Bericht über seine Abenteuer, den Arrian gekürzt wiedergibt. Obwohl Nearchos darin kaum auf die Unterstützung durch die Armee einging, wäre die Flotte ohne diese Unterstützung zweifellos entweder verloren gegangen oder aus Mangel an Nahrungsmitteln oder Wasser zur Umkehr gezwungen gewesen.

Nearchos hatte seine Flotte in Harmozia in der Nähe der Einfahrt in den Golf von Hormuz zurückgelassen und setzte seine Erkundungsfahrt fort, wobei er sich vorwiegend von Insel zu Insel bewegte. An der Mündung des Sitakes (Mand), wo Alexander einen großen Getreidevorrat deponiert hatte, konnte er eine Ruhepause einlegen und neue Vorräte aufnehmen. Von dort segelte er zur Mündung des Euphrat, die Alexander ihm als Ziel gesetzt hatte, und kehrte dann zur Mündung des Pasitigris um. Auch auf diesem Teil der Reise sammelte er Informationen für ein Seefahrerhandbuch. An einer Brücke über den Pasitigris stieß er dann im Februar 324 zu Alexander. Für die wohlbehaltene Ankunft der Schiffe und der Männer wurden Festspiele abgehalten, und Alexander krönte Nearchos für seine Verdienste um die Flotte und Leonnatos für seinen Sieg in Oreitis mit einer goldenen Krone. Es war ein triumphaler Abschluss für eine groß angelegte Operation, bei der die Truppen Alexanders die südlichen Provinzen eroberten und den Seeweg zwischen Indien und Persien erschlossen hatten.

Südwestasien

Der Erfolg des Nearchos eröffnete Alexander neue Perspektiven. Gab es einen Seeweg vom Persischen Golf ins Ägyptische Meer (das heutige Rote Meer), oder, wenn das Ägyptische Meer ein Binnenmeer war, gab es dann einen Seeweg um den Südrand Libyens zu den Säulen des Herakles? In den darauf folgenden zwölf Monaten fuhren drei Expeditionen mit einem Dreißigruderer an der Ostküste der arabischen Halbinsel entlang, die Dritte bis zum Kap Maketia (Halbinsel Oman). Eine weitere Expedition stach von Suez aus in See und erreichte den Jemen, denn »so weit reichte das Wasser in ihren Schiffen«. Hätte Alexander länger gelebt, hätte er nach Ansicht Arrians die Umsegelung Arabiens vollendet.

Vom Pasitigris marschierte Alexander nach Susa, wo es ein weiteres Wiedersehen mit der Flotte gab. Dann segelte er mit einer ausgesuchten Truppe den Eulaios hinab zum Meer. Mit den schnellsten Schiffen erkundete er die Küste bis zur Tigrismündung. Nachdem die Wehre, welche die Perser am Tigris errichtet hatten, um Feinde an der Einfahrt zu hindern, beseitigt worden waren, fuhr Alexander bis zur Handelsstadt Opis am Mittellauf des Flusses. Den Euphrat hatten die Perser nicht blockiert, und er war bis weit ins Landesinnere, bis nach Thapsakos, schiffbar. Aristobulos berichtet von chaldäischen Kaufleuten in Gerra an der arabischen Küste, die arabische Gewürze auf Flößen nach Babylonien sandten, von wo sie auf dem Fluss nach Thapsakos gelangten, um von dort auf dem Landweg weitertransportiert zu werden. Alexander erkannte die Bedeutung dieser Route und zog in Babylon eine große Flotte zusammen. Zu den Schiffen des Nearchos kamen phönizische Schiffe, von Fünfruderern (bei denen das obere und das mittlere Ruder jeweils von zwei Mann bedient wurden, das untere von einem) bis zu Dreißigruderern, die man in Teilen von Phönizien nach Thapsakos transportiert, dort zusammengesetzt und dann nach Babylon gefahren hatte. Andere Schiffe wurden aus einheimischem Zypressenholz in dortigen Werften gebaut. Zur Unterbringung einer Flotte schachtete man ein Becken aus, das tausend Kriegsschiffe aufnehmen konnte. Die Schiffsbesatzungen wurden aus dem Mittelmeergebiet rekrutiert, die einen freiwillig, andere waren im voraus angeheuert worden, und wieder andere wurden aus der Sklaverei losgekauft. Außerdem beabsichtigte Alexander, »die Küste des Persischen Golfes und die dortigen Inseln zu besiedeln. Denn er glaubte, dass dies Gebiet nicht weniger gesegnet sei als Phönikien.«

Der Wohlstand Babyloniens beruhte auf einem Bewässerungssystem, das Alexander persönlich inspizierte und verbesserte. Ein besonderes Problem stellte die Kontrolle des Hochwassers am unteren Euphrat dar, das durch den Pollakopaskanal abgeleitet wurde und an der Küste Sumpfgebiete bildete, denn während des größten Teils des Jahres musste das Wasser von diesem Kanal abgelenkt und zur Bewässerung verwendet werden. Die Perser hatten das dadurch erreicht, dass sie jedes Jahr zwei Monate lang zehntausend Arbeiter einsetzten, um die Durchlässe vom Fluss in den Kanal zu schließen. Alexander entdeckte ein Lager von Geschiebelehm, errichtete einen dauerhaften Damm und verwendete Schleusen, um den Zufluss des Wassers in den Kanal zu kontrollieren. Die Spitze des Persischen Golfs hat sich seit der Antike erheblich verändert, aber die natürlichen Gegebenheiten sind gleich geblieben. Die Sumpfgebiete, die sich bis zum heutigen Kuwait erstreckten, wurden als Teil der natürlichen Verteidigungsanlagen Arabiens angesehen. Alexander besuchte sie und gründete, bevor er 323 nach Babylon zurückkehrte, in Kuwait eine Stadt, in der er griechische Söldner ansiedelte. Dort war die Flotte mit Wettbewerben im Rudern und Navigieren einsatzbereit gehalten worden. Alexander beabsichtigte, sie selbst zu befehligen und sich der Hauptarmee in Kuwait anzuschließen, um in Arabien einzumarschieren. Während seiner letzten Krankheit war er mit der Planung dieser Fahrt und des Arabienfeldzugs beschäftigt. Wäre er am Leben geblieben, hätte er ohne Zweifel zumindest einen Teil Arabiens erobert.

Das Königreich Asien und die Makedonen

Die Organisation des Königreichs Asien

Wie gesehen, hatte Alexander in den Zentralprovinzen Asiaten, vorwiegend Perser, zu Satrapen ernannt. Vier von ihnen – Mazaios, Phrataphernes, Atropates und Satibarzanes – hatten in der Schlacht bei Gaugamela große Kontingente befehligt. Die ersten drei waren Alexander gegenüber außerordentlich loyal. Satibarzanes führte 330 einen regelrechten Aufstand an. Danach verbrachte Alexander fünf Jahre in Baktrien und in Indien, und in dieser Zeit war es ihm nicht möglich gewesen, seine Verwalter in dem Gebiet vom Hellespont bis nach Parthien zu kontrollieren. Ebenso wie in Makedonien hatte jeder Untertan des Königs von Asien das Beschwerderecht, aber das war nur dann eine wirksame Sicherung gegen schlechte Verwaltung, wenn der König erreichbar war. Dies war im Jahr 325 der Fall, als gegen Tyriespis, den Satrapen von Paropamisadai, Klagen vorgebracht wurden. Er wurde ins südliche Indien gebracht, wo er wegen Unterschlagung und Unterdrückung seiner Untertanen zum Tode verurteilt und hingerichtet wurde. Seine Satrapie ging an den Sogder Oxyartes, den Vater der Roxane.

Als Alexander aus Indien zurückkehrte, wurde ihm eine ganze Reihe von Klagen vorgelegt. In Karmanien geriet der Satrap Astaspes unter Verdacht, und nach einer Untersuchung wurde er für schuldig befunden und hingerichtet. Während des Marschs von Karmanien nach Persis erfuhr Alexander, dass der Satrap von Persis, Phrasaortes, eines natürlichen Todes gestorben war und der Perser Orxines, der in der Schlacht bei Gaugamela Befehlshaber gewesen war, in Alexanders Namen die Herrschaft über die Satrapie an sich gerissen hatte. Von Persern wurde er jetzt der Misswirtschaft beschuldigt. Ihm wurde der

19. *Die administrative Gliederung der Territorien Alexanders*

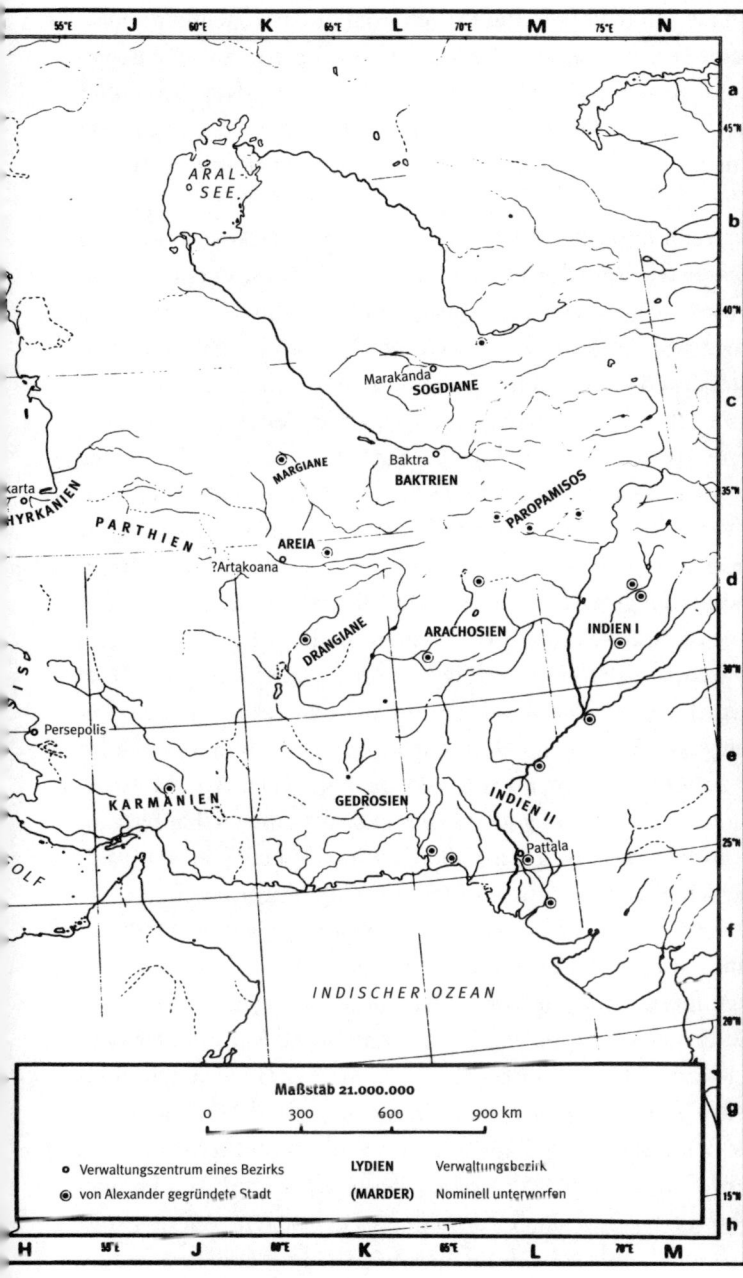

ARAL
SEE.

Marakanda
SOGDIANE

xarta
HYRKANIEN
MARGIANE
Baktra
BAKTRIEN
PAROPAMISOS
PARTHIEN
AREIA
?Artakoana

DRANGIANE
ARACHOSIEN
INDIEN I

Persepolis

KARMANIEN
GEDROSIEN
INDIEN II
Pattala

INDISCHER OZEAN

Maßstab 21.000.000

| 0 | 300 | 600 | 900 km |

○ Verwaltungszentrum eines Bezirks   LYDIEN   Verwaltungsbezirk
◉ von Alexander gegründete Stadt   (MARDER)   Nominell unterworfen

| H | 55°E | J | 60°E | K | 65°E | L | 70°E | M |

Prozess gemacht, man befand ihn für schuldig und hängte ihn. In Susa nahm Alexander den Abulites, der seit 331 Satrap von Susiane gewesen war, und dessen Sohn Oxyartes, der seit 330 als Satrap über Paraitakene herrschte (auch er war ein Befehlshaber in Gaugamela gewesen), unter dem Vorwurf der schlechten Verwaltung gefangen. Beide wurden später hingerichtet.

Arrian schreibt unter Berufung auf Ptolemaios und Aristobulos, die Satrapen dieser Region (das heißt Astaspes, Abulites, Oxyartes und der selbst ernannte Orxines) hätten nicht geglaubt, dass Alexander am Leben bleiben werde, vor allem bei seinem Marsch durch die gedrosische Wüste, und diese Annahme habe sie zu Misswirtschaft verleitet. Daraus kann man den wahrscheinlich zutreffenden Schluss ziehen, dass sie zuvor zufrieden stellend regiert hatten. Angesichts der Größe des Königreichs Asien überrascht es nicht, dass es vier Fälle von schlechter Verwaltung gab. Was die Politik der Ernennung von Asiaten zu Satrapen angeht, hatte sie zumindest insofern Erfolg gehabt, als während der langen Abwesenheit Alexanders in den zentralen Satrapien keine Aufstände ausgebrochen waren. Einige Perser, die keine Satrapen waren, wurden für schuldig befunden, Aufstände geplant zu haben, beispielsweise zwei, die in Drangiane von Krateros verhaftet wurden. Baryaxes, der einzige Thronanwärter, der König der Meder und Perser zu sein behauptete, war von dem Satrapen Atropates gefangen genommen worden und wurde 324 mit einigen Helfern an Alexander ausgeliefert. In allen Fällen wurden diejenigen, die man aufrührerischen Verhaltens für schuldig befand, hingerichtet.

Verfehlungen europäischer Soldaten gab es in größerem Umfang. Wie erwähnt, wurden die Truppen in einer Satrapie nicht vom Satrapen kommandiert, sondern von einem unabhängigen Offizier. So stand in Medien eine Truppe von etwa zehntausend Mann unter dem Befehl des Kleandros, einem Bruder des Koinos, und zu seinem Stab gehörten auch zwei Offiziere, die ebenso wie er in der Schlacht bei Gaugamela Befehlsgewalt gehabt hatten – Sitalkes und Agathon. Als Reaktion auf Klagen befahl Alexander diesen Offizieren, den Hauptteil ihrer Armee zu ihm nach Karmanien zu bringen. Asiaten und Soldaten erhoben zahlreiche Anklagen wegen Räuberei und Vergewaltigung, und Kleandros und Sitalkes, die man dafür verantwortlich machte, wurden hingerichtet. Nach einer Untersuchung in Medien befand man sechshundert Soldaten eines Fehlverhaltens für schuldig, und auch sie wurden hingerichtet. Ein derart drastisches Beispiel von Gerechtigkeit trug, wie Arrian in Anlehnung an Ptolemaios und Aristobulos berichtet, mehr als alles andere dazu bei, die Völker der speergewonnenen Länder dazu zu bewegen, »sich gesittet zu verhalten,... denn sie wussten, dass es in Alexanders Königreich nicht möglich war, dass seinen Untertanen von Seiten der Mächtigen Unrecht geschah«.

Da Alexander die Absicht hatte, in Arabien und danach dann im Mittelmeerraum Feldzüge zu führen, musste er sicherstellen, dass im Königreich Asien während seiner Abwesenheit Ruhe und Ordnung herrschten. Die meisten seiner Handlungen in den Jahren 324 und 323 waren auf dieses Ziel gerichtet. Das Zentrum der militärischen und wirtschaftlichen Kontrolle sollte in der Region zwischen dem Persischen Golf und dem Kaspischen Meer angesiedelt sein. Aus diesem Grund baute er seine Seeherrschaft im Golf aus und machte Babylon zum Flottenstützpunkt. Seine einzige militärische Operation war gegen Stämme gerichtet, die von ihren hochgelegenen Dörfern aus die Bewohner des Tieflands terrorisierten. Sie wurden im Winter besiegt, und Alexander gründete Städte, »auf dass sie nicht mehr Nomaden sein, sondern Bauern werden und die Überfälle auf andere einstellen sollten«. Aus diesen Stämmen, die unter der Führung der Kossaier standen, rekrutierte Peukestas 323 eine beträchtliche Zahl von Kriegern. In Hyrkanien traf Alexander Vorkehrungen für den Bau von Kriegsschiffen, die das Kaspische Meer erkunden und herausfinden sollten, ob es einen Teil des Ozeans bildete – was bedeutet hätte, dass es der Theorie des Aristoteles zufolge eine Seeverbindung nach Indien geben müsste – und ob eine Flussverbindung zum Schwarzen Meer vorhanden war.

Das Königreich Asien würde in der Zeit seiner Abwesenheit nur dann autark und geordnet sein, wenn die Politik der Zusammenarbeit mit den Asiaten und insbesondere mit den Persern weitergeführt wurde. Hephaistion sollte als »Chiliarchos« sein Stellvertreter im Königreich Asien sein (siehe Arrian, 1a 3), während Peukestas als Satrap von Persis fungieren sollte. Beide Männer waren enge Freunde, die Alexander völlig ergeben waren. Unglücklicherweise starb Hephaistion 324, und Alexander ernannte vor seinem eigenen Tod keinen Nachfolger für ihn. »Peukestas nahm als Einziger von den Makedonen medische Tracht an, erlernte die persische Sprache und übernahm auch in allem übrigen persische Manieren. Alexander ... lobte ihn deswegen, und die Perser freuten sich über ihn.«

Zur Verteidigung des Reichs und zur Aufrechterhaltung von Recht und Ordnung im Innern würde Alexanders Stellvertreter eine große Armee benötigen, die Makedonien nicht stellen konnte. Griechische Söldner waren für diesen Zweck nicht geeignet. Sie waren bereit, jedem zu dienen, der sie bezahlte, und sie waren von einigen Satrapen rekrutiert worden, die der Meinung gewesen waren, Alexander werde nicht aus Indien zurückkehren. Außerdem waren sie unbotmäßig und kämpften sogar gegeneinander, wie beispielsweise 325 in Baktrien. Auch die Thraker waren nicht zuverlässig; so ermordeten sie 325 den Satrapen Philippos. Deshalb stellte Alexander im Mai eine 26700 Mann starke gemischte Armee aus makedonischen und persischen Fußsoldaten auf, in der jede Rotte vier makedonische Lanzenträger und zwölf persische Bogenschützen und Wurfspießkämpfer umfasste (Letztere aus Kossaia und Tapuria). Die Rotten wurden von Makedonen befehligt, und Makedonen erhielten einen höheren Sold. Kurz vor seiner Erkrankung leitete Alexander selbst die Zusammenstellung dieser Einheiten. Bei derselben Parade verteilte er lydische und karische Verstärkungen auf die Truppen. Schon seit einigen Jahren verfügte er über Reitereinheiten, in denen Makedonen, Perser und andere Asiaten Seite an Seite kämpften. Er beabsichtigte, eine beträchtliche Zahl von ihnen in Asien zu lassen. Zu den Verstärkungen gehörte wahrscheinlich auch ein Trupp makedonischer Getreuenreiter unter dem Kommando von Menidas.

»Alexander glaubte, Asien ließe sich mit einer Armee von bescheidener Größe zusammenhalten, da er an vielen Orten Garnisonen postiert hatte und da er die neu gegründeten Städte mit Siedlern gefüllt hatte, die daran interessiert waren, den Status quo aufrechtzuerhalten.« Die Garnisonen waren an strategischen Punkten des Netzes von Allwetterstraßen postiert, das den Truppen ein schnelles Fortkommen ermöglichte. Siebzig neue Städte waren gegründet worden, und in jeder war eine Einwohnerschaft von mindestens zehntausend männlichen Bürgern angesiedelt worden. In diesen Städten erhielten ausgewählte Knaben eine griechische Bildung und wurden in makedonischer Waffenkunst unterwiesen. Außerdem gab es in den Städten Milizen, die etwaigen Plünderern Widerstand leisten würden. Man kann sich daher die gemischte Armee aus Makedonen und Asiaten als mobile Streitmacht vorstellen, die sich rasch bewegen konnte, um etwaige größere Erhebungen niederzuschlagen, und die so in der Lage war, Asien zusammenzuhalten. Die Verteidigung des Königreichs Asien gegen äußere Feinde spielte in Alexanders Kalkulationen kaum eine Rolle. Seine Grenzen bestanden vorwiegend aus Wüste und Steppe, die skythischen Stämme hatten ein Bündnis geschlossen, und seine Flotte herrschte über den Indischen Ozean, das Rote Meer, das östliche Mittelmeer und das Schwarze Meer.

Die größte Bedrohung für den Frieden in Asien ging von unbeschäftigten griechischen Söldnern aus. Während der langen Abwesenheit Alexanders waren viele dieser Söldner von ehrgeizigen Satrapen und militärischen Befehlshabern angeheuert worden, die sich im Fall seines Todes ein eigenes Reich zurechtzuzimmern hofften. Nach seiner Rückkehr wurden sie auf seinen Befehl entlassen, und sie schlossen sich der riesigen Zahl von Söldnern an, die durch die Niederlage des Dareios und seiner Satrapen ihre Beschäftigung verloren hatten. Bevor Alexander erkrankte, plante er, fünfzigtausend von ihnen zusammen mit ihren asiatischen Frauen und Kindern in Persis anzusiedeln, und zweifellos hatte er vor, ihre Söhne später zu seinen Soldaten heranzubilden. Vermutlich ist dieses Vorhaben damals bekannt geworden, denn eine beträchtliche Zahl von Söldnern zog es vor, nach Griechenland zurückzukehren, wo noch Hoffnung auf Beschäftigung bestand. Alexander dürfte darüber nicht unglücklich gewesen sein.

Als militärisches Gebiet war Persis von geringerer Bedeutung als Medien. Die Überlandwege zwischen Osten und Westen verliefen allesamt durch Medien, das Land hatte die besten Soldaten des Persischen Reichs gestellt, und auf seinen Weiden wurden die besten Pferde Asiens gezüchtet. Der zuverlässige Satrap Atropates hatte während Alexanders Abwesenheit die Loyalität der Meder aufrechterhalten, von denen viele in der Getreuenreiterei dienten. Nach Polybios »geschah es auf Alexanders Initiative hin, dass Medien rings mit griechischen Städten gesäumt wurde«. Dieses Projekt wurde wahrscheinlich vor seinem Tod in Gang gesetzt (und von seinem General Seleukos zu Ende geführt). Offenbar wurde in den Neugründungen keine gemischte Bevölkerung angesiedelt. Statt dessen verpflanzte man ganze Stadtbevölkerungen vom griechischen Festland oder den Inseln und ersetzte sie an ihrem Herkunftsort durch asiatische Stadtbevölkerungen. In den Plänen, die nach Alexanders Tod bekannt wurden, äußerte er jedenfalls die Absicht, »Städte zu gründen und Bevölkerungen von Asien nach Europa und umgekehrt von Europa nach Asien zu verpflanzen«.

Der zweite Faktor, der Asien zusammenhalten sollte, waren Wirtschaftswachstum und Wohlstand. Alexander förderte den Übergang von Weidewirtschaft zu Ackerbau, indem er für einheimische Völker, beispielsweise die Kossaier und die Untertanen des Musikanos, städtische Zentren gründete, und die Siedler in den neuen Städten führten griechische Methoden intensiver Landwirtschaft ein. Besonderes Interesse zeigte Alexander an Hochwasserschutz, Bewässerung und Brunnenbau in unfruchtbarem Land. Da es nun sichere, friedliche Verhältnisse gab und im gesamten Gebiet vom griechischen Festland bis zum Hyphasis keine Zölle erhoben wurden, expandierte der Handel rasch. Überlandtransporte wurden dadurch erleichtert, dass die Allwetterstraßen und Brücken instandgehalten wurden. Hinzu kamen die günstige Lage der von Alexander gegründeten Städte und die Unterdrückung des Bandenunwesens. Der vermehrte Gütertransport auf den Strömen Mesopotamiens und des heutigen Pakistan sowie die Entwicklung des Seehandels zwischen Persischem Golf und Indusdelta waren Neuerungen, die dem interregionalen Austausch und der Verteilung von Nahrungsmittelüberschüssen einen enormen Aufschwung bescherten. Während Persien nur in beschränktem Umfang Gebrauch von Geldmünzen gemacht hatte, prägte Alexander Gold- und Silbermünzen von realem Wert, die im gesamten Königreich Asien und sogar noch jenseits seiner Ostgrenze gültig waren. Die bedeutendste Münzstätte befand sich in Babylon, der »Metropole«, für die das M auf den dort geprägten Münzen stand. Alexander konnte durch seine Kontrolle über den Umfang der Münzprägung das Verhältnis zwischen Gold und Silber stabilisieren und eine Inflation vermeiden. Der Übergang vom Tauschhandel zur Geldwirtschaft verlief rasch und effektiv.

Gelegentlich ist die Auffassung vertreten worden, wenn Alexander länger gelebt hätte, hätte er das Regierungssystem in Asien umgestaltet. Danach sieht es jedoch nicht aus. Die einzige Alternative war das repräsentative System des Korinthischen Bundes. Doch dieses System hätte in Asien keinen Erfolg gehabt, denn die Mitglieder des Korinthischen Bundes hatten eine gemeinsame Sprache und wohnten nahe beieinander, während die Asiaten unzählige Sprachen hatten und weit voneinander entfernt lebten. Die Kombination eines autokratischen Königs mit einem verbesserten Satrapensystem und umfassender lokaler Selbstverwaltung war zu Alexanders Lebzeiten effektiv und akzeptabel. Denn sein Ziel wurde verstanden, wie man einer Passage des Alexanderromans entnehmen kann, in der es heißt, nach dem Tod des Dareios habe Alexander zu den Persern gesagt: »Bewahret eure Bräuche und feiert die überkommenen Feste und Opfer wie zu Dareios' Zeiten. Jeder lebe in seiner Gemeinde. ... Ich will euer Land wohlhabend machen, will, dass auf den Wegen Persiens Handel und Wandel in Frieden gedeihen.«

Makedonen und Asiaten

Ein entscheidender Faktor in der Politik Alexanders war die geringe Zahl makedonischer Soldaten in Asien. Die einzigen zuverlässigen Zahlen, die wir besitzen, beziehen sich auf das Jahr 324, als die Infanterie eine Gesamtstärke von 23 000 Mann hatte und die Reiterei gut 2000 Mann zählte. Hinzu kamen etwa 1 400 ausgemusterte Makedonen in den von Alexander gegründeten Städten. Eine Armee dieser Größe wäre von den Truppen des Dareios vernichtend geschlagen worden. Von Anfang an hatte Alexander auf Balkantruppen, griechische Verbündete, griechische Söldner sowie seit seinem ersten Sieg auf Perser und andere Asiaten zurückgreifen müssen, und für die Zukunft hatte er die Ausbildung junger Asiaten für den Dienst an makedonischen Waffen organisiert. Die Rekrutierung von Asiaten und insbesondere von Persern war nur dann möglich, wenn sie Alexanders Herrschaft bereitwillig anerkannten (wie er es 334 im Gebet gewünscht hatte). Folglich war die Politik der Gleichbehandlung von Asiaten und der Zusammenarbeit mit ihnen unabdingbar, und mit der Expansion des Königreichs Asien wurde sie zu einer absoluten Notwendigkeit. Diese Entwicklung begann mit der Aufnahme von Persern in die Getreuenreiterei und der Gleichstellung der persischen Königlichen Reitergarde mit der Garde der Getreuenreiterei. Medische Kleidung und persisches Zeremoniell bei den Audienzen für Asiaten waren Zeichen des Respekts für diese, auch wenn nur wenige Makedonen Alexanders Beispiel folgten.

Das ritterliche Verhalten Alexanders gegenüber der persischen Königinmutter und gegenüber der sogdischen Prinzessin Roxane machte auf die asiatische Aristokratie großen Eindruck. Im Jahr 324 arrangierte er in Susa die Heirat von mehr als achtzig persischen, medischen und baktrischen Aristokratinnen mit führenden Makedonen. Alexander selbst nahm eine Tochter des Dareios und eine Tochter von dessen Vorgänger Artaxerxes Ochos zu Ehefrauen. Die Hochzeiten wurden nach persischer Sitte abgehalten. Ebenfalls in Susa verwandelte Alexander die Verbindungen, die etwa zehntausend makedonische Soldaten mit asiatischen Frauen eingegangen waren, in offizielle Ehen. Da Alexander wusste, dass viele Makedonen Schulden bei asiatischen Händlern hatten, die kaum hoffen konnten, sie jemals zurückzuerhalten, beglich er den Betrag pauschal, ohne von den verschuldeten Soldaten die Offenbarung ihrer Identität zu fordern. Kurz, er behandelte Makedonen und Asiaten, was ihre Rechte und Pflichten betraf, in jeder Hinsicht gleich.

Im Februar 324, als er sich immer noch in Susa aufhielt, »kamen zu ihm die Satrapen aus den neugegründeten Städten und dem übrigen eroberten Lande; sie führten ihm etwa dreißigtausend Jünglinge zu, alle in dem gleichen Alter, die Alexander ›Epigonen‹ nannte«. Ihre Ausbildung hatte 330 oder 329 begonnen, und sie standen jetzt in ihrem zwanzigsten Lebensjahr. »Sie waren mit makedonischen Waffen ausgerüstet und militärisch nach makedonischer Art ausgebildet.« Als sie vor dem König aufmarschierten, »zeigten sie bei ihren Manövern erstaunliche Geschicklichkeit und Wendigkeit«. Sie wurden als

Lanzenträger parallel zur makedonischen Phalanx, der sie zahlenmäßig überlegen waren, ins Heer eingegliedert, und es war absehbar, dass sie die älteren Makedonen eines Tages ablösen würden. Deshalb nannte Alexander sie »Epigonoi« – die nächste Generation, die Nachfolger. Er brauchte sie für den Feldzug in Arabien, für den nur wenige makedonische Phalanxsoldaten zur Verfügung standen. Zugleich entsprach es seiner Politik der Gleichstellung von Makedonen und Asiaten.

Das sahen die makedonischen Phalanxsoldaten allerdings anders. Sie waren seit vielen Jahren die anerkannte Elite der Armee Alexanders und hatten zigmal ihr Leben eingesetzt. Die Ankunft der Epigonoi weckte nun die Befürchtung, dass sie in absehbarer Zeit durch die Neuankömmlinge ersetzt werden würden. Ihr Zorn konzentrierte sich auf Alexander. Er hatte die Makedonen bereits durch medische Kleidung, persisches Zeremoniell, Massenhochzeiten und die Aufnahme von Asiaten in die Getreuenreiterei und sogar in seine Reitergarde verärgert, und es gab kaum etwas, womit er sie besänftigen konnte. Er hielt viele Versammlungen ab, aber sie blieben renitent.

Die Krise kam im Sommer 324 in Opis. Alexander hatte beschlossen, Makedonen, die wegen ihres Alters oder aufgrund von Verwundungen für den aktiven Dienst untauglich waren, in die Heimat zurückzusenden. Ihre Zahl betrug mehrere Tausend (zehntausend gingen dann tatsächlich), und abgesehen von einigen Reitern, waren vor allem Phalanxsoldaten betroffen, und weniger die Hypaspisten, die anscheinend als Einheit zusammenblieben. Als Alexander seine Entscheidung auf einer Versammlung der Makedonen verkündete, freuten sich die Männer jedoch nicht über die bevorstehende Heimkehr, wie er vielleicht erwartet hatte, sondern waren erzürnt darüber, dass man sie als untauglich abschob und mit Verachtung behandelte. Diejenigen, die nicht nach Hause geschickt werden sollten, waren wütend darüber, dass Alexander erneut die Makedonen herabsetzte und durch Asiaten ersetzen wollte. In der allgemeinen Empörung wurde ihm unter anderem zugerufen, er möge sie alle nach Hause schicken und seine Feldzüge »mit seinem Vater« führen, womit Ammon gemeint war. Daraufhin sprangen Alexander und die neben ihm stehenden Befehlshaber vom Podium hinunter in die Menge und befahlen der Hypaspistengarde, die Rädelsführer zu verhaften. Dreizehn Mann wurden abgeführt, um wegen Meuterei hingerichtet zu werden.

In dem nachfolgenden Schweigen hielt Alexander eine Rede, die in ihrer Substanz, wenn auch nicht im Wortlaut, von Arrian überliefert ist. Zunächst zählte er auf, was Philipp und er selbst geleistet hatten, um die Makedonen aus Dunkelheit und Armut zu Führern der Welt, zu Eroberern aller Länder und Meere, zu Eigentümern des persischen Schatzes und der Reichtümer Indiens zu machen. Dann erklärte er, dass er sich nicht über seine Männer erhoben habe; er sei ebenso oft verwundet worden wie sie, lebe bescheidener als die meisten und habe für sie und die Gefallenen ewigen Ruhm errungen. Seine Absicht sei es gewesen, diejenigen, die für den Krieg nicht mehr tauglich waren, nach Hause zu schicken. Nun könnten sie alle nach Hause gehen und dort berichten, dass sie ihren König im Stich gelassen und ihn den Eroberten preisgegeben hätten.

Nach der Rede schloss sich Alexander zwei Tage lang von allen Makedonen ab. Am dritten Tage rief er die führenden Perser zu sich und übertrug ihnen den Befehl über die asiatischen Truppen, die nicht nur nach makedonischer Art gegliedert waren, sondern auch makedonische Bezeichnungen trugen: Getreue zu Fuß, Stadt-Getreue, Getreue zu Pferde und so fort. Die persischen Befehlshaber sollten seine »Verwandten« sein, und sie allein hatten das Recht, ihn zu küssen. Er hatte sich von den Makedonen abgewandt. Daraufhin legten sie demütig ihre Waffen vor seiner Tür nieder und baten ihn um Gnade. Eilig kam er heraus, und »als er sie so demütig sah, … vergoss auch er Tränen«. Ein führender Getreuer beklagte, Alexander nenne einige Perser »Verwandte« und gestatte es ihnen, ihn zu küssen, gewähre dieses Privileg aber nicht den Makedonen. Da rief Alexander aus: »Ihr alle seid meine Verwandten«, und der Getreue und alle anderen, die es wollten, küssten Alexander. Die Makedonen gingen in ihr Lager und jubelten und sangen das Siegeslied. »Alexander aber brachte hierauf seinen Göttern ein Dankopfer dar.«

Alexander hatte die Lage anfangs falsch eingeschätzt. Er dachte, er würde »den Makedonen eine große Gunst erweisen«. Die Reaktion der Makedonen war »nicht grundlos«, wie Ptolemaios und/oder Aristobulos meinten. Alexander hatte das Gespür für die Empfindungen der Makedonen gegenüber seiner asiatischen Politik verloren. Als sie ihrer Empörung Luft machten, brachte er sie zum Schweigen, indem er sie als Meuterer behandelte. Doch die asiatische Politik war nur ein Aspekt des Dilemmas. Der zweite war die Aufspaltung des makedonischen Staats. Während des gesamten Feldzugs hatten Alexander und die Versammlung der Makedonen in politischen Angelegenheiten, bei Verratsprozessen sowie bei der Abhaltung von Festspielen zu Ehren der Götter als der makedonische Staat agiert. Wenn die Makedonen nun nach Hause gingen und er zurückbliebe, würde der makedonische Staat auseinandergerissen werden. Alexander machte sich dies zunutze. Indem er deutlich machte, dass er bleiben würde, zwang er die Makedonen praktisch dazu, sich ihm anzuschließen. Er verstand ihre emotionale Spannung und teilte sie, wie seine Tränen zeigten. Aber trotz ihres Gesangs hatten nicht sie gesiegt, sondern der König. Sie würden bei ihm bleiben und solche persischen Bräuche wie die Anrede als »Verwandte« und den Kuss für den König akzeptieren.

Alexander kostete seinen Sieg aus und veranstaltete ein Versöhnungsfestmahl für neuntausend Gäste. Die Makedonen saßen bei ihm; nach ihnen kamen die Perser und die Vertreter der anderen Völkerschaften Asiens. Die griechischen Wahrsager und die persischen Magier verkündeten, die Zeichen seien günstig. Alexander betete »um Eintracht und Gemeinschaft des Reiches für Makedonen und Perser«. Alle Anwesenden brachten die gleiche Trankspende dar und sangen das Siegeslied. Es war der Triumph von Alexanders asiatischer Politik. Makedonen und Asiaten sollten in gleicher Weise an der Verwaltung des Königreichs Asien teilhaben.

Alexanders Pläne und Persönlichkeit

Vorkehrungen für Makedonen und Makedonien

Nach der Versöhnung im Spätsommer 324 nannte Alexander die Bedingungen für die Makedonen, die sich bereit erklärten, nach Hause zu gehen. Bis zum Eintreffen in Makedonien würden sie den vollen Sold erhalten, zuzüglich einer Sonderzuwendung von einem Talent. Ihre asiatischen Frauen und Kinder sollten sie in Asien zurücklassen, wo Alexander die Knaben auf makedonische Weise zu erziehen versprach, »sowohl im Allgemeinen als auch insbesondere im Kriegshandwerk«. Danach würde er sie zu ihren Vätern in Makedonien senden. Auch für Kinder von gefallenen makedonischen Soldaten traf er Vorsorge. Etwa zehntausend Makedonen akzeptierten diese Bedingungen. »Er nahm von allen Abschied, er selber in Tränen, und sie in Tränen, als er fortging.« Sie wurden aus dem Heer in Asien, nicht aber aus dem Militärdienst entlassen. Im Sommer 323 erreichten sie Kilikien, wo sie gemäß Alexanders Befehlen den Winter verbringen sollten. Im Frühjahr 322 sollte seine neu gebaute Flotte sie dann nach Makedonien transportieren. Bis dahin wollte Alexander den Arabienfeldzug abgeschlossen haben und sich in Ägypten oder Kilikien befinden. Dort sollten zehntausend Makedonen »in der Blüte ihrer Jahre« zu ihm stoßen, die in Makedonien durch die heimkehrenden Veteranen ersetzt werden sollten.

Im Sommer 324 wurden Vorkehrungen getroffen, um die Vertreter der Autorität des Königs in Makedonien auszutauschen: Olympias als Sachwalterin der religiösen Angelegenheiten des Staats und der finanziellen Verwaltung des königlichen Eigentums und Antipatros als bevollmächtigter General. Zwischen beiden hatte es zunehmende Animositäten gegeben, und in Briefen an Alexander klagten sie sich gegenseitig an, ihre Befugnisse überschritten zu haben. Im Jahr 324 versetzte er Olympias nach Molossien und holte aus Molossien ihre Tochter Kleopatra, die an ihrer Stelle die *prostasia* in Makedonien ausüben sollte. Damals war Molossien eine Art Dependance von Makedonien. Von 334 bis 331 hatte der Molosserkönig Alexander, der Gatte Kleopatras, einen Feldzug in Italien geführt, und nach seinem Tod hatte Kleopatra im molossischen Staat, der Mitglied des neu gebildeten Epeirotischen Bündnisses war, das Amt der *prostasia* innegehabt. Als Mitglied des molossischen Königshauses war Olympias gut dafür qualifiziert, die Stelle Kleopatras einzunehmen. In Anerkennung der von Olympias in Makedonien geleisteten Dienste verkündete Alexander, nach ihrem Tod werde sie »der Unsterblichkeit geweiht« werden (*immortalitati consecretur*), das heißt, als Gottheit verehrt werden.

Antipatros war Alexander gegenüber absolut loyal gewesen, wurde aber im Jahr 324 dreiundsiebzig Jahre alt, und Alexander beschloss, ihn abzulösen. Der Befehlshaber der heimkehrenden Makedonen war Krateros, der zuverlässigste und geachtetste der Generäle, die unter Philipp gedient hatten, und er erhielt die Anweisung, nach seiner Ankunft in Makedonien im Jahre 322 die Pflichten des Antipatros zu übernehmen. Antipatros sollte dann die Ehre haben, die zehntausend Makedonen »in der Blüte ihrer Jahre« zu kommandieren, die zu Alexander stoßen sollten. »Es wurde durchaus kein Wort und keine Tat Alexanders bekannt, woraus man hätte schließen können, dass er gegen Antipatros nicht ebenso gesinnt sei wie bisher.«

Sein anderer Vertreter in Europa war Zopyrion, der »General von Thrakien«, der auch die Herrschaft über das Schwarze Meer ausübte. Zweifellos geschah es auf Befehl Alexanders, dass er 325 einen großen Feldzug zu Lande und zu Wasser gegen die Geten und danach gegen die Skythen in Südrussland unternahm. Seine große Armee, die angeblich dreißigtausend Mann stark war, muss hauptsächlich aus thrakischen Soldaten bestanden haben. Seine Flotte wurde in plötzlich aufkommenden Stürmen vernichtet, die Armee erlitt eine vernichtende Niederlage, und Zopyrion wurde getötet. Daraufhin unternahm der mächtigste Stamm in Thrakien, die Odrysen, einen Aufstand. »Thrakien war nahezu verloren.« Dass es wiedergewonnen wurde, war offenbar auf eine damals geschlossene Vereinbarung mit dem odrysischen König Seuthes III. zurückzuführen.

Vorkehrungen für die Stadtstaaten

Alexander respektierte die Souveränität des Korinthischen Bundes und bewies dies unter anderem dadurch, dass er geraubte Kunstwerke in die Staaten des Korinthischen Bundes sandte. Sein Verhalten in diesen Jahren lässt darauf schließen, dass der 331 in einer Rede »Über den Vertrag mit Alexander« erhobene Vorwurf, er überschreite seine Vollmachten als Hegemon, haltlos war. In den Quellen wird nur ein einziger Verstoß gegen die Charta des Korinthischen Bundes angeführt, die Vertreibung der Oiniaden aus ihrer Stadt durch die Aitoler. Sie fand wahrscheinlich 325 statt, da Alexander erklärte, er selbst werde die Aitoler bestrafen, vermutlich nach seiner Rückkehr aus Asien. In den Jahren des Friedens ging eine große Zahl von griechischen Verbündeten in den Osten, um in Alexanders Armee zu dienen, und andere wanderten aus, um in Asien Handel zu treiben oder sich dort niederzulassen. In Athen wurde Phokion als Verfechter der Einhaltung der Charta mehrfach als General wieder gewählt, und Lykurg benutzte den Wohlstand, den Athen aufgrund des Friedens genoss, um den steinernen Bau des Dionysostheaters zu vollenden und die Werften der Flotte zu verbessern.

Im Juni 324, als sich Alexander in Susa aufhielt, floh Harpalos, einer seiner Finanzverwalter, nach Griechenland, um einer Bestrafung wegen schlechter Verwaltung zu entgehen. Mit fünftausend Talenten, sechstausend Söldnern und dreißig Schiffen kam er nach Kap Sunion, und als athenischer Bürger (er war zu einem früheren Zeitpunkt durch die Verleihung des Bürgerrechts geehrt worden) begab er sich nach Athen und bat um Asyl und sogar um ein Bündnis gegen Alexander. Die Volksversammlung lehnte seine Bitte ab. Daraufhin zog er mit seinen Truppen weiter nach Tainaron auf der Peloponnes, kehrte aber als Bittsteller mit einem einzigen Schiff und einem großen Geldbetrag zurück. Nun gewährte ihm die Versammlung als athenischem Bürger

Asyl. Doch obwohl er in Athen großzügig Bestechungsgelder verteilte, konnte er die führenden Politiker nicht für sich gewinnen.

Währenddessen verlangten Antipatros und Olympias, Athen als Verbündeter Makedoniens solle Harpalos ausliefern; und aus Asien kamen Gesandte von Alexander, die dasselbe forderten. Auf den Vorschlag des Demosthenes beschloss die Versammlung, Harpalos zu verhaften, sein Geld zu beschlagnahmen und ihn mit seinem Geld »für Alexander« in Gewahrsam zu nehmen. Während der Auseinandersetzung sagte Harpalos, er habe siebenhundert Talente nach Athen gebracht, aber als sein Geld beschlagnahmt wurde, belief es sich nur auf dreihundertfünfzig Talente. Als der Areopag Untersuchungen über den Verbleib der fehlenden Talente anstellte, entfloh Harpalos, zog in Tainaron seine Truppen zusammen und segelte nach Kreta, wo er ermordet wurde. Die Haltung Alexanders war versöhnlich. Er verlangte nicht, dass man ihm die siebenhundert Talente zurückerstattete. Sechs Monate sollten vergehen, bis der Areopag seinen Bericht erstattete. In dieser Zeit warf Alexander zwei allgemeine Fragen auf, bei denen es um Folgendes ging.

Als seine Truppen in Susa versammelt waren, verkündete er, mit Ausnahme derer, die unter einem Fluch standen, sowie derjenigen aus Theben sollten alle Verbannten zurückgerufen und wieder eingesetzt werden. Er wählte diese Art der Bekanntgabe, weil er sich nicht nur an die Angehörigen des Korinthischen Bundes, sondern an eine größere Zahl von Staaten wandte und dabei aus eigener Machtvollkommenheit handelte und nicht in Zusammenarbeit mit dem Rat des Korinthischen Bundes. Eine offizielle Ankündigung in Form eines Briefes trug sein Gesandter auf den Olympischen Spielen im Juli vor, wo sich zwanzigtausend Verbannte unter den Zuschauern befanden. In dem Brief hieß es: »König Alexander an die Verbannten aus den griechischen Städten. ... Dass ihr, die Verbrecher ausgenommen, in die Heimat zurückkehren dürft, wird unser Werk sein. Wir haben darüber dem Antipatros geschrieben, dass er die Städte, wenn sie nicht wollen, zwinge, euch wieder aufzunehmen.« Diese an die Verbannten gerichtete Botschaft war kein Befehl an die griechischen Staaten, denen wahrscheinlich eine gesonderte Verlautbarung im Form eines Erlasses (*diagramma*) zuging. Dass es darüber zu einem Streit zwischen den einzelnen Staaten und Alexander kommen konnte, geht aus einer Inschrift in Tegeia auf der Peloponnes hervor. Alexander verfolgte mit der Begnadigung zwei Ziele: Zum einen wollte er die entwurzelten Verbannten, die einen Instabilitätsfaktor darstellten und sich häufig für den Söldnerdienst entschieden, wieder sesshaft machen; zum anderen wollte er die Parteiungen, die sich in den Teufelskreis von Fraktionskämpfen (*stasis*) verstrickt hatten, miteinander versöhnen.

Ein solcher Akt staatsmännischer Kunst war und ist beispiellos. Er betraf in unterschiedlichem Ausmaß fast alle griechischen Stadtstaaten, am härtesten jedoch Athen und Aitolien. Denn Athen hatte 365 die Bevölkerung von Samos vertrieben und die Insel selbst in Besitz genommen; nun, vierzig Jahre später, würde es die Insel ihren ursprünglichen Eigentümern zurückgeben müssen. Und Aitolien musste den Akarnaniern, die es vertrieben hatte, Oiniadai zurückerstatten. Zum damaligen Zeitpunkt konnte man Alexander nicht vorwerfen, er setze seine eigenen Parteigänger wieder ein, denn zum größten Teil waren die Verbannten Gegner der an der Macht befindlichen makedonienfreundlichen Regimes gewesen. Nach Angaben des Hieronymos, eines objektiven Historikers, der um 364 geboren wurde, »akzeptierten die Menschen im Allgemeinen die Rückführung der Verbannten, da sie einem guten Zweck diente«. In vielen Staaten hatte die Wiedereinsetzung zum Zeitpunkt von Alexanders Tod bereits stattgefunden, aber Athen und Aitolien erhoben immer noch Einwände.

Mit zwei weiteren Ansinnen wandte sich Alexander 324 an die griechischen Staaten: Erstens verlangte er heroische Ehren für Hephaistion, der im Oktober gestorben war, und zweitens göttliche Ehren für sich selbst. Der Unterschied zwischen beiden Formen der Ehrung bezog sich im Wesentlichen darauf, ob die Lebensleistung eines Menschen eines Heros oder eines Gottes würdig war. Im Fall Hephaistions befragte Alexander den Zeus Ammon in Siwa, und der antwortete, Hephaistion solle als Heros verehrt werden. Auf seine Aufforderung hin richteten viele Staaten, darunter Athen, Kulte zu Ehren Hephaistions ein. Dafür gab es in den Stadtstaaten zahlreiche Präzedenzfälle. Göttliche Ehren waren jedoch etwas anderes, zumal sie einem Lebenden zuteil werden sollten. Nach makedonischem Brauch wurde einem König oder einer Königin nach deren Tod besondere Verehrung erwiesen, doch die Gewährung göttlicher Ehren für Philipp II. zu seinen Lebzeiten war eine Ausnahme. Alexander sah sich in Konkurrenz zu seinem Vater. Doch als er die Versammlung der Makedonen in Asien bat, ihm göttliche Ehren (*caelestes honores*) zukommen zu lassen, weigerte sie sich. Andererseits hatten einige Stadtstaaten auf den Ägäischen Inseln und an der kleinasiatischen Küste schon 334/33 Alexander mit göttlichen Ehren bedacht und für ihn einen Tempel, Spiele und Opfer eingerichtet. Das waren spontane Akte der Dankbarkeit für die Befreiung von persischer Herrschaft gewesen. Weder in Makedonien noch in den Stadtstaaten glaubte man, ein so geehrter Mann sei im buchstäblichen Sinne ein Gott auf Erden.

Die Forderung Alexanders wurde von den meisten, möglicherweise sogar von allen Stadtstaaten, an die er sich wandte, erfüllt. Athen beispielsweise weihte ihm einen Tempel, einen Altar und ein Kultbild. Ein allgemeiner Akt der Anerkennung wurde 323, vielleicht beim traditionellen Frühlingsfest der Makedonen, in Babylon inszeniert. »Die Gesandten aus Griechenland kamen zu Alexander, wobei sie selbst Kronen trugen, und sie krönten ihn mit goldenen Kronen; denn sie waren in der Tat in einer heiligen Mission gekommen, um einen Gott zu ehren.« Die Analogie zu Philipp muss den Zeitgenossen bewusst gewesen sein, denn auch diesen hatten »nicht nur vornehme Einzelpersonen, sondern auch die Mehrheit der bedeutenden Stadtstaaten, darunter Athen, mit goldenen Kronen« gekrönt. Alexander selbst muss das Gefühl gehabt haben, er habe denselben Gipfelpunkt des Ruhmes erreicht wie sein Vater und sei ihm gleich. Die Motive der Stadtstaaten waren zweifellos gemischt. Doch die Mehrheit in den demokratischen Volksversammlungen erkannte ganz offensichtlich an, dass sie Alexander die Stabilität des Korinthischen Bundes, die Befreiung der Stadtstaaten in Kleinasien, den Sturz des Persischen Reichs, die Seeherrschaft im östlichen Mittelmeer und im Schwarzen Meer, die Öffnung Asiens für griechisches Unternehmertum sowie Frieden und Wohlstand verdankten. Demosthenes, der erbittertste Feind Alexanders, wurde vom Areopag der Veruntreuung von Geldern, die Harpalos hinterlegt hatte, für schuldig befunden. Da er zur Bezahlung der enormen Geldstrafe nicht in der Lage war, warf man ihn ins Gefängnis; doch er entfloh und ging ins Exil.

Als Gesandtschaften nach Babylon kamen, hörte Alexander zunächst diejenigen an, die religiöse Fragen vorzubringen hatten. Da die olympischen Götter Makedonien und dem Korinthischen Bund den Sieg geschenkt hatten, plante Alexander, dem Apollon in Delos und Delphi, dem Zeus in Dodona und Dion, der Athene Alkidemos in Kyrros (in Makedonien), der Artemis in Amphipolis und der Athene in Troja großartige Tempel zu erbauen. Er hatte auch die Absicht, seinem Vater Philipp eine besondere Ehre zu erweisen und »ihm einen Grabhügel zu errichten, der in seinen Ausmaßen der höchsten Pyramide in Ägypten gleichkäme«. Er lebte nicht lange genug, um dies zu verwirklichen, aber einer seiner Generäle – wahrscheinlich Lysimachos – baute den großen Hügel über dem Grab Philipps in Vergina. Dank Alexanders Plan blieb das Grab unversehrt erhalten, bis es 1977 von Manolis Andronikos ausgegraben wurde.

Vorbereitungen auf den Mittelmeerfeldzug

Alexander muss 324 in Susa verkündet haben, dass er die Absicht habe, im Westen Feldzüge zu führen; denn Anfang 323 kamen aus diesem Gebiet Gesandte nach Babylon. Die libyschen Gesandten beglückwünschten Alexander zur Eroberung des Königreichs Asien, und die aus Italien – Bruttier, Lukanier und Etrusker – ehrten ihn für seine Leistungen. Die Libyer erwarteten, dass er an der afrikanischen Küste entlangziehen würde, während die italischen Völker glaubten, dass er dem Beispiel seines Namensvetters, des Königs der Molosser, folgen und von Epeiros aus in Süditalien einmarschieren würde. Nach den detaillierten Plänen aus Alexanders Nachlass sollten in Phönikien, Syrien, Kilikien und Zypern für den Zug, der gegen Karthago, die Küstenvölker von Libyen bis nach Spanien und die Bewohner der Küste von Spanien bis Sizilien unternommen werden sollte, tausend Kriegsschiffe gebaut werden, die größer waren als Dreiruderer. Von Libyen bis zu den Säulen des Herakles sollten eine Küstenstraße angelegt sowie Häfen und Schiffswerften gebaut werden, die eine Flotte von solchen Ausmaßen aufnehmen konnten. Diese vorläufigen Pläne für eine Expedition, die in zwei Jahren stattfinden sollte, sind vor allem deshalb von Interesse, weil sie das Ausmaß von Alexanders Ambitionen deutlich werden lassen. Aus einer Passage bei Iustinus (13.5.7) geht hervor, dass er vor seinem Tod tatsächlich den Befehl zum Bau der tausend Kriegsschiffe erteilt hatte.

Für diese Expedition hätte Alexander zwar auf die Flotten Makedoniens und des Korinthischen Bundes verzichten müssen, die in der Ägäis die Ordnung aufrechterhalten mussten. Dafür hätten ihm aber, neben den tausend neuen Kriegsschiffen, die Flotten von Phönizien, Zypern und Ägypten zur Verfügung gestanden. Und falls bei der Eroberung Arabiens keine großen Verluste entstanden, hätte er etwa sechzehntausend makedonische Lanzenträger, zwanzigtausend asiatische Lanzenträger, die persische Infanteriegarde, eine große Zahl leicht bewaffneter Fußsoldaten, die Getreuenreiterei sowie Einheiten asiatischer Reiterei aufbieten können. Mit dieser Streitmacht hätte er ohne Zweifel Karthago besiegt und wäre bis zu den Säulen des Herakles vorgestoßen.

Die Ereignisse bis zu Alexanders Tod

Als Hephaistion, seit der Kindheit sein vertrautester Freund, der ihm unerschütterliche Zuneigung entgegenbrachte und ihn stets unterstützte, im Oktober 324 starb, war es für Alexander ein schwerer Schlag. Zwei Tage lang nahm er kein Essen zu sich und war für niemanden zu sprechen. Die Trauerfestspiele, an denen dreitausend Künstler und Sportler teilnahmen, waren von beispiellosen Ausmaßen, und die Asche Hephaistions wurde nach Babylon gebracht, wo mit der Errichtung einer Zikkurat von kolossalen Dimensionen begonnen wurde (als Alexander starb, war sie noch im Bau). Ort und Gestalt dieses Denkmals wurden deshalb gewählt, weil Hephaistion als Chiliarchos Alexanders Stellvertreter im Königreich Asien war, und wenn er und Alexander lange genug gelebt hätten, hätte er es von Babylon aus regiert. Für das gesamte Reich wurde Trauer nach persischer Sitte angeordnet. Die Makedonen schufen einen Kult für Hephaistion als Heros, der sich, wie aus einer Inschrift aus Pella hervorgeht, jahrhundertelang hielt. Besonderer Tribut wurde Hephaistion als Kommandeur des Königlichen Reiterregiments der Getreuenreiterei gezollt; viele Getreue weihten sich selbst und ihre Waffen seinem Andenken, und Hephaistions Standarte wurde weiterhin dem Regiment vorangetragen. Auch die Stadtstaaten wurden von Alexander, wie erwähnt, aufgefordert, Hephaistion als Heros zu ehren, und viele folgten dem Aufruf. Alexander ernannte keinen Nachfolger für Hephaistion, weder als Chiliarchos noch als Kommandeur des Königlichen Reiterregiments, aber faktisch wurde Perdikkas zum stellvertretenden Befehlshaber, und er war derjenige, der die Initiative ergriff, als Alexander starb.

Hephaistions Tod und Alexanders maßlose Trauer waren das Thema zahlreicher Sensationsschilderungen, die nach Ansicht Arrians häufig nicht der Wahrheit entsprachen. Autoren, die Alexander gegenüber kritisch eingestellt waren, erklärten beispielsweise, er habe den Tempel des Asklepios in Ekbatana dem Erdboden gleichgemacht und befohlen, Hephaistion als Gott zu verehren. Arrian zitiert aus der Darstellung des Ptolemaios einen Brief Alexanders an Kleomenes, wonach in Alexandria und auf der der Stadt vorgelagerten Insel Pharos Denkmäler für Hephaistion errichtet werden sollten. Alexander versprach Kleomenes Vergebung sämtlicher Vergehen in Vergangenheit und Zukunft, »wenn ich feststellen werde, dass die Heiligtümer und die Heroentempel in Ägypten zu Ehren des Hephaistion großartig gestaltet sind«. Von Ptolemaios stammt der Zusatz, Kleomenes sei ein »schlechter Mann« (so Arrian) gewesen, was eine Selbstrechtfertigung darstellt, da er Kleomenes 322 hinrichten ließ. Hat Ptolemaios das Versprechen Alexanders erfunden und in den Text eingefügt? Manche haben diese Auffassung vertreten. Fassen wir das Wenige, das wir wissen, zusammen. Kleomenes war 331 zum obersten Finanzbeamten in Ägypten ernannt worden, und während Alexanders Abwesenheit übernahm er unter unbekannten Umständen die Kontrolle über Ägypten. Dies mag eines der Vergehen gewesen sein, die Alexander vergeben wollte. Die Vergebung künftiger Verfehlungen galt nur bis zu Alexanders Ankunft in Ägypten, wahrscheinlich Anfang 322. Somit ist es möglich, dass der Brief echt ist und ein Zeichen für Alexanders tiefen Wunsch darstellt, seines Gefährten in großem Stil zu gedenken.

»Nach der Beerdigung des Hephaistion ... kündigte auch die Gottheit Alexanders Ende an, indem viele seltsame Vorbedeutungen und Zeichen geschahen.« Die meisten Vorhersagen waren Erfindungen der Autoren, die über Alexanders Ende schrieben. Die Omina reichten von einem Esel, der den schönsten Löwen in Alexanders Menagerie tottrat, bis zu einem entlaufenen Sträfling, der auf dem leeren Thron Alexanders Platz nahm. Es gab jedoch eine Vorhersage, die den Marsch Alexanders und seiner Armee nach dem Feldzug gegen die Kossaier beeinflusste. Als er auf seinem Weg nach Babylon den Tigris überquerte, begegneten ihm chaldäische Wahrsager, die ihn davor warnten, Babylon von Osten her zu betreten, und ihm rieten, von Westen in die Stadt einzumarschieren. Nach Aristobulos hatte Alexander den Wunsch, der Warnung Folge zu leisten, und er führte die Armee tatsächlich zum Euphrat auf die westliche Seite der Stadt, aber dann wurde sein Vorhaben durchkreuzt, weil er auf sumpfiges Gelände und offenes Wasser stieß, und so betrat er die Stadt doch von Osten her. »So war er, mit Willen und gegen seinen Willen, dem Gott ungehorsam gewesen.« Mit dem Gott war Belos (Baal) gemeint, denn Aristobulos glaubte, die Chaldäer seien von Belos inspiriert worden, die Warnung auszusprechen. Während seines Aufenthalts in Babylon betraute Alexander die Armee damit, das Gelände für einen Tempel des Belos zu säubern (der alte Tempel war von Xerxes zerstört worden). Er selbst segelte den Pollakopas-Kanal hinunter, und bei seiner Rückkehr durch das Sumpfland betrat er Babylon von Osten, wo sich, wie er hoffte, seit seinem ersten Besuch keine Katastrophe ereignet hatte.

Bald danach, im Mai 323, waren die Vorbereitungen für den Arabienfeldzug abgeschlossen. Wie vor Beginn eines neuen Unternehmens üblich, opferte Alexander den Göttern, teilte an die Armee Opfertiere und Wein aus und gab ein Festmahl für seine Freunde. Als Gast eines Freundes, des Medios, trank er danach noch weiter und schlief dann am Tag, wie es in der Sommerhitze im Irak wahrscheinlich üblich war. Dasselbe tat er in der folgenden Nacht und am darauf folgenden Tag, und dies war der Tag, an dem das Fieber begann. »Er wurde jedoch auf einem Bett hinausgetragen, um die Opfer zu vollziehen, die der Brauch für jeden Tag vorschrieb, ... und als es dunkel wurde, erteilte er seinen Kommandeuren Befehle für den Marsch und die Seereise.« Dies ist Arrians Kurzfassung einer vollständigeren Schilderung in den Tagebüchern (Plutarch gibt eine eigene Zusammenfassung). Die Prozedur wiederholte sich Tag für Tag, bis Alexander die Sprache verlor. Nun erzwangen sich die makedonischen Soldaten den Zugang zu seinem Gemach.»So lag er denn wortlos, während das ganze Heer an ihm vorbeizog, und grüßte sie alle, Mann für Mann, indem er mühsam den Kopf hob und mit den Augen Zeichen gab.« In der darauf folgenden Nacht, am 10. Juni 323, im Alter von 32 Jahren, ereilte ihn der Tod. Alle Symptome deuten darauf hin, dass er an *Malaria tropica* starb. Spätere Behauptungen, sein Tod sei auf Vergiftung zurückzuführen gewesen oder durch Alkoholismus verursacht worden, sind unwahr, denn sie stehen nicht in Einklang mit dem detaillierten Bericht in den Tagebüchern.

Alexanders Überzeugungen und Persönlichkeit

Alexander wuchs in einem Königreich auf, das sich ununterbrochen im Kriegszustand befand, und er betrachtete es als seine Pflicht, bei den Kämpfen in vorderster Front zu stehen. Für ihn war Makedoniens Schicksal der Sieg im Krieg, und so strebten er und seine Männer vor allem nach militärischem Ruhm. Von den Siegen seines Vaters sagte er, sie hätten sowohl ihm als auch der »Gemeinschaft der Makedonen« Ruhm gebracht. Sein eigenes Streben nach Ruhm war grenzenlos. Seinen Befehlshabern erklärte er am Hyphasis:»Ende der Mühen sind für den tüchtigen Mann nur die Mühen selbst, so viele von ihnen zu rühmlichen Taten Gelegenheit bieten.« Dieselben Ansprüche stellte er an seine Befehlshaber und seine Soldaten. Sie hatten sich, als sie ihm den Treueid (*sacramentum pietatis*) schworen, dazu verpflichtet, ihm zu folgen, loyal zu sein und die gleichen Freunde und Feinde zu haben wie ihr König. Wer im Kampf falle, so versicherte ihnen Alexander, dem sei ewiger Ruhm gewiss, und seine Begräbnisstätte werde berühmt sein.

Für die Absolventen der Pagenschule und Knaben, die für die Miliz in den Städten und danach im Zivildienst und beim Heer ausgebildet wurden, war das Leben von Konkurrenz geprägt. Kein makedonisches Fest war ohne Wettkämpfe – von Schauspielern, Dichtern, Herolden und Musikern wie von Sportlern –, und gelegentlich wurde auch mit Waffen gekämpft. Alexander war sein Leben lang außerordentlich ehrgeizig. Er war der Erste, der den Bukephalos ritt, der die Heilige Schar der Thebaner angriff, eine Stadtmauer bestieg oder einen uneinnehmbaren Felsen erkletterte. Er war Initiator und oft auch Schiedsrichter von Wettkämpfen zwischen anderen. Er allein beförderte Soldaten und Offiziere, verteilte Geschenke für mutige Taten, verlieh erfolgreichen Kommandeuren goldene Kronen und entschied über die Reihenfolge in der militärischen Rangordnung bis hin zur Position des Obersten Freundes und des Führenden Leibgardisten. Wettkämpfe zwischen Truppenteilen oder Schiffsbesatzungen waren ein Teil der Ausbildung und des Trainings. Alexander selbst glaubte, er müsse mit Philipp, Kyros dem Großen, Herakles und Dionysos wetteifern und sie allesamt übertreffen. Dazu bemerkt Arrian, »dass er sich bei keinem der schon eroberten Länder beruhigt haben würde, auch nicht, wenn er Europa zu Asien hinzu erobert hätte«; er habe »wenn auch mit keinem anderen Gegner, so doch mit sich selber im Wettstreit« gelegen.

Alexanders Glaube an die Überlegenheit der griechischen Zivilisation war absolut. Am meisten schätzte er Homers *Ilias*, doch auch die Stücke der drei großen Tragödiendichter ließ er sich zusammen mit dithyrambischen Gedichten und der Geschichte des Philistos nach Asien schicken. Aristoteles bewunderte er als führenden Vertreter des griechischen Geisteslebens, und er hatte eine natürliche Vorliebe für philosophische Diskussion und Betrachtungsweise. Sein Geist war bis zu einem gewissen Grad aristotelisch geformt, denn auch er verband eine weitreichende Neugier mit genauer Beobachtung und scharfsinnigem Denken. Sein Glaube an die Gültigkeit der griechischen Sicht seiner Zeit wurde durch die Bekanntschaft mit ägyptischen, babylonischen und indischen Ideen nicht berührt. Ein Zeichen der griechischen Zivilisation war die Vitalität der Stadt, sowohl in Europa als auch in Asien, und Alexander glaubte, der beste Weg zur Verbreitung griechischer Kultur und Zivilisation bestehe darin, Städte zu gründen. Diese Städte wurden von Makedonen und griechischen Söldner geprägt, die die demokratische Form der Selbstregierung praktizierten, an die sie gewöhnt waren. Gleichzeitig wurde in den von Alexander eingerichteten Schulen die künftige Führungsschicht in griechischem Geist und makedonischer Waffenkunst unterrichtet.

Dieser Prozess war schon vor Alexanders Tod weit fortgeschritten, wie einer Passage in Plutarchs *Moralia* zu entnehmen ist: »Als Alexander Asien zivilisierte, war die Lektüre Homers verbreitet, und die Söhne (*paides*) der Perser, der Susaner und der Gedrosier rezitierten die Tragödien des Sophokles und des Euripides. ... Durch Alexander kamen Baktrien und der Kaukasus dazu, die Götter der Griechen zu verehren.« In Ägypten ist ein Lehrbuch aus dem späten 3. Jahrhundert gefunden worden, das für den Unterricht des Griechischen als Fremdsprache bestimmt war und ausgewählte Texte aus Homer und den Tragödiendichtern enthält. Die Ausgrabungen in Ai Khanoum in Afghanistan haben aus dem späten 4. Jahrhundert griechische Tempel, ein Theater und ein Odeion (für musikalische Darbietungen) zutage gefördert (siehe Abbildung 16). Alexander war der Bannerträger der griechischen Zivilisation. Sein Einfluss auf die Bildung und damit die Zivilisation ist tiefgreifend gewesen und reicht bis in unsere Zeit.

Der Glaube an die Religion Makedoniens war in Alexanders Geist tief verwurzelt. Noch während seiner letzten Krankheit opferte er täglich für sich selbst und die Makedonen. Bei jeder Gelegenheit organisierte er glanzvolle Festspiele zu Ehren der Götter. Ebenso buchstäblich wie Pindar glaubte er an die Anwesenheit der olympischen Götter in unserer Welt, an die Mühen von Heroen wie Herakles und die Heldentaten des Achilles, die er beide für seine Vorfahren hielt. Den Menschen taten die Gottheiten ihre Wünsche oder Warnungen durch Naturerscheinungen sowie durch Zeichen und Orakel kund, die von inspirierten Männern und Frauen gedeutet und übermittelt wurden. Ein Vorzug des Polytheismus bestand darin, dass die Zahl der Götter nicht beschränkt war und Alexander im libyschen Ammon und im babylonischen Belos den Zeus sowie im tyrischen Melkart oder im indischen Krishna den Herakles sehen konnte. Seine besondere Verehrung für Ammon beruhte wahrscheinlich auf den Weissagungen, die er in Siwa empfangen hatte und die sich offensichtlich erfüllten, als er das Weltmeer erreichte. Immer wieder dankte er den »üblichen Göttern« (den zwölf Olympiern) für seine eigene Rettung und die seiner Armee, und er muss geglaubt haben, dass er ihnen ein vor dem Tod gefeites Leben verdanke. Selbst während seiner letzten Krankheit war er überzeugt, seine Gebete im Zuge der Opfer würden erhört werden und er werde am Leben bleiben. Denn er starb, ohne Vorkehrungen für die Übergabe der Macht getroffen zu haben.

Von Alexanders persönlichen Qualitäten sind die Brillanz, die Spannweite und Schnelligkeit seines Verstandes bemerkenswert, vor allem, was die Kriegführung betraf. In Gaugamela und am Hydaspes sah er die Abfolge der Bewegungen seiner eigenen Einheiten und der Reaktionen seiner Feinde genau voraus. So bemerkt Ptolemaios, der selbst ein überaus fähiger Befehlshaber war, über den ersten Feldzug: »Es kam so, wie Alexander vorausgesehen hatte.« Und nach dem letzten Feldzug schrieb er: »Nicht eine der kriegerischen Unternehmungen, die Alexander in Angriff nahm, überstieg seine Kräfte« (*aporon*). Als Militärführer hat ihn niemand übertroffen. Nach Arrian war Alexander »in höchstem Grade befähigt, das Notwendige, das noch im Dunkel lag, zu erkennen«. So war ihm von Anfang an klar, dass er für die Errichtung des Königreichs Asien die Mitarbeit seiner neuen Untertanen gewinnen musste. Schon in Sardes begann er mit der Ausbildung von Knaben zu Soldaten dieses Königreichs. Die Originalität seines Denkens trat zutage, als er Indus, Tigris und Euphrat als Wasserstraßen zu Handelszwecken entwickelte und die Bewässerung Mesopotamiens umgestaltete. Häufig zahlte sich die Kühnheit seiner Pläne aus, wie etwa bei der Öffnung der Seeweges zwischen Indusdelta und Persischem Golf.

Seine Gefühle waren äußerst stark. Die Liebe zu seiner Mutter war so groß, dass eine Träne von ihr alle Beschwerden des Antipatros aufwog. Ständig schickte er ihr Briefe und Geschenke, und nach seiner Rückkehr nach Makedonien wollte er sie als einzige ins Vertrauen ziehen. Die Loyalität gegenüber seinen Freunden trieb er manchmal zu weit, und seine Trauer um Hephaistion ging fast über ein vernünftiges Maß hinaus. Er liebte seine Soldaten, und sie liebten ihn; beim Abschied von Veteranen rollten Tränen, und in seinen letzten Augenblicken bezeigten sie ihm ihre Zuneigung. Nachdem er Kleitos getötet hatte, empfand er tiefe Reue. Sein Mitleid mit der Thebanerin Timokleia und der Familie des Dareios sowie seine Liebe zu Roxane kamen

von Herzen und führten zu Handlungen, die in der damaligen Kriegführung wohl einzigartig waren.

Als König der Makedonen und König von Asien musste er unterschiedliche Funktionen erfüllen. Auf Feldzügen und in der Freizeit
verlief sein Leben wie das der Makedonen. Wie er in Opis erklärte,
waren seine Rationen dieselben wie die ihren; er setzte sich denselben
Gefahren aus wie sie, hatte Teil an ihren Mühen und genoss dieselben
Festspiele und Trinkgelage wie sie. Er führte nicht durch Machtworte,
sondern durch Überzeugung. Entscheidend war in dieser Hinsicht,
dass er ihnen immer die Wahrheit sagte und dass sie dies wussten. So
respektierte er die verfassungsmäßigen Rechte der Makedonen, und
sein Lohn dafür war, dass sie im Allgemeinen seine politischen Zielsetzungen bestätigten. Im Kontrast dazu war er als König von Asien
vom extravaganten Luxus des persischen Königs der Könige umgeben. Bei Audienzen, die in einem riesigen Pavillon stattfanden, der auf
fünfzig goldenen Säulen ruhte, saß er auf einem goldenen Stuhl und
war von so vielen prunkvoll gekleideten Wächtern umgeben, dass sich
»niemand ihm zu nähern wagte, so groß war die Majestät, die sich
mit seiner Person verband«. Er nahm Huldigungen entgegen und regierte per Erlass. Der Reichtum, der ihm zur Verfügung stand, war
unglaublich, konnte er doch auf den Schatz der persischen Monarchie
zurückgreifen. Darüber hinaus erhielt er die Tribute der Völker seines
Riesenreichs. Nach griechischen Maßstäben waren seine Aufwendun-
gen gewaltig – beispielsweise für die Denkmäler für Hephaistion –,
aber sie entsprachen seinem Rang als König von Asien. Doch seine
Persönlichkeit war stark genug, um beide Rollen in seinem Denken
und Verhalten trennen zu können, und Ptolemaios und Aristobulos
hatten Recht, wenn sie den König der Makedonen als den echten
Alexander ansahen.

Bei ihm verband sich die praktische Veranlagung mit einer visionä-
ren, spirituellen Dimension, die seinen religiösen Überzeugungen ent-
stammte. Als Angehöriger des Hauses der Temeniden hatte er eine
besondere Affinität zu seinen Vorfahren Herakles und Zeus, und er
fühlte sich verpflichtet, in einer Weise zu herrschen, die ihrer würdig
war, und der Menschheit Wohltaten zu erweisen. Seine Vision reichte
weit über Makedonien und den Korinthischen Bund hinaus. Als er

nach der Landung auf asiatischem Boden erklärte: »Ich nehme Asien von den Göttern entgegen«, war es Ausdruck eines mystischen Glaubens daran, dass die Götter ihn für eine besondere Aufgabe ausersehen hatten. Aus dieser spirituellen Dimension seiner Persönlichkeit bezog er das Selbstvertrauen und die Willensstärke, mit denen er den Widerstand der Makedonen gegen sein Konzept des Königreichs Asien überwand und die Asiaten von der Aufrichtigkeit seines Versprechens überzeugte, sie als Partner bei der Verwirklichung von Frieden und Wohlstand zu behandeln. Die Wirkung seiner Persönlichkeit muss überwältigend gewesen sein. Nur so ist zu erklären, dass er die Loyalität persischer Befehlshaber und indischer Herrscher, die zuvor in der Schlacht unterlegen waren, gewann und asiatische Truppen ihm in seinem Heer treue Dienste leisteten. Sie inspirierte den *Alexanderroman*, in dem asiatische Völker Alexander als ihren König annahmen und seine Taten in ihre Folklore einarbeiteten. Über diese spirituelle Dimension Alexanders schrieb Plutarch, der wahrscheinlich auf Aristobulos zurückgriff:

»Da er meinte, er sei als allgemeiner Statthalter und Versöhner der ganzen Welt von den Göttern gekommen, bezwang er die, welche er nicht mit Gründen zusammenführte, durch Waffengewalt, indem er alles einem einzigen Ziel unterordnete, und mischte, wie in einem der Freundschaft geweihten Mischkrug, die Leben und die Wohnorte und die Heiraten und die Lebensweisen. Als Vaterland sollten alle, so gebot er, die bewohnte Erde (*oikumene*), als Schutzwehr und Obhut aber das Heerlager ansehen.«

Verweise auf Schriften des Autors

Im Folgenden werden für die einzelnen Kapitel Veröffentlichungen genannt, in denen meine Ausführungen vertieft werden. Dabei habe ich folgende Abkürzungen verwendet:

AG   N. G. L. Hammond, *Alexander the Great. King, Commander and Statesman*

AJPh   *American Journal of Philology*

CQ   *Classical Quarterly*

GRBS   *Greek, Roman and Byzantine Studies*

HG   N. G. L. Hammond, *A History of Greece to 322 B.C.*

HM   *History of Macedonia*

JHS   *Journal of Hellenic Studies*

MS   N. G. L. Hammond, *The Macedonian State*

Philip   N. G. L. Hammond, *Philip of Macedon*

Sources N. G. L. Hammond, *Sources for Alexander the Great*

THA   N. G. L. Hammond, *Three Historians of Alexander*

KINDHEIT UND JUGEND: *Sources*, S. 20 ff. (Bukephalos); *Historia* 39 (1990), S. 261 ff. (Pagen)

DIE WELT PHILIPPS UND ALEXANDERS: *HG*, S. 521–532, 582–595 (griechische Staaten); *HM* 1, S. 59–123 (Obermakedonien); *MS*, S. 16–36, 49–70 (Institutionen)

DER EINFLUSS PHILIPPS: *Philip*; *HM* 3, S. 471–479

ALEXANDERS MACHTANTRITT: *GRBS* 19 (1978), S. 343 ff. (Prozess); *CQ* 38 (1988), S. 382 ff. (Kalindoia); *JHS* 94 (1974), S. 64 ff. (Balkanfeldzug)

AUFSTAND IN GRIECHENLAND: *Sources*, S. 198–210, und *Historia* 37 (1988), S. 129 ff. (Informationsquellen); *AG³*, S. 68 f., und *Antichthon* 20 (1986), S. 74 ff. (Überfahrt nach Asien und Königreich Asien)

DIE ÜBERQUERUNG DES HELLESPONT: *CQ* 30 (1990), S. 471 ff. (Europa); *Antichthon* 26 (1992), S. 30 ff. (makedonische Flotte); *JHS* 100 (1980), S. 73 ff. (Granikos)

DIE EROBERUNG KLEINASIENS: *THA*, S. 38 ff. (Milet); S. 39 f. (Halikarnassos); S. 40, 62 (Marmara)

DIE SCHLACHT BEI ISSOS: *THA*, S. 97, 120, 184, und *Sources*, S. 47, 217 (Gordion); *AG¹*, S. 96–110 mit Abb. 23–28, *Historia* 41 (1992), S. 395 ff., und *Prudentia*, Supplementnummer 1993, S. 77 ff. (Issos); *THA*, S. 124 ff., und *Sources*, S. 56 f. (Gaza)

DER VORMARSCH NACH OSTEN: *Historia* 39 (1990), S. 275 ff. (Knaben des Königs); *AG³*, S. 132 ff. (Gaugamela); *CQ* 28 (1978), S. 336 ff. (Verfolgung)

DIE EINNAHME VON PERSEPOLIS: *CQ* 42 (1992), S. 358 ff. (Persepolis); *Historia* 39 (1990), S. 261 ff. (Pagen); *JHS* 109 (1989), S. 63 ff. (Verluste)

DER TOD DES DAREIOS: *Sources*, S. 74 f., 233, und *THA*, S. 57, 101, 133 (Tod des Dareios); *Historia* 39 (1990), S. 275 f. (Epigonoi)

VON PARTHIEN NACH KABUL: *Sources*, S. 84 f., 180, 233, und *THA*, S. 59 f., 103, 136 (Philotas)

DER VORMARSCH ZUM IAXARTES: *THA*, S. 141 f. (Branchiden); *Ancient World* 22 (1991), S. 41 f. (Samarkand)

DIE UNTERWERFUNG DER NORDOSTREGION: *Sources*, S. 89 f., 180 f., 240 f., und *THA*, S. 103 f., 146 (Kleitos); *Sources*, S. 98 f., 245 f., und *THA*, S. 148 (Pagenverschwörung)

IM INDUSTAL: *CQ* 30 (1980), S. 465 f. (Hipparchie); *Sources*, S. 106, und *THA*, S. 52 f., 104, 149 (Massaga); *Sources*, S. 248 ff., 258, 314 (Nysa); *AG³*, S. 208 ff. (Hydaspes); *Sources*, S. 258 ff. (Rede des Koinos); *Sources*, S. 114 f., und *THA*, S. 64, 152 (Altäre)

SÜDASIEN: *Sources*, S. 115 ff., 268 ff., und *THA*, S. 65, 105, 154 (Stadt der Maller); *Sources*, S. 124, 273 ff., und *THA*, S. 68 ff., 155 f. (Oreitis und Gedrosien)

DAS KÖNIGREICH ASIEN: *CQ* 30 (1980), S. 469 f., und *JHS* 109

(1989), S. 64 ff. (Makedonen in Asien); *Historia* 39 (1990), S. 275 f. (Epigonoi); *Sources*, S. 134, 287 ff., und *THA*, S. 72 f., 106 f. (Meuterei in Opis)

ALEXANDERS PLÄNE: *CQ* 30 (1980), S. 471 f., und *JHS* 105 (1985), S. 303 f. (Olympias); *THA*, S. 157 (Verbannte); *Sources*, S. 136 f., 294 ff., und *THA*, S. 73, 75, 107 f. (Hephaistion); *Sources*, S. 140 f., 300 ff., und *THA*, S. 74, 108 (Chaldäer); *Historia* 37 (1988), S. 129 ff., und 40 (1991), S. 382 ff., sowie *AJPh* 110 (1989), S. 155 ff. (Tagebücher)

Weitere Artikel sind veröffentlicht in meinen *Collected Studies* IV, Amsterdam 1997

Auswahlbibliographie

Andronikos, Manolis: *Vergina. The Royal Tombs and the Ancient City*, Athen 1984

Arrian: *Der Alexanderzug. Indische Geschichte*, hg. und übers. von Gerhard Wirth und Oskar von Hinüber, München, Zürich 1985

Bosworth, Albert B.: *Conquest and Empire. The Reign of Alexander the Great*, Cambridge 1988

–, *From Arrian to Alexander. Studies in Historical Interpretation*, Oxford 1988

Cook, John M., *The Persian Empire*, London 1983.

Engels, Donald W.: *Alexander the Great and the Logistics of the Macedonian Army*, Berkeley, Kalifornien, 1978

Fraser, Peter M.: *Ptolemaic Alexandria*, Oxford 1972

Green, Peter: *Alexander der Große. Mensch oder Mythos?*, Würzburg 1974

Griffith, Guy T.: *The Mercenaries of the Hellenistic World*, Cambridge 1935

Hamilton, James R.: *Alexander the Great*, London 1973

Hammond, Nicholas G. L.: *Alexander the Great: King, Commander and Statesman*, New Jersey 1980/London 1981, Bristol ^{2}1989, ^{3}1994

–, *A History of Greece to 322 B.C.*, Oxford ^{3}1986

–, *The Macedonian State*, Oxford 1989

–, *Philip of Macedon*, London 1994

–, *Sources for Alexander the Great*, Cambridge 1993

–, *Three Historians of Alexander*, Cambridge 1983

Heisserer, Andrew J.: *Alexander the Great and the Greeks. The Epigraphic Evidence*, Norman, Oklahoma, 1980

History of Macedonia, Oxford, Bd. 1 von N. G. L. Hammond, 1972; Bd. 2 von N. G. L. Hammond und G. T. Griffith, 1979; Bd. 3 von N. G. L. Hammond und F. W. Walbank, 1988

Lane Fox, Robin: *Alexander der Große. Eine Biographie*, Düsseldorf 1974

Marsden, Eric W.: *Greek and Roman Artillery*, Oxford 1969

Milns, Robert D.: *Alexander the Great*, London 1968

Pickard-Cambridge, Arthur W.: *Demosthenes and the Last Days of Greek Freedom, 384–322 B.C.*, London 1914

Price, Martin J.: *Coins of the Macedonians*, London 1974

Sekunda, Nick: *The Army of Alexander the Great*, London 1984

Stein, Aurel: *On Alexander's Track to the Indus. Personal Narrative of Explorations on the North-West Frontier of India*, London 1929

Tarn, William W.: *Alexander der Große*, 2 Bde., Darmstadt 1968

Tod, Marcus N.: *A Selection of Greek Historical Inscriptions*, 2 Bde., Oxford 1933/48

Wilcken, Ulrich: *Alexander der Große*, Leipzig 1931

Anmerkungen zu den Illustrationen

A. *Schaubilder*

1 a Reiter mit Helm, Harnisch und Mantel schwingt seine doppel-
köpfige Lanze. Der hintere Teil der Lanze ist mit einem Leder-
riemen an seinem Handgelenk befestigt, sodass er ihn, wenn
die Lanze zerbricht, als Speer verwenden kann. Er zielt auf
einen Schild, der von einem schwarzen Diener gehalten wird.

   b Die Lanzenträger sind durch Punkte angedeutet. Die vier vor-
deren Reihen tragen die Lanzen stoßbereit, und die vier hinteren Reihen halten ihre Lanzen aufrecht. Siehe Tafel 3 a.

7 Der Fünfzigruderer war etwa 35 Meter lang und 4 Meter breit und
hatte auf beiden Seiten je 25 Ruderer, und der Dreißigruderer
hatte zweimal 15 Ruderer. Man beachte das Steuerruder und die
Takelage für das Segel, das man sich vorstellen muss.

9 Siehe Tafel 10, die im selben Maßstab wiedergegeben ist.

15 Die Landmasse ruhte auf der Unterwelt und war vom Ozean umgeben. Das Verhältnis zwischen der Länge der Landmasse und
ihrer Breite schätzte Aristoteles auf fünf zu drei.

16 Nur Teile der Fundstätte im nördlichen Afghanistan sind ausgegraben worden. Die öffentlichen Gebäude und die schönen
Wohnbauten befanden sich im Allgemeinen auf niedriger gelegenem Gelände, und der größte Teil der Bevölkerung wohnte im
höhergelegenen Teil östlich der Hauptstraße. Die gestrichelte Linie deutet den Verlauf der Festungsmauer an.

B. *Abbildungen im Tafelteil*

1 a Römische Goldmedaillons mit der Darstellung Philipps, der das Diadem und einen Harnisch trägt, wie ihn ähnlich auch Alexander auf Tafel 3 b hat, und der Olympias, deren Stirnband an ein Diadem erinnert. Durchmesser 5,4 cm.

2 Königliche Jagd; Fresko an der Fassade von Philipps Grabmal. Länge 5,56 m. Der Reiter in der Mitte ist Alexander, und der vom Betrachter aus rechts ist Philipp, der mit seinem Speer gerade einen Löwen erlegen will. Der Page zur Rechten trägt die traditionelle Tracht, zu der auch die *kausia* gehörte. Die marmorne Tür der Fassade führt in den Vorraum der Grabkammer.

3 a Eine Phalanx von Lanzenträgern beim Angriff. Die ersten fünf Reihen tragen ihre Lanzen kampfbereit, und die anderen Reihen halten sie aufrecht, um Geschosse abzufangen.

b Alexander in der Schlacht; Ausschnitt aus dem »Alexandermosaik«, auf dem die Schlacht bei Issos geschildert wird. Er hält die Lanze am Gleichgewichtspunkt in seiner Rechten. Sein Harnisch hat Schulterstücke, die denen der Darstellung auf Tafel 1 ähneln.

4 a Eines von 20 silbernen Gefäßen in Philipps Grab. Der Silen stand in Zusammenhang mit der Verehrung des Dionysos. Höhe 24,5 cm.

b Miniaturkopf an einer silbernen Amphore aus dem Grab Philipps, der Herakles mit der Löwenhautkappe darstellt. In den Gesichtszügen hat er möglicherweise Ähnlichkeit mit Alexander. Höhe der Amphore 36,4 cm.

5 a Der goldene Larnax aus dem Grab Philipps enthielt seine verbrannten Überreste, die in ein purpurnes Tuch gehüllt waren.

b Der goldene Kranz aus Eichenblättern und Eicheln wiegt im gegenwärtigen Zustand 714 Gramm.

6 a Löwenjagd; Mosaik aus einem Haus in Pella. Datierung »kurz vor 300«. Dargestellt ist vielleicht Krateros, der Alexander zu Hilfe kommt. 4,9 x 3,2 m.

b Dionysos reitet auf einem Panther; Mosaik aus demselben Haus. Beleg für die Dionysosverehrung. 2,7 x 2,65 m.

7 Das Boscoreale-Fresko ist eine Kopie eines makedonischen Originals. Ein jugendlicher Alexander, der eine *kausia* (wie auf Tafel 2) trägt, stößt seine *sarissa* über den Hellespont in asiatischen Boden, während Asien ihn mit einem Blick anschaut, in dem Einverständnis liegt. Der makedonische Schild ist das Sinnbild eines Verteidigungskrieges, wie er gegen Persien geführt wird. Im linken Teil des Freskos (das hier nicht wiedergegeben ist) beobachtet ein Philosoph (Aristoteles) seinen Schüler Alexander. Hierfür sind auch andere Interpretationen vorgeschlagen worden.

8 a Das Foto zeigt den Kleinen Prespasee und unmittelbar unterhalb davon die Ebene von Pelion. Westlich von dieser Ebene liegt die Ebene von Koritsa.

b Die Anhöhe (rechts der Mitte) ist das Gelände von Pelion, in dessen Nähe der Eordaïkos floss. Bei einer Parade marschierte Alexanders Armee dem Betrachter entgegen.

9 Alexander mit der Löwenhautkappe in der Schlacht; von dem in Sidon gefundenen »Alexander-Sarkophag«. Datierung ca. 325 bis 300.

10 Der Fluss Payas ist ganz unten rechts zu erkennen.

11 Paolo Veronese erfasste das bemerkenswerte Charisma und die vollkommenen Manieren Alexanders, welcher die Liebe der Sisygambis (und die Loyalität von Taxiles und Poros) gewann.

12 Auf dem »Alexandermosaik« (5,12 x 2,71 m; Neapel, Nationalmuseum) sind zur Linken Alexander und zur Rechten Dareios in der Schlacht bei Issos dargestellt. Hinter Dareios ragen die Lanzen der makedonischen Fußsoldaten hoch in die Luft. Dieses römische Mosaik ist eine Kopie eines makedonischen Freskos aus dem späten 4. Jahrhundert v. Chr.

13 Das »Poros-Medaillon« zeigt einen Reiter, der Poros und seinen Mahout angreift, die auf einem gepanzerten Elefanten reiten. Der indische Bogenschütze und der ungepanzerte Elefant erinnern vielleicht an eine Elefantenjagd, wie sie bei Arrian, 4.30.8, erwähnt ist. Eine andere Interpretation gibt M. J. Price in *Studia Paulo Naster Oblata* I, Löwen 1982, S. 75ff.

14 Auf dem Bronzekrater aus Derveni, der um 330 datiert wird, sind Szenen mit Dionysos, Ariadne, Mänaden und Satyrn dargestellt.

Für die Anhänger des Dionysos verband sich die Verehrung dieses Gottes mit dem Leben nach dem Tode. Höhe 90 cm.

15 Ein junger Alexander, der auf dem Bukephalos reitet, eilt Philipp zu Hilfe (Ausschnitt aus dem Fresko »Königliche Jagd«, Tafel 2). Dieses zeitgenössische Porträt zeigt die durchdringenden Augen, die vorspringende Nase und das schmale Gesicht, alles Züge des jugendlichen Alexander auf dem Alexander-Mosaik (Tafel 3 b) und auf dem Gemälde von Boscoreale (Tafel 7). Siehe M. Andronikos, V, Abb. 70, S. 115.

16 Marmorkopie eines Originals aus dem späten 4. Jahrhundert. Dieses und ähnliche Porträts zeigen einen reifen Alexander mit tief liegenden Augen und vollem Gesicht, dessen Haar in dem Stil, den man als *anastole* bezeichnet, aus der Stirn gekämmt ist. Diese Züge waren wahrscheinlich idealisiert. Der Kopf befindet sich im Museum Pella. Höhe 30 cm.

Zeittafel

v. Chr.

336	Frühjahr	Vorhut marschiert in Asien ein.
	Oktober	A(lexander) besteigt den Thron.
	November-Dez.	A. erhält die Unterstützung des Amphiktyonischen Rats; Ernennung zum Hegemon der griechischen Streitkräfte gegen Persien
335	Frühjahr-Sept.	A. führt Feldzüge auf dem Balkan; Memnon unternimmt in Asien einen Gegenangriff
	Oktober	Fall Thebens; Vorbereitungen für den Krieg gegen Persien mit dem Rat des Korinthischen Bundes abgeschlossen
	November-Dez.	Festspiele in Dion und Aigai
334	Mai	A. landet in Asien
	Mai-Juni	Schlacht am Granikos
	Sommer	Eroberung Milets und Isolierung der Perser in Halikarnassos
334/33	Winter	A. erobert Karien, Lykien, Pamphylien und Phrygien
333	März-Juni	Seeoffensive Memnons, der im Juni stirbt
	April-Juli	A. schlägt sein Lager in Gordion auf und unternimmt Feldzüge in den umliegenden Gebieten
	Juli-September	Seeoffensive des Pharnabazos

	August	A. marschiert in Kilikien ein; ist bis Ende September krank
	Oktober	Parmenion wird zu den Syrischen Toren vorausgeschickt; A. führt Feldzüge im Rauen Kilikien
	November	Schlacht bei Issos
332	Jan.-Juli	Belagerung von Tyros; Auflösung der persischen Flotte
	September-Nov.	Belagerung Gazas; Makedonien zur See überlegen
	Dezember	Einzug A.s in Ägypten
331	Januar	A. gründet Alexandria
	Februar	A. besucht die Oase Siwa
	Frühjahr	Festspiele in Memphis
	Frühsommer	A. in Phönikien und Syrien; Verstärkungen verlassen im Juli Makedonien
	Ende Juli	A. bricht nach Thapsakos auf
	August-Sept.	A. führt Feldzüge im nördlichen Mesopotamien und im südlichen Armenien
	20. Sept.	nachmittags Mondfinsternis
	1. Oktober	Schlacht bei Gaugamela; Agis bringt in Griechenland eine Koalition zusammen
	Dezember	A. erfährt in Susa, dass Antipatros in Thrakien eine Vereinbarung geschlossen hat und Agis Megalopolis belagert
330	Jan.-März	A. in Persepolis
	März-April	A. führt einen Feldzug gegen die Marder
	April-Mai	Antipatros besiegt Agis
	Mai	A. verlässt Persepolis
	Sommer	A. führt Feldzüge in Tapurien, Hyrkanien, Parthien und Areia; im Juli Verfolgung und Tod des Dareios
	Oktober	Verschwörung des Philotas
	November	A. bei den Ariaspen
	Ende Dezember	Armeen vereinigen sich in Arachosien

329	Januar	A. rückt nach Kabul vor, wo er den Winter verbringt
	Frühjahr	A. überquert den Hindukusch
	Sommer	A. organisiert seine Reiterei um, überquert den Oxus, nimmt Bessos gefangen und rückt zum Iaxartes vor
	Herbst	Aufstand von Sogdern und Baktrern
329/28	Winter	A. in Baktra
328	Frühjahr/Sommer	Feldzüge in Sogdien und Baktrien
	Herbst	Tod des Kleitos in Samarkand
328/27	Winter	A. in Nautaka; im Spätwinter erobert A. den Sogdischen Felsen und den Felsen des Chorienes
327	Frühjahr	Truppen vereinigen sich in Baktra; Pagenverschwörung
	Frühjahr/Sommer	Armee überquert den Hindukusch
327/26	Winter	Hephaistion rückt zum Indus vor; A. führt Feldzüge in Swat und erobert im Spätwinter Aornos
326	Frühjahr	Truppen vereinigen sich am Indus
	Mai	Schlacht am Hydaspes
	Sommer	A. rückt zum Hyphasis vor und kehrt von dort wieder zurück
	November	die Flotte beginnt ihre Fahrt den Hydaspes hinab
326/25	Winter	A. führt Feldzüge gegen die Maller und wird bei einem Angriff auf eine mallische Stadt verwundet
325	Februar	Truppen vereinigen sich am Zusammenfluss von Akesines und Indus
	Frühjahr	Brahmanenaufstand
	Juni	Krateros bricht nach Karmanien auf
	Juli	andere Truppen vereinigen sich in Patala
	Ende Aug.	A. bricht nach Karmanien auf
	Oktober	Nearchos beginnt seine Seereise. A. marschiert in Gedrosien ein

	Dezember	A. trifft Krateros in Karmanien
324	Januar	A. trifft Nearchos in Karmanien und rückt nach Persis vor
	Februar	A.s Armee und Nearchos' Flotte treffen sich am Pasitigris
	Juli-Aug.	Rückrufung der Verbannten auf den Olympischen Spielen verkündet
	Spätsommer	Meuterei in Opis; Veteranen brechen mit Krateros nach Kilikien und Makedonien auf
	Herbst	A. in Ekbatana; dort stirbt Hephaistion; Perdikkas führt die Hauptarmee nach Babylon
324/23	Winter	A. führt Feldzüge gegen die Kossaier
323	April-Mai	A. stößt in Babylon zu Perdikkas
	Mai	Letzte Vorbereitungen für einen Sommerfeldzug gegen die Araber
	Ende Mai	A. erkrankt
	10. Juni	A. stirbt

Personenregister

Bildnachweis

Schaubilder, Karten

N. G. L. Hammond: 1 b bis 6, 16; A. Cox, Cox Cartographic Ltd., Waterstock, Oxfordshire: 7 bis 15, 17 bis 19. Der Abdruck der Abbildungen 1 a, 2 und 19 erfolgte mit freundlicher Genehmigung der Oxford University Press, der der Abbildung 1 b mit der von Sidgwick and Jackson.

Abbildungen im Tafelteil

M. Andronikos: 1 b , 2, 4, 5, 15; P. Connolly: 3 a; Sammlung Mansell: 3 b; Ph. Petsas: 6; C. M. Robertson: 7; NASA: 8 a, 10; A. Harding: 8 b; Hirmer-Fotoarchiv: 9; The National Gallery: 11; The Trustees of the British Museum: 13; Archäologisches Museum, Thessaloniki: 14; Museum Pella: 16.